Paul Frischauer wurde 1898 geboren und starb 1977. Er studierte Geschichte und Staatswissenschaften und war in den zwanziger Jahren in Wien, Berlin, London und Paris als Journalist tätig. Zu Beginn des Zweiten Weltkriegs war er Berater der BBC, später Berater des brasilianischen Präsidenten Vargas und nach dem Krieg Vizepräsident der Inter Science Foundation, New York. In viele Sprachen übersetzt, wurden seine kulturhistorischen Bücher zu Bestsellern. Der österreichische Bundespräsident verlieh Paul Frischauer ehrenhalber den Titel Professor.

Gottfried Lischke, geboren 1938, Professor für primäre und sekundäre Sozialisation am Psychologischen Institut der Freien Universität Berlin; Arbeitsschwerpunkt: Integration biologischer und historischer Forschungsstrategien und -ergebnisse in die Psychologie. Diese Neuausgabe wurde von ihm durchgesehen und mit einer editorischen Notiz versehen.

Außerdem sind erschienen:

Weltgeschichte der Erotik, Band I (Band 77181)
Weltgeschichte der Erotik, Band II (Band 77182)

Von Gottfried Lischke und Angelika Tramitz ist erschienen:

Weltgeschichte der Erotik, Band IV (Band 77142)

Dieses Buch wurde auf chlor- und säurefreiem Papier gedruckt.

Aktualisierte und ergänzte Neuausgabe November 1995
Droemersche Verlagsanstalt Th. Knaur Nachf., München
Dieses Buch ist im Knaur Taschenbuchverlag bereits unter der
Bandnummer 3353 erschienen.

Umschlaggestaltung Adolf Bachmann, Reischach
Umschlagfoto AKG, Berlin
Satz, Druck und Bindung Ebner Ulm
Printed in Germany
ISBN 3-426-77183-7

5 4 3 2 1

Paul Frischauer

Weltgeschichte der Erotik
(Band III)

Von Paris bis zur Pille

Mit über 130 Abbildungen

Knaur

Inhalt

Zeittafel

16. Jh.	»Ananga ranga«
1610	»Kin P'ing Me«
1650–1702	Wilhelm von Oranien (1689 König von England)
1671–1729	John Law
1674–1723	Philipp II. Herzog von Orléans
1688–1740	Friedrich Wilhelm I. von Preußen (1713 König)
1689–1755	Charles de Montesquieu
1694–1778	Voltaire
1696–1788	Louis François Herzog von Richelieu
1703–1770	François Boucher
1708–1765	Franz I. Stephan von Lothringen (1745 deutscher Kaiser)
1709–1789	John Cleland
1709–1762	Elisabeth von Rußland (1741 Zarin)
1710–1774	Ludwig XV. von Frankreich (1715 König)
1712–1786	Friedrich II. von Preußen (1740 König)
1712–1778	Jean Jacques Rousseau
1713–1784	Denis Diderot
1717–1780	Maria Theresia (1740 Königin von Ungarn und Böhmen, Erzherzogin von Österreich; 1745 deutsche Kaiserin)
1721–1764	Jeanne Antoinette Marquise de Pompadour
1725–1798	Giacomo Girolamo Casanova
1729–1796	Katharina II. (1762 Zarin)
1734–1806	Nicolas E. Restif de la Bretonne
1739–1791	Grigorij Fürst Potemkin
1741–1803	Pierre Choderlos de Laclos
1743–1793	Marie Jeanne Gräfin Dubarry
1749–1832	Johann Wolfgang von Goethe
1751–1780	Die »Encyclopédie«
1754–1793	Ludwig XVI. von Frankreich (1774–1792 König)
1755–1793	Marie Antoinette von Frankreich

1 »Die erlaubte Unzucht«

Das Zeitalter des Rokoko

Das Bett beherrschte Paris. Es war nicht nur das glorreiche Sinnbild des lustvollen Geschlechtsverkehrs, sondern auch des in Frankreich herrschenden Rechts: Das höchste Gericht wurde im »lit de justice«, im »Bett der Gerechtigkeit« abgehalten. In jedem seiner Paläste und Schlösser hatte der Sonnenkönig ein pompöses Bett, das ihm weniger zum Schlafen und Beischlafen denn als Schauplatz seiner Machtentfaltung diente. Sein Neffe Philipp von Orléans, der die Regentschaft bis zur Großjährigkeit Ludwigs XV. führte, interessierte sich nicht für das traditionelle, steife »lit de justice«. Er war ein Liebhaber bequemer Betten, die er seine »Liebesnester« nannte. Liebe war für ihn allerdings nur ein höfisches, zeitgemäßes Schlagwort für die ungezügelte körperliche Vereinigung, das »faire l'amour«, dem er sich so ungeniert und ungehemmt ergab, daß seine Mutter, Liselotte von der Pfalz, ihm in ihrer derben Art vorhielt, er benütze die Frauen wie einen Nachtstuhl.

Die Damen und Herren, die Seine Königliche Hoheit einlud, wußten nie im voraus, ob sie zu einem formellen Souper gebeten waren oder zu einer Orgie. Der Regent feierte seine Feste in voller Gala – oder nackt. Die Evas und Adams in hohen Stöckelschuhen präsentierten ihre grazile Weiblichkeit oder stramme Männlichkeit dem Regenten Frankreichs, der seine geschulten Lakaien, die weder sehen noch reden oder hören durften, anwies, den »Paradiesvögeln«, wie er seine erlauchten Gäste nannte, Erfrischungen zu reichen. Man aß und trank, bevor man sich auf den bequemen Liegebetten der Wollust ergab. Schon das Zusehen verschaffte dem Regenten wollüstige Empfindungen: Wenn er nicht Akteur war, wollte er Voyeur sein. Er genoß mit den Augen, was er unter seiner Würde fand, coram publico mit der Haut zu genießen. Wer nicht an den Orgien des Philipp von Orléans teilnehmen wollte, in deren Ablauf es auch geschehen konnte, daß das Entkleiden und Entblößen erst nach dem festlichen Souper geschah, durfte sich nicht brüsten, zu seinem erlesenen Kreis zu gehören – kam aber als Freund bescheidenerer Gastgeber oft genug vom Regen in die Traufe. Denn die »fétes d'amour« waren so in Mode gekommen, daß sie der Höhepunkt jeder Festlichkeit waren und in der guten Gesellschaft zur »Erhöhung« des geselligen Beisammenseins nicht selten auch im Freien veranstaltet wurden.

Die ungeheuren Geldsummen, die für die Vergnügungssucht einer immer zahlreicher werdenden Schicht von Reichen aufgewandt werden mußten, rührten nur zum geringen Teil von den Einkünften ererbter Güter und Ämter her. Das von J. B. Colbert, dem Finanzminister Ludwigs XIV., eingeführte »Merkantilsystem« hatte die Wirtschaft so belebt, daß Frankreich wohlhabend genug geworden zu sein schien, sich den Luxus einer verschwenderischen Hofhaltung und das »süße Leben« der bevorrechteten Stände leisten zu können. Der Erwerb überseeischer Kolonien hatte neue Absatzmärkte erschlossen, und man hatte neue Rohstoffe zur Verwertung im Mutterland gewonnen. Die französischen Besitzungen in Nordamerika nahmen an Umfang zu; an der Mündung des Mississippi, dessen riesiges Stromgebiet zu Ehren des Sonnenkönigs Louisiana hieß, wurde Nouvelle Orléans (New Orleans) nach dem Regenten benannt. Die Erfolge der französischen Handelsflotte regten dazu an, mit dem englischen Handel in Indien in Wettbewerb zu treten.

»Erlaubt ist, was gefällt« war die Devise im Kreis um Philipp von Orléans, den Neffen Ludwigs XIV. Die Orgien, die er in seiner Residenz, dem Palais Royal, feierte, galten als die wüstesten und raffiniertesten des Jahrhunderts.

John Law, ein schottischer Bankier, der in Paris reich werden wollte, gewann die Gunst Philipps von Orléans mit der raffiniert gestellten Frage, warum eigentlich nur Gold und Silber als Währung dienen sollten. An den großen Handelsplätzen der Erde zahle man doch die gelieferten Waren durchaus nicht immer mit barem Geld, sondern mit Wechseln als Anweisungen auf bares Geld. Diese Papiere, die die Unterschrift der Kaufherren trugen und deren Einlösung für unbedingt sicher galt, hatten in der Tat den vollen Wert der Münzen, die sie vertraten. Wenn, so argumentierte John Law, Frankreich diese kaufmännische Gepflogenheit auf den täglichen Gebrauch übertrage, werde es Geld in Hülle und Fülle haben – Papiergeld zwar; aber wenn diese »Münzscheine« durch Unterpfänder, wie Grund und Boden, sichergestellt seien, werde das Papiergeld beständiger sein als Metallgeld, dessen Gewicht man verändern könne. Philipp von Orléans, von Law überzeugt, erteilte dem Schotten die Vollmacht auf Gründung einer »Generalbank«, die erst »Aktien« genannte Teilhaberscheine und dann Papiergeld ausgab. Bald wurden alle öffentlichen Kassen angewiesen, das Papiergeld der Generalbank auch bei der Entrichtung von Steuern in Zahlung zu nehmen. Das staatlich anerkannte Finanzunternehmen wirkte wie ein wahrer Wohltäter. Es zahlte Wechsel vor der Verfallszeit aus, es eröffnete laufende Konten für Kaufleute und erklärte sich jederzeit bereit, auch in klingenden »Banktalern« von bestimmtem Silbergehalt Zahlung für Papiergeld zu leisten. Die Pariser Rue Quincompoix, in der Bankiers, Geldwechsler und Makler aus aller Herren Ländern Geschäftsstuben eröffneten, wurde zur offenen Börse. Tausende und aber Tausende von Franzosen und Fremden drängten sich in der engen Bankgasse darum, ihr Gold und Silber gegen Aktien einzutauschen, die nun von Stunde zu Stunde im Kurs stiegen. Kauf und Verkauf wurden schriftlich festgelegt. Der Flickschuster in der Rue Quincompoix, der seinen Schemel für die Abwicklung von

Geschäften zur Verfügung stellte, wurde ebenso reich wie ein Buckliger, der sein »natürliches Schreibpult auf dem Rücken« als Unterlage zur schriftlichen Übertragung der Aktien anbot. Paris und ganz Frankreich verfielen in einen Geldtaumel. Doch gerade das, was den Taumel des Reichtums entfesselt hatte, die vielfache Überbewertung der Aktien, führte zum Krach. Die »Königliche Bank« mußte sich als zahlungsunfähig erklären. Tausende von Familien wurden über Nacht bettelarm. Es nützte nichts, daß der flüchtige John Law zum Sündenbock gemacht wurde. Der Haß und die Verzweiflung der Geschädigten richteten sich gegen den Regenten. Die Männer Frankreichs, besonders die Finanzmänner, machten sich Sorgen – die Frauen nicht. Sie waren die Nutznießerinnen des Rauschs der Verschwendung gewesen, die die finanzielle Schaumschlägerei zur Folge gehabt hatte. Sie machten sich keine Gedanken über die Geldquellen der Männer, solange sie mit dem Luxus versorgt wurden, an den sie sich gewöhnt hatten. Die zunehmende Verschuldung des Königreichs und der Ländereien, die von ihren adeligen Eigentümern bis zum äußersten belehnt wurden, um ihren ausschweifenden Lebenswandel bezahlen zu können, beunruhigte weder die vornehmen Damen noch die Kurtisanen, die nur ein Ziel im Auge hatten: »à la mode« zu leben und zu lieben. Der Tagesablauf dieser modischen Frauen bestand eigentlich nur in einer sorgfältig geplanten Vorbereitung für die galante Nacht. Das »Lever«, der Morgenempfang, den die adligen und bald auch die wohlhabenden bürgerlichen Frauen nach dem Muster des königlichen Levers veranstalteten, bot ihnen Gelegenheit, ihre Reize wie unabsichtlich zur Schau zu stellen. Sie empfingen erprobte und zu erprobende Verehrer im Bett und bei der Toilette. Man zeigte sich beim »Lever« mit Vorliebe Klappbilder, »kuriose Spiegel«, die aus dem Rahmen gehoben werden konnten, um obszöne Kupferstiche oder Aquarelle bloßzulegen. Die Bewerber um die Gunst demonstrierten auf diese

Das Rasieren des Schamhaars gehörte zu den kosmetischen Manipulationen, ohne die eine Dame keinen Anspruch darauf erheben konnte, als gepflegt zu gelten.

Weise ihre speziellen Wünsche und priesen die »Stellungen« an, zu denen sie sich besonders befähigt fühlten. Die wortlose Werbung wurde ebenso gebräuchlich wie die wortlose Kundgebung des Unvermögens oder der Unlust von seiten des Kavaliers: Wenn er seinen Degen unvermittelt in die Ecke stellte oder auf den Boden legte, teilte er dadurch mit, daß er nicht mehr könne oder nicht mehr wolle. Es wäre unhöflich von seiten der Dame gewesen, nach einer solchen Kundgebung auf der Fortsetzung der Liebesbeziehung zu bestehen. Sie wußte,

der zumeist aufrecht getragene Degen eines anderen Herrn würde sie für Verlust oder Unlust entschädigen.
Es war »fi donc« – pfui Teufel! –, es gehörte sich ganz und gar nicht, die Sonntagsmesse zu versäumen. »Andächtig gingen alle Schloßherrschaften in die Kirche«, so berichtete der Herzog von Choiseuil, »man wundere sich nicht, wenn man hie und da ein Lächeln die Lippen der Betenden umspielen sieht. Jeder hat ein Buch in der Hand, aus dem er eifrig liest. Dem Einband nach ist das Buch ein Gebetbuch, sein Inhalt aber besteht aus einer Sammlung schlüpfriger skandalöser Geschichten. Daraus macht niemand ein Geheimnis. Alle diese Bücher bleiben die Woche hindurch in der Kapelle zur Verfügung der Lakaien und der Bodenwachser, die sich nach Belieben daran ergötzen können.« Besonders die Damen der großen Welt waren begierig, durch die schamlose Lektüre das »Einmaleins des Obszönen« und die Vokabeln zu erlernen, die zur möglichst drastischen Beschreibung des Geschlechtsverkehrs nötig waren. Schamlose Ausdrucksweise war gefragt, besonders bei Hof und in höfischen Kreisen, da der Kontrast des unverblümt Derben im Gespräch mit der gezierten Manieriertheit des Benehmens aufreizend wirkte. Und wenn die eigene Phantasie nicht hinreichende Variationen der Liebeständelei und des Geschlechtsverkehrs ermöglichte, dann halfen die Schriftsteller und Spezialisten der Liebe nach, die keine Möglichkeit des Genusses in ihren oft nur um des Vergnügens der Mitteilung willen verfaßten Romanen, Pamphleten und Gedichten außer acht ließen. Die mit allen Mitteln nach wollüstiger Zweisamkeit strebenden Frauen und Männer der galanten Epoche besorgten sich um jeden Preis kleine, kokett ausgestattete Bändchen, »Almanache«, in denen gehörnte Ehemänner und plump entjungferte Mädchen verspottet wurden, während das »trou-Madame«, das »Damenloch«, in seiner sinnlichen Wirksamkeit alle Ehre – Ehre, wem Ehre gebührt! – erfuhr. Um der geschlechtlichen Gerechtigkeit willen wurde

in gelenkigen Versen auch dem Priapus, dem »griechischen Gartengott«, Tribut gezollt. Der Abbé de Grécourt veröffentlichte mit der tätigen Hilfe der Prinzessin de Conti eine Sammlung galanter Gedichte, die in den allerhöchsten Kreisen die Runde machten. Andere hohe Herren verfaßten in gemeinsamer Arbeit zur Verhöhnung der »Gesellschaft Jesu« die »Lustige Gesellschaft«, die, wie nachzulesen, eine neue Ordnung des Kalenders zur Ordensregel machte: Die Monate und Tage sollten nicht mehr den Heiligen geweiht sein, sondern der Lust. Für jeden Monat gab es einen Leitfaden der geschlechtlichen Zerstreuung, die keine Stelle der genußfreudigen Körper ausließ. Die in allen Einzelheiten beschriebenen Stellungen der Liebesvereinigung wurden durch Namensgebung katalogisiert: der »postillon« des August wies auf die erogenen Zonen träger Männer hin, die doch erregt werden könnten, der Dezember war die Jahreszeit der »voyeurs« und »voyeuses«, der lustvollen Zuseher und Zuseherinnen. Der Kalender der »Lustigen Gesellschaft« endete mit einer besonders üblen Blasphemie: Der 25. Dezember wurde als »Fest der Hahnreie« begangen – zu Ehren des heiligen Josef.
Gotteslästerung und Schamlosigkeit – darum ging es den adeligen Verseschmieden, deren Gedichte durch die Vermittlung indiskreter Lakaien in Gast- und Kaffeehäusern wiederholt, in Ton gesetzt und von Bürgern und Bürgerinnen bei ausgelassenen Zusammenkünften gesungen wurden. Das war nicht nur in Paris üblich. In Wien und Berlin wurde durch kaiserliche und königliche Verordnungen gegen »alles, was unsittliche und ungereimte Zoten enthält«, vorgegangen – man verbot, daß »verschiedene scandaleuse, theils wider die Religion, theils wider die Sitten anlaufende Bücher und Schriften in Unseren Landen verfertiget, verleget und debitiret werden«. Die sittenpolizeiliche Zensur griff zu, und sie verhinderte auch, wo sie nur konnte, die Drucklegung der Werke von »boshaften Schriftstellern«. Diese Maßnahmen beschränkten wohl

Die zwei Kapuziner und das Mädchen Lisette – eine der zahllosen obszönen Darstellungen, mit denen der Klerus attackiert wurde.

Um sich die Lust an frivolen Genüssen zu ermöglichen, die an den öffentlichen Theatern nicht dargeboten werden konnten, richteten sich Angehörige der Aristokratie Privattheater ein, zu denen nur ihre Gäste Zutritt hatten. Auch höchste Damen und Herren der Gesellschaft traten hier als Schauspieler und Tänzer auf, meist völlig nackt.

die Zahl der Leser, aber nicht die der Schriften, die gerade durch die Verbote Raritätswert erlangten, von Liebhabern gehortet und im engsten Kreis verbreitet wurden. Es war überall, in allen Großstädten, das gleiche: Skandalöse Begebenheiten, anrüchige Nachrede und üble Gerüchte erregten zwar öffentliches Ärgernis, aber auch die verzückte Neugier der Bevölkerung, die doch, wenn auch indirekt, am so beneidenswerten Leben der Großen und Reichen teilnehmen wollte. Wer nur einige armselige Kupfermünzen mit harter Arbeit verdiente, konnte es sich kaum leisten, teure Kupferstiche zur Belebung seiner Sinnlichkeit zu erstehen. Das »Geschlechtsleben im Bild« kaufen zu können, war Privileg der Bevorrechteten, die davon so eifrig Gebrauch machten, daß spezialisierte Handwerker ausgebildet wurden, um dem immens wachsenden Bedarf zu genügen. Auch Schauspielerinnen und Schauspieler durften, um ein anspruchsvolles Publikum zufriedenzustellen, weder mit ihren angeborenen Reizen noch mit den erlernten Worte sparen. Ihr Beruf war seit langem schon und wurde noch lange nicht als »ehrbar« eingestuft: Komödianten galten als unsittliches Gesindel, die Frauen als Huren, die Männer als Zuhälter, auch in England – trotz der Achtung, die Shakespeare gewonnen hatte.

Bei öffentlichen Aufführungen mußten die Schauspielerinnen und Schauspieler sich begreiflicherweise den Vollzug des Geschlechtsakts auf der Bühne versagen. Aber bei Privataufführungen, wie hohe Herrschaften sie veranstalteten, gab es keine »undue«, keine »unpassende« Schamhaftigkeit. Die erfinderischen Spielleiter ließen keine Möglichkeit außer acht. Das zeigt unter vielen anderen ein Bild, in dem ein Kavalier seiner Dame sich in frecher Zudringlichkeit nähert, aber doch nicht zum Ziel kommt, weil ein Knabe mit unverschämter Hand sein erregtes Glied verfrüht zum Erguß bringt, den das verschämt hingehaltene Käppchen des lustigen Knaben auffängt, während der sich seinerseits geschickt mit dem Finger seiner anderen Hand an der Scham der Dame ergötzt.

Die deutschen Fürsten, die den brennenden Ehrgeiz hatten, die Hofhaltung von Versailles und die »grande vie«, das »große Leben«, der französischen Herzöge und Marquis zu kopieren, konnten es allerdings nicht wagen, solche Szenen auf den Bühnen ihrer Hoftheater zu zeigen. Sie waren weder so ungebunden wie ihre französischen Standesgenossen, noch verfügten sie über phantasiereiche Spielleiter und ungehemmte Gäste, die das Leben und die Liebe ebenso leicht nahmen. Ihre wirtschaftlichen Verhältnisse waren beengt. Bedenkenloses Schuldenmachen, um für die extravaganten Zerstreuungen flüssig zu sein, war nicht so in Mode wie an Seine, Loire oder Rhone – der Rhein war nicht deutsch, und die Macht war zersplittert.

Die Mischung französisch-leichtfertiger Mode mit der überlieferten, mittelalterlichen Courtoisie, die an den deutschen Fürstenhöfen herrschte, ließ keine innere Fröhlichkeit aufkommen. Roheit und Schamlosigkeit verbanden sich zu einer ungeschlachten Lebensform, die weder durch den Zopf, in den das lange Haar der Herren geflochten, noch durch den Puder, mit dem es bestäubt wurde, galanter und eleganter wurde. Den Zwiespalt des Glaubens und der Sitten, der in den Herzen und Hirnen der deutschen Fürsten nicht zur Ruhe kam, den inneren Kampf zwischen besinnlicher Vernunft und sinnlicher Freude charakterisierte der Ausspruch des preußischen Königs Friedrich Wilhelm I.: »Meine Frau Mutter war eine kluge Frau, aber eine böse Christin.« Philosophisch geschult zu sein, Musikinstrumente und Sprachen zu beherrschen, das war doch zuviel des Guten für eine fürstliche Frau, die, wie alle deutschen Frauen, den Herd, wenn auch mittelbar durch ihre Mägde, zu betreuen und im Ehebett willig zu sein hatte und nicht mehr. Für ihre geschlechtlichen Lüste, für die sie ihre Ehefrauen als zu ehrbar erachteten, hielten sich die »Serenissimi«, die durchlauchtigsten Fürsten und Hoheiten, Mätressen. Der Standesunterschied, dem die Fürsten und – in der Hierarchie abwärts – die Adeligen, die Bürger und die Bauern mit ausgesuchter Pedanterie Rechnung trugen, ließ es nicht zu, daß sich edle Damen unerlaubten Zerstreuungen ergaben. »Gleich und gleich gesellt sich gern« – oder ungern, denn es scheint, daß die gesellschaftlichen Schranken von den deutschen Damen und Frauen nur selten durchbrochen wur-

»Die Wollust« stellte dieser Kupferstich dar, den der französische Künstler Hubert nach einem Gemälde von Carême gestochen hat (1777). Hubert widmete das Werk, das die Unterschrift trägt: »Honny soit qui mal y pense« (»Schande über den, der Schlechtes dabei denkt«), dem Herzog von Chartres.

den. Die Männer ja – die Frauen nein: Die doppelte Moral, zu der die deutsche Weltanschauung ohnehin neigte, wurde durch die deutschen Fürsten nach Tunlichkeit bestätigt. Nur die Dichter gaben ihren spärlichen Lesern und Leserinnen einen poetischen Ausblick auf eine heitere, lustvollere Zeit. Sie verherrlichten den »Schoß der Jungfrauen und Frauen« in gespreizten Versen und waren, wenn auch unbeholfen, so doch ehrlich bemüht, »die wonnigen Klammern der Glückseligkeit« anzupreisen. Sie ermunterten die Frauen: »Schäm Dich Deiner Schönheit nicht, nicht des nackten feinen Baues Deines Körpers, nicht des Taues, der Dianens Gärtchen tränkt . . .« Sie verstiegen sich in Allegorien, um nur ja nicht vulgär zu werden. Während in den Fastnachtsspielen nach wie vor, wenigstens in der kurzen Zeitspanne des Karnevals, Lust und Liebe zur Schaustellung kamen, bequemten sich die vorsichtigen deutschen Schriftsteller zur Anerkennung des Feigenblatts – allerdings nicht ohne einen scheuen Blick darunter zu wagen. Mit Feigenblättern sittsam kaschierte Statuen nackter Jünglinge und Mädchen – frei der Antike nachgebildet – zierten die Alleen und Rondelle der Parks der nach

Holzschnitt aus einer chinesischen Ausgabe des »Jou Pu Tuan« von Lin Yü. Der Text dazu lautet: »Und wirklich, da gab es keine Stelle auf ihrer Körperhaut, wo den Poren nicht ein Fädchen des aparten Duftes entquoll. Welche Entdeckung!«

dem großartigen Muster von Versailles – wenn auch meist in bescheideneren Ausmaßen – errichteten fürstlichen Residenzen Deutschlands. In den ummauerten Gartenanlagen von Schönbrunn bei Wien und Nymphenburg bei München, hinter Gebüschen oder Baumgruppen, standen zierliche Pavillons, die zu verschwiegenen Rendezvous einluden: Die Serenissimi, die sich ihrer eigenen Zügellosigkeit schämten, ahmten den in Frankreich üblichen Gebrauch von verborgenen Lusthäusern nach, um sich insgeheim ihrer gelegentlichen Ausschweifungen zu erfreuen.

Die »petites maisons« in Paris und in der Umgebung von Paris, die den Verliebten die Ungestörtheit gewährleisteten, waren echte Zufluchtsstätten. In diesen »petites maisons«, die von den Lebemännern mit allem nur erdenklichen Luxus ausgestattet wurden, herrschten die Frauen, für die sie erbaut und möbliert worden waren. Je reicher ein Liebhaber war, desto köstlicher ausgestattet war die »petite maison«, deren Besitz zur Selbstverständlichkeit jedes in der Liebe engagierten Mannes von Stand und Rang wurde. Einige dieser Schauplätze der Lust waren zudem private Bühnen ihrer Besitzer:

Um die Spiegelwände der Schlafzimmer waren Logen so eingebaut, daß man das, was im Bette geschah, durch Gucklöcher beobachten konnte. Die Lust zu schauen ging der ausübenden Lust der Übersättigten voran, die eines aufmunternden Beispiels bedurften, um noch »spielen« zu können. Manche hochadelige Herren hatten sogar mehrere »petites maisons«, um jeder ihrer oft zahlreichen Geliebten, deren Gunst sie zu gleicher Zeit genossen, den Eindruck geben zu können, sie sei die einzige, die in einem ausschließlich ihr gehörenden Bett mit ihm schlief. Aber nicht nur die großen Herren, auch die leichten Damen nahmen an der Mode, eine »petite maison« zu haben, teil. Die Schlüssel zu den kleinen Lusthäusern wurden den bevorzugten Liebhabern, die ihren Preis dafür zahlten, für Tage, Wochen oder Monate überantwortet. Die Schlüssel hatten eine ähnliche Bedeutung wie die Keuschheitsgürtel. Nur wer sie besaß, hatte das Recht, die Türe des kleinen Hauses zu öffnen und die Umarmung der Besitzerin zu genießen.
Es war kein Zufall, daß in diesen gezierten Jahrzehnten die »Chinoiserien«, aus dem Fernen Osten importierte kunstgewerbliche Arbeiten, in keinem eleganten Pariser Haushalt fehlen durften. Nur wenige stolze Eigentümer der köstlich bemalten Lackkästchen und -schränke, der glänzenden Vasen, Schalen und grotesken Plastiken waren sich dessen bewußt, daß das fremdartige Zierwerk ihrer Salons und Schlafzimmer unerläßlicher Bestandteil der Sitten Ostasiens war. Der Wunsch, sich an solchen exotischen Gegenständen zu erfreuen und sie als Gebrauchsgegenstände zu verwenden, war seit der Ausweitung des Handels mit Fernost und dem Wachstum der Faktoreien und Kolonien dort durch Druckwerke angeregt worden, die als »Kunst-, Kultur- und Sitten-Spiegel« angeboten wurden.
Das »Li-Ching«, das »Buch der Riten«, das als unentbehrliche Grundlage der Erziehung die Sitten Chinas entscheidend

beeinflußt hatte, war eine Sammlung von Anstandsregeln, von Geboten des Benehmens, die sich nicht nur auf das Einhalten der äußeren Formen im alltäglichen Umgang der Menschen miteinander und bei öffentlichen Veranstaltungen bezogen, sondern auch auf ihre innere Haltung und Gesinnung. Wer die »gute Sitte« beachte, auf Schicklichkeit in der Kleidung und auf die Kontrolle des Mienenspiels achte, wer seine Rede sorgfältig setze, der entspreche den Gesetzmäßigkeiten des Lebens. Die Wahrung des Zeremoniells bei allen Gelegenheiten eine die Menschen und sei die Voraussetzung der würdigen Bestattung der Toten und der gebotenen Verehrung des Himmels. Der Ausspruch des von den Jesuiten »Konfuzius« genannten »Großen Meisters« Kung-fu-tse »Was du nicht willst, das dir angetan werde, das tue niemand anderm an« war das Grundgesetz der chinesischen Moral. Seine Lehren vom »richtigen Benehmen« beeinflußten die Gewohnheiten des täglichen Lebens und bestimmten den Brauch so stark, daß sogar die Einfachsten und Ärmsten von der unerläßlichen Notwendigkeit schicklicher Manieren überzeugt waren und sich noch in den ungezwungensten Situationen, auch im Geschlechtsverkehr, daran hielten. Für jede Verrichtung gab es ein Zeremoniell, das von hoch und niedrig, von Mann und Frau beachtet werden mußte, denn wer die Gebote übertrat, wurde unwiderruflich aus der Gemeinschaft ausgestoßen – aus der Gemeinschaft der Familie, des Dorfes, der Stadt, des Reiches. Die zusätzlichen Strafen waren hart. Bambusstab und Peitsche verschonten weder Rücken noch Gesäß der Frau oder des Mannes, die sich schuldig gemacht hatten gegen den Glauben, den Staat, das Eigentum und die Sitte. Wann, wo, wie oft und wem gegenüber man Kotau machte, wie und bei welcher Gelegenheit man Tee trank, wie ein Mann sich seiner Hauptfrau und den Nebenfrauen gegenüber benahm, wie die Hauptfrau, die Nebenfrauen und die »Blumenmädchen« sich den Männern gegenüber verhielten beziehungsweise unterwarfen – all das war in jeder nur möglichen Variation ebenso festgelegt wie die Handelsbräuche und die wirtschaftlichen Abhängigkeiten der unteren Bevölkerungsschichten. Das waren Notwendigkeiten, aber schließlich doch nur Äußerlichkeiten im geregelten Ablauf des Daseins. Eine andere Lehre, die Konfuzius gekannt, sich aber nur zum Teil zu eigen gemacht hatte, erfüllte das Innenleben jener Chinesen und Chinesinnen, die sich nicht zum Glauben Buddhas und damit zur bedingungslosen Abkehr von den irdischen Freuden bekannten. Es war die Lehre des Lao-tse, der den Begriff des »Tao« so volkstümlich gemacht hatte, daß er für den größten Teil der Chinesen Grundlage ihres Glaubens und Denkens wurde und ihre Art zu leben nicht minder beeinflußte als die Regeln des Kung-fu-tse. Die einfachsten Erklärungen für das Wort »Tao« sind: »Der Weg zur Natur«, allerdings auch »Der Sinn« schlechthin.

»Der Weg zur Natur« des »Tao« wurde von Chuang-tse, der mit dem Rufnamen »Chu« hieß, als Glaubenssatz mit philosophischen Darlegungen untermauert. Er predigte damit jenes »Zurück zur Natur«, von dem Jahrhunderte später im Frankreich des Rokoko Jean Jacques Rousseau schwärmte, der mit diesem Schlagwort eine geistige Revolution hervorrief. Chuang-tse war nicht nur Philosoph, er war auch Dichter und dialektischer Spötter, wenn es galt, seine Lehre von der Relativität, der »variierenden Betrachtungsweise«, volkstümlich zu machen. So sagte er: »Wenn die Gestalt einer schönen Frau, die von allen Männern bewundert wird, sich im Wasser widerspiegelt, schwimmen die Fische erschreckt davon.« War der Mensch auch wirklich körperhaft, oder war er nur eine Traumgestalt? Das Spiel der menschlichen Einbildungskraft zwischen Schein und Wirklichkeit scheint die chinesischen Frauen und Männer in ihrem alltäglichen Umgang mit ihren Mitmenschen, im Geschäftsleben und im Bett, ebenso beängstigt wie beglückt zu haben. Die Umgangssprache war poe-

Das klassische erotische Motiv des Voyeurs oder – wie hier – der Voyeuse, der heimlichen Zuschauerin, war auch der chinesischen Malerei nicht unbekannt.

Chinesin beim Einbinden der Füße.

tisch überhaucht. Selbst die ärmsten und niedrigsten Handlanger verbrämten das, was sie sagten, mit Gleichnissen und Wortbildern, die sie den volkstümlichen Dichtungen entlehnten.

Die Verwendung empfindsam schwärmerischer Redensarten bei jeder passenden oder unpassenden Gelegenheit war durch die hochsinnigen, verfeinerten chinesischen Kaiser zum Brauch geworden, die darauf bestanden, daß Ansprachen und Berichte ihrer Würdenträger in klingenden und vollendeten Reimen vorzutragen seien. Der Reichtum des »Reiches der Mitte«, an dem die gesamte Bevölkerung teilnehmen konnte, und die emsige Kunstfertigkeit der Handwerker hatte eine allgemein gehobene Lebensführung zur Folge gehabt, die den Luxus des Alltags selbstverständlich werden ließ. Die Verschönerung des Daseins in jeder Hinsicht wurde zur lebendigen Gewohnheit aller Gesellschaftsschichten – im Verhältnis zu ihren Möglichkeiten. Als schön galt eine Frau, wenn ihr

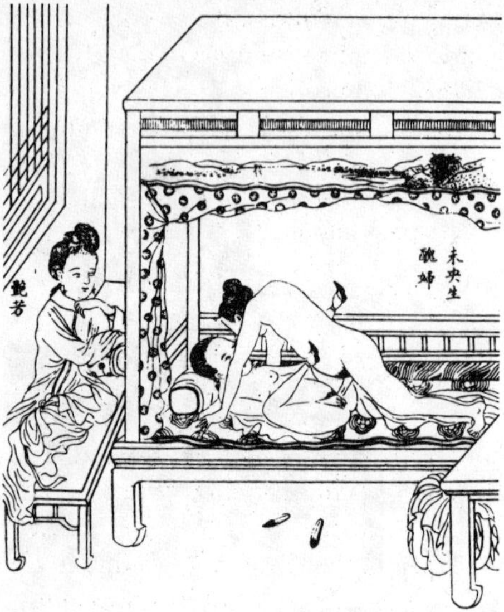

Holzschnitt aus einer chinesischen Ausgabe des »Jou Pu Tuan« von Lin Yü. Der Text dazu lautet: »Nun, sie war doch nur Aromas Stellvertreterin und wußte sich von ihr belauscht.«

Gesicht breit war, »voll wie der Mond«. Es war Sitte, die Füße von Mädchen aus guten Familien schon in der Kindheit so fest einzubinden, daß sie verkrüppelten: Je kleiner der Fuß, desto reizvoller die Frau, die als »Goldene Lilie« mit ihrem trippelnden Gang die Sinnlichkeit der Männer erregte. Der Fuß einer Frau war ihr einziger Körperteil, von dem nicht gesprochen werden durfte – es galt als unanständig, sich über Zehen oder Schuhe in Gegenwart einer Frau zu äußern. Wenn aber ein Mädchen einen ganz besonders kleinen Fuß hatte, durfte diese Eigenschaft im Ehevertrag erwähnt werden, denn ein winziger Fuß wurde höher bewertet als eine hohe Mitgift. Wenn es sich jedoch in der Ehe herausstellte, daß der Fuß größer war, als der Mann angenommen hatte, so war das ein Scheidungsgrund.

Die Moral, die als die »gesunde Grundlage des Hauses« bewertet wurde, war, was das Geschlechtliche betraf, nach europäischen Begriffen locker. Es galt wohl als ethischer Grund-

satz, möglichst viele Kinder in die Welt zu setzen, aber nicht mit der gleichen Frau. Mädchen sollten keusch in die Ehe treten, sogar eine zufällige Berührung mit einem Mann galt als unkeusch; aber die Männer mußten, wenn sie ihren Mann in der Ehe stellen wollten, lernen, wie man »es« am besten tat. Bordelle, die mit einladenden Namen lockten, gab es in jeder Ortschaft, denn der Geschlechtstrieb des Mannes wurde, wie der Appetit, als eine natürliche Gegebenheit angenommen. Wenn ein Mann sich nicht mit »Blumenmädchen« vergnügte, machte er sich lächerlich oder galt als geheimer Päderast, der sich unverständlicherweise scheute, sein Verlangen nach Knabenliebe offen zu gestehen, und dadurch Tscheou-Wang, den »Göttlichen Schutzherrn der erlaubten Unzucht«, beleidigte. Unter Frauen wurde die gleichgeschlechtliche Liebe als »natürliches Übel« angesehen – die chinesischen Männer liebten es, dem Vollzug dieses »Übels« zuzuschauen. Was immer die Sinne anregen oder die Erregung steigern konnte, war wünschenswert: bildhafte Darstellungen des Geschlechtsverkehrs, Pillen und Salben zur Stärkung der Männlichkeit, aufreizende Lieder, über jede einzelne Stellung des intimen Beisammenseins. Als guter Durchschnitt galt es, wenn ein Mann mit vierundzwanzig Abwandlungen des köstlichen Spieles verwöhnt wurde, die zum »Wolkenbruch« führten, dem Samenerguß. Konnte ein Mann es sich leisten, seine Kinder gebührend zu versorgen, dann konnte und sollte der Wolkenbruch die »träufelnde Saat des Himmels« sein. Wenn er aber zu arm war oder sich dem »Tao« weihte, mußte er »unterbrechen«. Der Coitus interruptus, der die Zeugung und damit unerwünschten Kindersegen unmöglich machte, unterbrach den Rhythmus des Tao, »die Kette des menschlichen Lebens«.
Das Familien- und Liebesleben eines reichen, typisch ausschweifenden Kaufmanns namens Hsi-Men-K'ing schildert der chinesische Sittenroman »Kin P'ing Me«, dessen Titel wörtlich übersetzt »Pflaumenblüte in goldener Vase« bedeu-

Zeitgenössische Holzschnitt-Illustration zu dem berühmtesten aller erotischen Bücher Chinas, dem Sittenroman »Kin P'ing Me«.

tet, aber auch »Schöne Frauen in reichem Haushalt«. Das Buch war wegen der Offenheit, mit der sexuelle Szenen geschildert werden, in China zwar behördlich verboten, wurde aber von gewissenhaften Erziehern sowohl zur Belehrung als auch zur Warnung empfohlen. Im »Kin P'ing Me« gibt es keinerlei geschlechtliche Hemmungen. Die Vielseitigkeit der Männer, die sich nie mit einer einzigen Frau begnügten, führt sie in die Häuser der »Blumenmädchen«, von dort in die Nachbarhäuser zum heimlichen Genuß des Ehebruchs. Wer zahlt, darf lieben. Wessen Frau einen einträglichen Liebhaber hat, darf betrügen. Die poetischen Zwischentexte, die den Ablauf der Handlung des »Kin P'ing Me« unterbrechen, sollten die wirklichkeitsnahen Schilderungen und Dialoge durch ihren allegorischen Inhalt nicht verschleiern, sondern durch die gehobene Sprache verallgemeinern und erläutern. Die »Goldene Lotusblüte« und Herr Hsi-Men-K'ing verkörpern

die typische Nebenfrau und den typischen Herrn des Hauses und Mann von Welt, die sich in jeder Provinzstadt Chinas und gewiß auch in Peking unverschämt miteinander vergnügten. Die Lust des Liebesspiels bei jeder sich bietenden Gelegenheit war im »Reich der Mitte« kein Laster. Vielfach variierter Geschlechtsverkehr und raffinierte Seitensprünge gehörten zu den Lebensgewohnheiten der Chinesen genauso wie alle Bräuche, die damit verbunden waren. Wohlhabende Hausväter besaßen das »Hua-Yung-Chin-Chen«, das »Bilderbuch der verschiedenen Stellungen im Kampf der Geschlechter«. Man las den belehrenden »Traktat aus dem Schlafzimmer« des »Fang-nei-chi«, einer Sammlung medizinischer Hinweise, oder »Die Frau auf dem Mond«, den Roman einer Kaiserin, die sich mit ihrem »Herrn des Himmels« aller Spielarten der Liebe erfreute.
Trotz der in allen Gesellschaftsschichten Chinas mit so kunstvollem Eifer betriebenen Liebeslust scheint es kein umfassendes chinesisches Lehrbuch des Geschlechtsverkehrs gegeben

Kleine Statue des Hindugottes Devi mit dem Lingam in der Hand.

zu haben*, wie etwa die Anleitungen des indischen »Kama Sutra« oder des »Ananga ranga«, des indischen »Theaters der Liebe«, das auch »Das Schiff auf dem Ozean der Liebe« genannt wurde und eine modernisierte Ausgabe des »Kama Sutra« ist. Im wesentlichen enthält das »Ananga ranga« außer Anweisungen für den Geschlechtsverkehr auch Ratschläge und Rezepte zur besseren Vorbereitung und zur Erhöhung des Genusses. War es nicht für jeden »Beflissenen« wichtig, wie er den Erguß verzögern und dadurch die Lust verlängern, wel-

* Die neuere Forschung hat doch einige chinesische Lehrbücher des Geschlechtsverkehrs, vor allem aus der Han-Zeit, entdeckt – z. T. wurden sie allerdings später unterdrückt und sind daher schwer auffindbar. So gab es Anleitungen für den Mann, wie er seine sexuelle Leistungsfähigkeit steigern, wie er eintausend liebende Stöße vollführen könne. Dabei wurde großer Wert auf Variationen gelegt. Im *Tung-hsüan-tzu*, das von Li Tung-hsuan in der T'ang-Zeit geschrieben worden war, wird gelehrt, wie der Mann seine Ejakulation beherrschen und seinen Penis entsprechend lange steif halten kann. Er muß tiefe, flache, langsame, rasche, gerade und schräge Stöße ebenso beherrschen wie die neun Arten des Eindringens. Dabei hat er die Tiefe und die Art der Vagina genau zu kennen, um der Frau die größte Lust bereiten zu können. Das *Jou Pu Tuan* aus der Ming-Zeit verlangt vom Mann, daß er bei jedem Verkehr auf variationsreichste Weise ein- bis zweitausendmal sich hin und her bewege. Das schon erwähnte *Tung-hsüan-tzu* aus der T'ang-Zeit kennt vier Grundstellungen und sechsundzwanzig Variationen, die so poetische Namen wie »Seidenraupe spinnt einen Kokon« oder »Verschlungene Mandarinenenten« tragen. Der eigentliche Meister der Sexualkunst aber war Nu Hsien aus der Han-Zeit (206 v. Chr. – 219 n. Chr.). Er nennt die Anzeichen der Erregung und gibt eine detaillierte Sexualphysiologie. Wie im *Kama Sutra* gibt es Regeln für das Verführen, Küssen usw. Im Gegensatz zum Abendland beschäftigt sich die chinesische Wissenschaft ausgiebigst mit Arten und Funktionen des Geschlechtsverkehrs und bietet eine reichhaltige »ars erotica« – darauf hat Michel Foucault verwiesen. Für uns wurde die chinesische Liebeslehre durch die Sinologen Gulik, Beurdeley und Needham erschlossen, aber auch chinesische Autoren wie vor allem Jolan Chang haben den überraschenden Reichtum der klassischen chinesischen Liebeslehre dem Westen nahegebracht. [G. L.]

Ein eindeutiges Beispiel der in der englischen Hauptstadt verbreiteten »Sitten« gibt die Radierung von Thomas Rowlandson »Die Schaustellung« (um 1795).

che Mittel er zur Steigerung seiner Gefühle anwenden konnte? Die Frauen sollten belehrt werden, wie sie ihre Yoni verengen könnten und parfümieren sollten. Sie erfuhren, mit welchen Maßnahmen sich die Pein der monatlichen Regel mindern, wie sich ihre Brüste festigen und die lieblichen Spitzen heben lassen. Die natürliche Anziehung der Geschlechter reiche nicht hin und halte nicht an, so heißt es im »Ananga ranga«, wenn Frauen und Männer nicht erführen, wie sie einander reizen, bezaubern und aneinander binden könnten. Da gab es Liebestränke und den betörenden Duft von Weihrauch, und wenn die berauschenden Getränke und Düfte nicht genügten, gab es Zaubersprüche, die ihre Wirkung nur selten verfehlten.

Der indische Lingam-Kult, die rituelle Anbetung des erregten männlichen Gliedes als Sinnbild der Zeugungskraft, blieb mit dem Glauben an die großen Gottheiten (Schiwa, Krischna,

Brahma) verbunden, der sich trotz der Ausbreitung des Buddhismus in einem großen Teil der Bevölkerung behauptet hatte. Im kleinsten Dorf huldigte man dem Lingam ebenso wie an den luxuriösen Höfen der Fürsten, die ihr ausschweifendes Geschlechtsleben von Generation zu Generation durch »Neuerungen« zu stimulieren bemüht waren. Die angeblichen Neuerungen waren jedoch lediglich Umgestaltungen überlieferter Bräuche, Vervielfältigung und Abwandlung der ursprünglich kultischen Orgien, denen sich ihre Vorfahren schon ergeben hatten.

Die Fürsten lebten abgesondert von den Massen der Bevölkerung. Solange sie ihren Luxus ungestört beibehalten konnten, wehrten sie sich kaum oder nicht gegen die bewaffneten Scharen der britischen Kaufleute von der Ostindischen Kompanie, die den Handel Indiens an sich rissen. Jeden außerberuflichen Kontakt mit den Eingeborenen vermieden die Engländer. Ihnen waren die Inder, ob hoch oder niedrig, lediglich Objekte der Ausbeutung, und dementsprechend geringschätzig wurden sie behandelt. Ihre Lebensgewohnheiten und Bräuche, besonders die des Geschlechtlichen, galten den Weißen als verächtlich. Aber diese Attitüde nahmen die Briten nicht nur in Indien ein, sondern auch in allen Gebieten Asiens, Afrikas und Amerikas, in denen sie Handelsniederlassungen oder Kolonien errichtet hatten. Was den Eingeborenen als natürlich galt, erschien ihnen als lasziv – es wurde als »orientalisch« verworfen. Aber wie sah es denn im Mutterland aus? Die zeitgenössischen englischen Pamphletisten machten sich in ihren unzüchtigen Broschüren über das »roll up and down« lustig, die so primitive Art des Geschlechtsverkehrs der englischen Adligen und Bürger, sie verhöhnten die verlogene Prüderie der oft genug wider ihren frommen Willen sexuell bedrängten, puritanisch scheinheiligen »Hüter der Sittlichkeit«, die doch zugleich ihre besten Kunden waren. Weder die Regierung noch die Polizei wollte es wahrhaben, daß an der

Themse »die verborgene Schamlosigkeit bis zum äußersten« betrieben wurde. So war die gute Gesellschaft der City auf das peinlichste berührt, als ein Gentleman aus ihrer Mitte, Sohn eines Obersten und Mitglied des exklusiven Spectator-Clubs, Zögling des vornehmen Westminster Colleges, der Seiner Britischen Majestät Konsul in Smyrna und Bombay gewesen war, ein skandalöses Buch veröffentlichte mit dem Titel »Memoirs of a Woman of Pleasure – Die Memoiren einer Kurtisane«. John Cleland Esqu., der alle diesbezüglichen Erfahrungen im Orient gesammelt und in London vervollständigt hatte, war nicht aus freien Stücken zu dem Entschluß gelangt, dieses englische Sittenbild seiner Zeit zu schreiben. Er saß wegen der Schulden, die er zur Bestreitung seines allzu lustigen Lebenswandels gemacht hatte, im Gefängnis. Die einzige Aussicht, freizukommen, bot ihm der Vorschlag eines Herausgebers obszöner Druckschriften, er werde die Schulden bezahlen, wenn Cleland einen »sinnlichen Roman« schreibe. Der wohlgeborene Exkonsul wählte sich das Mädchen Fanny Hill zur Heldin, die als »woman of pleasure« den kurzen Ruhm ihres literarischen Schöpfers bis heute überlebt hat. Cleland, nun auf freiem Fuß, wurde aufgefordert, sich für den Skandal, den sein Buch verursachte, vor dem »privy council« zu verantworten. Der hochgeborene Lord Granville jedoch sprach den Angeklagten nicht nur frei, sondern verfügte sogar, daß ihm von Staats wegen eine jährliche Pension von einhundert Pfund Sterling auszuzahlen sei, damit er in Zukunft nicht durch seine Armut verführt werde, ähnliche »Schundwerke« zu verfassen. Cleland erfreute sich der Pension und eines langen Lebens, das er, wie es einem Gentleman geziemte, in ländlicher Zurückgezogenheit verbrachte. Seine Fanny Hill aber eroberte im Sturm Tausende und aber Tausende Leser in aller Welt, die sie mit der naiven Unbekümmertheit ihres hemmungslosen, in allen intimen Details erzählten Liebes- und Geschlechtslebens entzückte. Fanny Hills

Schicksal ist typisch für das, was mit den vielen jungen Mädchen vom Lande geschah, die in London von Bordellwirtinnen unter falschen Vorspiegelungen der Prostitution zugeführt wurden. Fanny muß alle Techniken des Geschlechtsverkehrs erlernen, um in dem »Schandberuf« erfolgreich zu werden: Eine erfahrene Dirne unterrichtet sie in der Zungenfertigkeit der lesbischen Liebe, bevor sie einem alten, abscheulichen Lüstling ihre Jungfernschaft preisgeben soll. Sie erwehrt sich der Überrumpelung. Aber die Liebesspiele der Bordellhalterin mit einem Soldaten sowie einem andern Freudenmädchen und deren Liebhaber, denen Fanny in neugieriger Unschuld zusah, erregen ihre Sinnlichkeit und ihre Phantasie. Sie wird endlich von Charles, einem jungen Gentleman und häufigen Besucher des Bordells, entjungfert. Die unwahrscheinliche Sensation, die Reize einer unverfälschten Jungfrau ohne entsprechenden Gebührenzuschlag in einem Freudenhaus genossen zu haben, entzückt Charles so sehr, daß er Fanny, die sich in ihn verliebte, entführt und so lange glücklich mit ihr lebt, bis sein vornehmer Vater das Idyll dadurch unterbricht, daß er den liederlichen Sohn auf eine Handelsniederlassung in die Südsee schickt. Die verlassene, an dem Schmerz der Trennung erkrankte, mittellose Fanny muß sich nun von ihrer Hauswirtin an einen Lebemann verkuppeln lassen, um existieren zu können. Ihr neuer Liebhaber betrügt sie mit ihrem Dienstmädchen, und sie ihn aus Rache mit einem Bediensteten. Da für die verschiedenen Geschlechter keineswegs gleiches Recht gilt, weist ihr empörter Gönner sie kurzerhand aus dem Haus. Als einzig sichere Zuflucht für das gefallene Mädchen bleibt ein Bordell. Sie erlernt den Trick, wie ein Mädchen, das seine Jungfernschaft verloren hat, es anstellt, sich mit Hilfe eines künstlichen Hymens von einem zahlungskräftigen Besucher die nichtexistente Jungfräulichkeit rauben zu lassen, und sie lernt auch, welche reizvoll vielfältigen Möglichkeiten es gibt, den Geschlechtsverkehr zu zweit oder zu dritt auszuüben, je nach den gelüstigen Wünschen der Kunden. Übung macht auch hier die Meisterin. Aber die freundliche Bordellhalterin, in deren öffentlichem Haus Fanny und ihre ebenso eifrigen Kolleginnen bequeme Ruhe und Sicherheit gefunden haben, ist ihrer Tätigkeit müde und schließt ihr menschenfreundliches Institut. Abermals ist Fanny auf sich allein gestellt, doch nun nicht mehr mittellos. Sie kann sich als »Witwe eines Matrosen« auf das Land zurückziehen und abwarten, was das Leben ihr bringen wird. Es bringt ihr einen alten Junggesellen, der sie als Haushälterin anstellt und liebevoll behandelt, wenn sie sich seinem sexuellen Verlangen fügt, sie aus Liebe und nach Belieben zu prügeln. Fannys Bedürfnis nach Seßhaftigkeit macht ihr Sitzfleisch unempfindlich. Sie harrt aus, bis der Alte stirbt und ihr zum Dank für ihre gefällige Gefügigkeit sein Vermögen hinterläßt. Die kleine Prostituierte Fanny ist nun eine große Dame. So oft war sie gezwungen gewesen, Liebe zu heucheln, daß sie endlich Liebe empfinden will – mit ihrem Charles. Sie macht sich auf die Suche nach ihm und findet ihn tatsächlich in einem Wirtshaus. Charles hat in der Südsee kein Glück gehabt – und jetzt wird Fanny sein »Hafen«. Sie hält mit keinem ihrer Erlebnisse zurück, sie gesteht dem Geliebten alles, und er versteht, daß sie kein wahres Vergnügen an all den Männern, mit denen sie hat schlafen müssen, gefunden hat. Sie will nur ihn und er nur sie ... Die Moral der Unmoral bestach die Leser der schlüpfrigen »Memoirs of a Woman of Pleasure«. Geschäftstüchtige »Verleger« und Druckereibesitzer brachten »sinnliche Bücher« in den meisten europäischen Sprachen heraus. Die Unkeuschheit in Wort und Bild wurde ein beinahe ebenso einträgliches Geschäft wie die bezahlte Zuchtlosigkeit im Bett. Die allgemeine Auflösung von Sitte und Ordnung machte sich so deutlich bemerkbar, wie der deutsche Philosoph Gottfried Wilhelm Leibniz es kurz vor seinem Tode befürchtet hatte: »Da die Sittenverderbnis in Europa ins Unermeßliche anschwillt, halte ich es fast für notwendig, daß chinesische Missionare zu uns geschickt werden.« Leibniz hatte allerdings nicht vorausgesehen, daß die »Mission« aus China und Indien sich in der Art bewähren würde, wie es tatsächlich geschehen war.

Der wesentliche Unterschied zwischen den Ausschweifungen Asiens und denen Europas lag allerdings im Verhältnis der Geschlechter zueinander: Die Macht der Männer über das weibliche Geschlecht ging im Rokoko so weitgehend verloren, daß die Zeitgenossen von einem »Jahrhundert der Frauen« sprachen, ja, von einer »Weiberherrschaft«. Dieser von den »Herren der Schöpfung« bekrittelte und beklagte Zustand war allerdings nicht nur auf die allgemeine »Entfesselung der Frauen« zurückzuführen, sondern vor allem auf die Tatsache, daß Frauen das kaiserliche oder königliche Zepter führten. In den österreichischen Erblanden und in Ungarn war Maria Theresia, die letzte Erbin der Habsburger, gekrönt worden und beherrschte nicht nur ihre Reiche, sondern auch ihren zum Wohlleben neigenden, ursprünglich bettelarmen, später durch geschickte Geschäftspraktiken unermeßlich reich gewordenen Gatten Franz von Lothringen, den sie zum Kaiser des Heiligen Römischen Reiches Deutscher Nation hatte krönen lassen. In Rußland wurde Elisabeth, die Tochter Peters des Großen und Katharina I., Kaiserin; sie förderte die deutsche Prinzessin Katharina, die ehrgeizige Gemahlin ihres Neffen Peter, der als Peter III. von eben dieser Katharina II. ermordet wurde, die als ebenso geniale wie wollüstige »Semiramis des Nordens« in die Weltgeschichte und in die Historie der Liebessitten eingegangen ist. Der »legitime Unterrock« verbarg kaum die Hosen, die von den selbstherrlichen Monarchinnen getragen wurden, um den Männern in ihren Län-

Die Geschichte des naiven Freudenmädchens Fanny Hill hat nicht nur im Jahre ihres Erscheinens einen Skandal verursacht. Die abgebildete Illustration stammt von Borel.

Die Gräfin Dubarry, die sich als Mätresse sehr um Ludwig XV. verdient gemacht hatte, symbolisch verherrlicht als »Die Königin der Herzen«.

dern den Respekt einzuflößen, der bis dahin nur männlichen Herrschern entgegengebracht worden war.
In Frankreich hingegen camouflierte sich die Macht des weiblichen Geschlechts nicht mit Purpur und Hermelin. Eher unbekleidet, kam sie durch die überlegene Haltung der in der Liebe scheinbar unterlegenen Frauen zu gefälligem Ausdruck. Ludwig XV., der den Beinamen »der Vielgeliebte« für sich beanspruchte, war ein vielliebender König. Man sagte ihm nach, seine einzigen männlichen Fähigkeiten bestünden darin, sich als Mann zu erweisen. Von dieser Fähigkeit allerdings machte er bei jeder passenden und unpassenden Gelegenheit Gebrauch. Er hatte viele hundert Geliebte für eine Nacht oder für wenige Nächte, da es weder seiner Frau noch seiner offiziellen Mätresse, Marie Anne de Châteauroux, gelang, den leichtfertigen Schürzenjäger an sich zu binden. Erst die von ihm zur Marquise von Pompadour erhobene Madame Lenormand d'Etioles, die reizvolle Tochter des unbedeutenden Be-

amten Poisson, die immerhin schon die Frau eines königlichen Unterfinanzpächters gewesen war, als sie sich selbst dem König angeboten hatte, vermochte sowohl als Geliebte als auch als Kupplerin die Sinne Ludwigs XV. zu fesseln. Sie fungierte als seine offizielle Mätresse nicht nur im Bett, sondern auch im Ministeramt. Diese Jeanne Antoinette, die Frankreich regierte, wurde das Vorbild der großen Damen, die zu leben und zu lieben verstanden. Sie hatte, in Kenntnis der Männer ihrer Zeit, die Kunst gelernt, die Seitensprünge ihres hohen Liebhabers nicht durch Eifersüchteleien zu erschweren, sondern, soweit es in ihren Kräften stand, zu erleichtern. Ihr König fand in ihren köstlich ausgestatteten Gemächern alle Bequemlichkeit, die ein Mann sich nur wünschen konnte. An den mit Brokat und Seide bespannten Wänden des Schlafzimmers hingen zauberhafte Bilder von Liebesszenen, die sie von François Boucher hatte malen lassen, damit Seine Majestät alle Möglichkeiten der Liebesfreuden vor Augen habe, wenn er sie besuchte, und Anregungen mitnehmen konnte, wenn er es vorzog, mit anderen Frauen zu schlafen. Er wußte nicht immer, daß diese Gefährtinnen seiner Nächte von der Pompadour ausgesucht und vorbereitet worden waren, um den König zufriedenzustellen. Sie sorgte allerdings vorsichtig und umsichtig dafür, daß die Damen, die ihn beglückten (wobei er annahm, daß er sie beglückte), keine höheren Ansprüche stellten, als sie selbst sie ihnen zugedacht hatte. Zu ihrer ganz systematisch aufgebauten Vertraulichkeit mit Ludwig XV. gehörte es, daß er ihr Bericht über seine »Eroberungen« in allen Einzelheiten gab; so wußte sie, was geschehen war, und konnte bestimmen, was zu geschehen hatte. Ihre Macht über den Hof von Versailles und die Höflinge war so vollkommen, daß sie mögliche Ansätze dieser oder jener gefälligen Dame zu einem Wettbewerb mit ihr gar nicht persönlich zunichte zu machen brauchte. Ein Wort des Herzogs von Choiseul, ihres Freundes, den sie zum Premier-

Groteske phallische Karikatur unter dem Titel »Die vier Lebensalter des Mannes«. Die Inschriften am Kopf geben das Alter an: zwanzig Jahre, vierzig Jahre, sechzig Jahre, achtzig Jahre . . .

minister hatte erheben lassen, oder des Polizeiministers, der allen Grund hatte, ihr ergeben zu sein, genügte vollauf, eine vorlaute, zudringliche Bettgenossin des Königs für immer ungefährlich zu machen. Es gab ja doch die Bastille, in die unbequeme Zeitgenossen und -genossinnen verschwanden, und geschlossene Nonnenklöster, in denen die auf ihre Schönheit und ihre Reize allzu selbstbewußt pochenden Frauen den Schleier so lange tragen mußten, bis sie von ihrem Hochmut geheilt waren.

Während die gekrönte Königin ein Schattendasein führte, wurde die Marquise de Pompadour in allen Ehren als die eigentliche Königin von Frankreich anerkannt. Ihrem »Lever« beizuwohnen war eine Gunst, um die sich alle Damen und Herren des Hofes rissen, denn jede Gnade, die der König erteilen konnte, hing vom Gutdünken seiner Mätresse ab. Sie nützte ihre hohe Stellung dazu aus, sich und ihre Familie maßlos zu bereichern, aber auch um in Schönheit zu leben und der

Die höfische Gesellschaft des Rokoko entwickelte ihre eigene Art der Liebe zur Natur. Viele ihrer »fêtes d'amour« feierte sie im Freien. Die Darstellung zeigt eine galante Runde bei der »Huldigung des Priapus«.

Welt das Beispiel ihres Luxus zu geben. Die Pompadour tat aber auch alles dazu, sich, wie es dem Zeitgeist entsprach, zu bilden. Sie kreierte nicht nur die raffinierte und prächtige Kleidermode der galanten Damen, die sich danach richteten, was sie trug und wie sie sich frisierte, sondern auch die Mode der literarischen Salons, in denen, dem Zeitgeist entsprechend, die »Aufklärung« diskutiert wurde. Sie begünstigte Voltaire und förderte die Entstehung der Enzyklopädie, jener Zusammenfassung des gesamten Wissens, deren Herausgabe der Schriftsteller und Kritiker Diderot und der Mathematiker und Philosoph d'Alembert unternommen hatten und an deren Zusammenstellung auch Quesnay, der Begründer der Physiokratie, teilnahm. Das Verlangen nach Veränderung und Verbesserung der Staatsgewalt und der Gesellschaftsordnung wurde immer lauter. J. J. Rousseaus Erziehungsroman »Emile«*

* Das Buch von J. J. Rousseau *Emile* ist aus zwei Gründen sittengeschichtlich von höchster Bedeutung. Zum einen wird darin energisch der Kampf gegen die Masturbation gefordert. Die Begründung dafür aber ist eine andere als in dem Machwerk von Tissot, das jenes verhängnisvolle Startsignal zu einer fast zweihundert Jahre währenden Kollektivneurose gegeben hatte, die unendlich viel Leid über die Jugendlichen bringen sollte. Sie ist auch anders als bei den »Philanthropen«. Hier wurde der Sexus generell mit pseudomedizinischen Argumenten desavouiert. Rousseau sieht in der Masturbation die Gefahr, daß die Einbildungskraft des jungen Menschen sich ein »generalisiertes« Bild schaffe und so unfähig zur »Erschaffung« des geliebten Partners werde. Rousseau geht davon aus – und damit stößt er den »romantischen Diskurs« an –, daß der Liebhaber sich die Geliebte in der Phantasie forme. Treffe er dann das Mädchen, das diesem Bild entspreche, so ergebe sich die überwältigende, später als »romantisch« bezeichnete Liebe. Die Masturbation befriedige zu schnell den Trieb. Liebe entstehe aus der Aufschiebung der Spannungslösung. Da Leidenschaft nur durch Leidenschaft aufgehoben werden könne, empfiehlt er nicht etwa den sonst üblichen »Kampf gegen die Versuchung«, sondern unterweist Emile in der Leidenschaft der Jagd. Diana sei die natürliche Feindin der Venus. Dies sind – abgesehen von der obskuren Ablehnung der Masturbation – aus zwei Gründen sehr

wurde das meistgelesene Buch, sein »Zurück zur Natur« brachte ganz Frankreich in Gärung und wurde oft mißverstanden, besonders von der großen Gesellschaft, die sich in bäuerlichen Verkleidungen gefiel, um in Schäferspielen und »arkadischen Vergnügungen« der Natur nahe zu sein. In »Emile« bekannte sich ein Priester zur »natürlichen Religion«, die keine Vermittlung zwischen Gott und den Menschen nötig habe. Diese Verinnerlichung entfremdete die Gläubigen der Kirche. Rousseaus etwas später erschienener »Contrat social«, der »Gesellschaftsvertrag«, der die Beziehung des Einzelwillens zum Gesamtwillen festlegt, mußte zur »Volkssouveränität« führen, die der französischen Bevölkerung von Montesquieu in seinen »Persischen Briefen« und von Voltaire in seinen »Philosophischen Briefen« durch den Vergleich mit den politischen Verhältnissen in Ländern größerer Freiheit mundgerecht gemacht worden war.
Wenn Philosophen und Dichter wie Voltaire und Diderot ehrende Einladungen an fremde Fürstenhöfe erhielten, so wurde dies von der französischen Öffentlichkeit als Zeichen dafür gewertet, daß die »Aufklärung« überall an allerhöchster Stelle anerkannt wurde, nur nicht in Frankreich selbst. Sogar der »gefährliche König in Preußen« sprach sich für die politischen Grundsätze der Aufklärung aus. Er erklärte, »nur der

moderne, unsere Auffassung von Sexus vorwegnehmende Gedanken: Die Macht prägender pubertärer Phantasien wird erkannt, und es wird dem Jugendalter ein besonderer Status zwischen Kindheit und Erwachsenendasein zuerkannt, was es vorher nicht gab. Zum anderen fordert Rousseau für Emile die »Liebesehe«. Auch diese ist erst eine »Erfindung« der Romantik. Emile soll seine Geliebte heiraten, und sie sollen sich weiter lieben. Voraussetzung dafür aber ist, daß sich die Ehegatten volle Freiheit auch nach der Hochzeit geben und umeinander werben wie vorher. Und daß sie gleichberechtigt sind. Damit schlägt Rousseau den Akkord an, der auf andere Weise von Kant intoniert wird und der zur modernen Idee von der Liebesehe führt. [G. L.]

»La pucelle d'Orléans« von Voltaire. Anonymer Kupferstich aus dem Jahr 1780.

erste Diener des Staates« zu sein, schaffte die Folter ab und proklamierte Religionsfreiheit.
Nicht ohne weiteres zugänglich waren der breiten Öffentlichkeit die sittengeschichtlich bedeutsamen Werke Diderots, Voltaires und anderer zeitgenössischer Dichter und Schriftsteller, die behaupteten, es sei unmöglich, »wirkliche Liebesgeschichten« zu schreiben, ohne »unanständige« Worte zu gebrauchen. So schrieb Diderot nicht nur die frivol-satirischen »Bijoux indiscrets – Die geschwätzigen Kleinode«, sondern auch ein durchaus als unzüchtig beurteiltes Werk unter dem Titel »Le chevalier qui faisait parler les cons et les culs – Der Kavalier, der die Scheiden und Ärsche zum Reden brachte«. Diderot wollte die Wirklichkeit lachend verkünden, aber seine derbe Wirklichkeit war zärtlich verschleiert und kaum eines Lächelns wert. Deutlicher war da schon Voltaire in seiner von ihm als »Schwank« bezeichneten Dichtung »La pucelle d'Orléans«, in der die »Nationaljungfrau« der Franzosen, die heilige Johanna, ihre Jungfernschaft an einen Esel verliert. Voltaires zugleich ungehemmte und elegante Frivolität war eine Persiflage auf Ludwig XV., seinen pompösen Hof, seine Favoritinnen, die Kirche – und den verlogenen Begriff der »Heiligkeit um der Heiligkeit willen«: Im »Grand Siècle«, dem großen Jahrhundert der fleischlichen Lust und der Sinnlichkeit, konnte die »vorgebliche jungfräuliche Reinheit« der Jungfrau von Orléans nur als Heuchelei gelten. Wer in der verderbten Umgebung von Versailles lebte, vermochte nicht an heldisch-jungfräuliche Enthaltsamkeit zu glauben. Die eitle Putzsucht und das leichtfertig nonchalante Verhalten dem Ernst des Lebens gegenüber, das der König von Frankreich zur Schau trug, wurden beispielgebend für die Herren seines Hofes und, die Stufenleiter abwärts, für den Adel und die wohlsituierten Bürger des Landes. Paris war eine Reise wert, wenn man genug Geld in den Beutel tat. Wer aber sich in deutschen Landen mit heimischer Kost begnügte und es nicht darauf anlegte,

die Pariser »Meisterinnen im Genuß« kennenzulernen, deren Reize und deren wollüstiger Gang die Vergnügungen andeuteten, die der Liebhaber in ihrem Schoße finden würde, der konnte in Berlin oder Wien beinahe vollwertigen Ersatz für die »französische Liebe« finden. Zugegeben, die Berlinerinnen waren, wie es hieß, »bei weitem nicht so schön als die benachbarten Braunschweigerinnen, Sächsinnen oder Hannoveranerinnen«, aber »die freche, ausgelassene Miene, mit der einem fast jedes Frauenzimmer (nicht bloß Freudenmädchen) ins Gesicht guckt, den affektierten, sich auf gar nichts gründenden, höchst lächerlichen Ton der Selbstgenügsamkeit und vermeintlichen Wichtigkeit bei den Mannspersonen« hatten auch die Berlinerinnen. Sie waren, so hieß es, jedoch nicht so lüstern wie die Wienerinnen, die »braunen und schwarzen Jungfrauen, welchen Cupidos Pfeil weit lieber ist als der Kochlöffel«; diejenigen allerdings, die zwar keineswegs keusch sind, jedoch »die Wollust ins Abscheuliche und Unnatürliche ausschweifen lassen«, finde man, wie der Chronist einschränkt, »seltener als in anderen mir bekannten Städten«. Dem außerehelichen Geschlechtsleben wurde in Wien weniger kompliziert, dafür aber um so unverfrorener gehuldigt. Man spöttelte in den Kaffeehäusern und auf der Bühne ungeniert: »Was ist der Eh'stand denn? Er ist ein Vogelhaus, die draußen, wollen rein, die drinnen, wollen raus.« Die Wiener Bürgerinnen, aber auch die adligen Frauen, wurden nicht über die Achsel angesehen, wenn sie Liebesbeziehungen unterhielten. Sie konnten sogar an Achtung gewinnen, wenn der Rang ihrer Liebhaber den ihrer Ehemänner übertraf. Allgemein jedenfalls galt: »Wenn die Frau rechts geht, darf der Mann links marschieren, nimmt sie sich einen Aufwärter, so sucht er sich eine Freundin.«
Maria Theresia, die Kaiserin, die Schönbrunn, das bescheidene Schloß ihrer Vorfahren, zu einem prachtvollen Sommerpalast umbauen und das langgestreckte Gebäude mit ockergelber Farbe festlich hatte anstreichen lassen, genoß den Ruf

Sodomitische Szenen waren beliebte Motive der Zeit. Die Radierung »Frau und Hund« ist im Besitz des Kupferstichkabinetts der Staatsbibliothek Berlin.

der »kaiserlichen Hausfrau«. Sie war eine schöne Frau mit feurigen Augen – ein Musterbeispiel weiblicher Gesundheit. Ihre staatsmännische Tatkraft und ihre entschlossene Abwehr der Angriffe und Übergriffe Friedrichs II. von Preußen hatten ihr die Bewunderung und Anhänglichkeit eines großen Teiles der von ihr mit charaktervoller Sicherheit beherrschten Erblande eingetragen. Sie erfreute sich einer uneingeschränkten Beliebtheit, bis sie, die selbst nie vom »rechten Weg der Sittsamkeit« abwich, den Kampf gegen die Unsittlichkeit durch »Keuschheitsvorschriften« und die Einsetzung einer »Sittenkommission« aufnahm. So verfügte sie, daß die Huren durch überaus strenge Strafen – Haarabschneiden, In-Ketten-Legen, Verurteilung zum öffentlichen Gassenkehren und zum Karrenschieben – in Zucht zu bringen seien. Wurde ein Mann mit einer Dirne ertappt, so drohte ihm eine öffentliche Klage wegen Ehebruchs, wenn er verheiratet war – ein lediger Mann aber wurde »stehenden Fußes« mit der Hure getraut, mit der er »kopuliert« hatte. Eine Unzahl von Spitzeln war bei Tag und bei Nacht unterwegs, Sittlichkeitsdelikte aufzuspüren und anzuzeigen. Zeitgenössische Schmähschriften brandmarkten die so gar nicht zeitgemäße »Moralität« Maria Theresias. Sie verlor an Popularität. Die in ihrer Liebesfreiheit behinderten Wiener erklärten bissig, die strenge Sittlichkeit der Kaiserin sei die Folge ihrer Erbitterung über den leichtsinnigen Lebenswandel ihres »Franzl«, des Kaisers Franz I. Man höhnte: »Er ist ein Schürzenjäger – was sonst soll er tun, da seine Frau die Hosen an hat?« Die Keuschheit war nicht nach dem Sinn der Wienerinnen. Sie taten im geheimen, was öffentlich verboten war. Diese unverrückbare Tatsache mochte auch Maria Theresia zu Bewußtsein gekommen sein, denn als sie, vom Sterbebett ihres geliebten Kaisers kommend, seine Mätresse, die Fürstin Auersperg, von den Höflingen verlassen und gemieden, in einer Zimmerecke weinen sah, drückte sie ihr die Hand und sagte: »Meine liebe Fürstin, wir beide haben wahrlich viel verloren.«

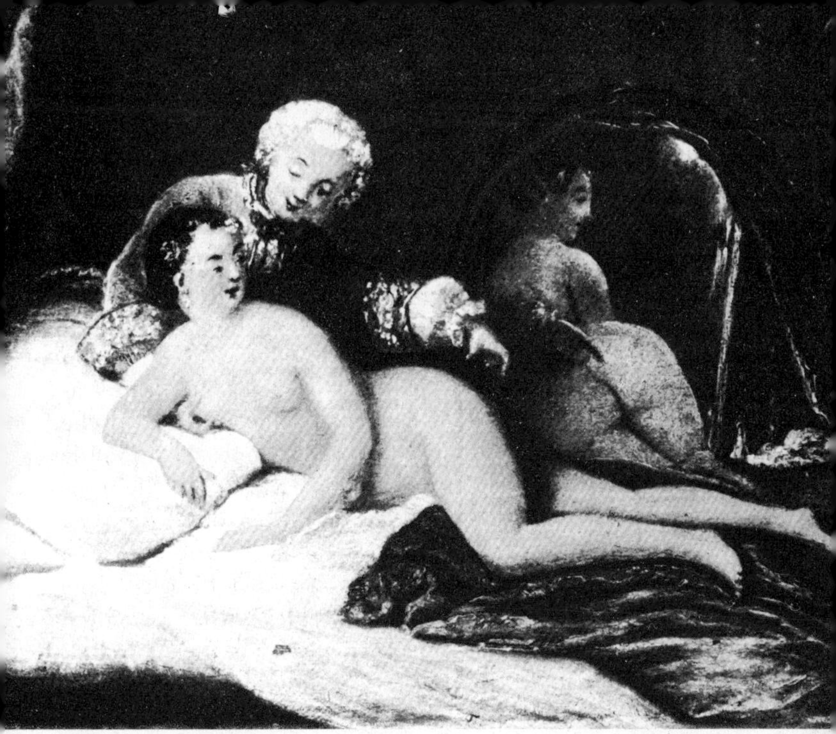

Über die sexuellen Verhältnisse des Preußenkönigs Friedrichs II. waren die phantastischsten und widersprechendsten Versionen im Umlauf. Das meiste davon scheint ins Reich der Legende zu gehören. Die Episode des Königs mit der Tänzerin Barberina – unser Bild – ist offenbar im Sinne der Zeit ganz normal verlaufen.

Nicht Friedrich II., der Gegenspieler Maria Theresias, hatte den bis heute bestehenden Gegensatz zwischen Preußen und Österreichern verursacht, sondern sein Vater, Friedrich Wilhelm I., König von Preußen, der sein verhältnismäßig kleines Reich in einen einheitlichen Militär- und Beamtenstaat verwandelte. Die persönliche Haltung dieses eingefleischten Despoten hat die deutschen Sitten bis in unsere Gegenwart beeinflußt. Als Erbe eines relativ armen Landes mit nur zweieinhalb Millionen Untertanen war sich Friedrich Wilhelm I. im klaren, daß sein Hof weder mit dem französischen oder dem kaiserlichen noch mit dem englischen Hof wetteifern könne. Seine Folgerung war: Schluß mit dem Luxus! Preußen sollte keinen wie immer auch gearteten höfischen Aufwand treiben. Sein Leitgedanke war: »Preußen muß unabhängig sein, die Armee muß ihren Montierungsbedarf aus den heimischen Manufakturen entnehmen können.« Das ganze Königreich lebte und arbeitete für seine Armee. Die Exerzierplätze von Potsdam und Halle waren Experimentierfelder für alle militärischen Fortschritte. Hier wie dort wurde der neue preußische Gleichschritt mit Geschwindfeuer geübt, so als seien Hände und Füße der Soldaten Bestandteile einer Maschine. Mehr als tausend preußische Werbeoffiziere bereisten das Römische Reich Deutscher Nation, Ungarn, Siebenbürgen und die nordischen Königreiche auf der Jagd nach »langen Kerlen«. Sie fragten weder nach Glauben noch nach Herkunft. Sie suchten hochgewachsene, kräftige Burschen, die sich gegen ein Handgeld zur königlich-preußischen Armee anwerben ließen. Hungernde leibeigene Bauern, Landstreicher, entlaufene Priester, vorbestrafte Diebe aus aller Herren Länder bildeten bald die »Elite« des Heeres Friedrich Wilhelms. In die Zucht der Offiziere und Unteroffiziere genommen, hörten sie auf, Wesen mit eigenem Willen, Denken und Fühlen zu sein. Sie waren Preußen geworden. So wie ihr König es befahl, fürchteten sie »den Offizier mehr als den Tod«. Wer sich gegen die Disziplin verging, mußte »Spießruten laufen«, eine barbarische Strafe, die allerdings auch in den anderen, aus »Gepreßten« oder mit Lug, Trug und Gewalt »Geworbenen« bestehenden Armeen üblich war. Als Friedrich Wilhelm starb, hinterließ er seinem Sohn Friedrich II. eine volle Schatzkammer und eine schlagkräftige Armee von dreiundachtzigtausend Mann. Mit diesem Erbe und dem imaginären Stock des Vaters im Rücken erweiterte und festigte Friedrich II. nicht nur das Königreich,

sondern auch den Begriff des aggressiven Preußentums. Die militärischen Siege gegen die Übermacht seiner Feinde, die er sich oft vorsätzlich zu Feinden gemacht hatte, gewannen dem in seinem Wesen so widerspruchsvollen Sohn eines Vaters, der keinen Widerspruch duldete, den ehrenden Beinamen »der Große«. Er hatte nichts vor Augen als die Vergrößerung der Macht Preußens und jenen nüchternen preußischen Lebensstil, den er seinen Untertanen aufoktroyierte, wenn er ihn auch nicht für sich selbst gelten ließ. Wie alle Potentaten seiner Zeit hatte auch Friedrich, dem von der Nachwelt völlig mißverständlich eine »deutsche Sendung« zugesprochen wurde, den persönlichen Ehrgeiz, weltmännisch wie ein Franzose zu sein und dementsprechend zu leben. Nach französischen Vorbildern erbaute er sein Rokokoschloß, das er charakteristischerweise »Sanssouci« nannte. Im Geistigen war sein Vorbild Voltaire. Der große Franzose weilte als Kammerherr und Ritter des Ordens Pour le mérite zwei Jahre am Potsdamer Hof, um seinem Verehrer bei der endgültigen Fassung der »Denkwürdigkeiten des Hauses Brandenburg«, die Friedrich französisch schrieb, behilflich zu sein. Voltaire, der Preußen »das Königreich der Grenzstriche« nannte, schrieb aus Potsdam nach Paris: »Ich bin hier in Frankreich. Man spricht nur unsere Sprache. Das Deutsche ist für die Soldaten und Pferde. Nötig hat man es nur für die Reise.«
In Potsdam gab es keine Mätressen, keine Weiberherrschaft, es war eine ausschließlich männliche Welt. Der König, den Maria Theresia den »lebendig gewordenen Satan« nannte, hatte gewiß die Vorliebe seines Vaters für die »langen Kerle«, aber auch, wie Zeitgenossen ihm gehässig nachsagten, für »zarte Knaben«. Er war im Geistigen vorurteilsfrei, inwieweit er es auch im Körperlichen war, wurde nicht urkundlich festgestellt. In seiner frühen Jugend unterhielt er eine so vertrauliche Freundschaft mit dem Gardeleutnant von Katte, daß der unerbittlich strenge König Friedrich Wilhelm I. den Freund

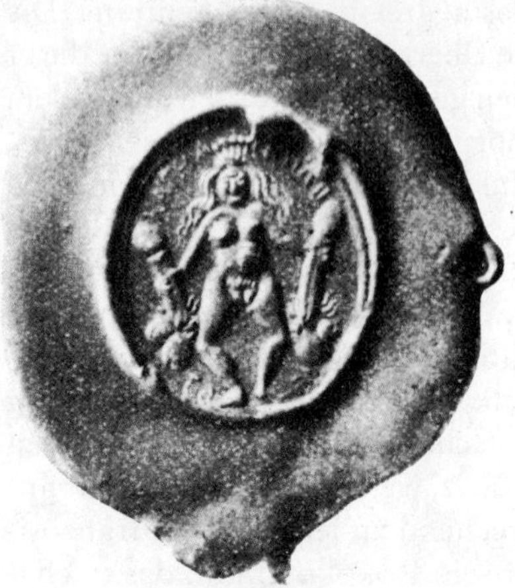

Der sagenhafte, aber im einzelnen nachgewiesene Männerverschleiß der Zarin Katharina II. blieb im russischen Volk kein Geheimnis. Das Spottsiegel aus Elfenbein, das damals in Umlauf kam, ist ein handgreiflicher Beweis dafür.

seines Sohnes vor dessen Augen hinrichten ließ, weil Katte dem Kronprinzen, der von seinem Vater gefangen gesetzt wurde, zur Flucht hatte verhelfen wollen.
Friedrich II. war Männern gegenüber nicht so mißtrauisch wie Frauen. Er glaubte genau zu wissen oder doch voraussehen zu können, was er von Generälen und Diplomaten zu gewärtigen habe. Unsicher war er angesichts weiblicher Gegenspieler. Die größte Unruhe verursachte ihm die deutsche Prinzessin Auguste Friederike von Anhalt-Zerbst, die als Katharina II. Zarin aller Reußen geworden war. Die »Semiramis des Nordens« hatte im »Jahrhundert der Frauen« die größte Karriere einer Frau gemacht, und das nicht durch Ausnützen ihrer weiblichen Reize, wie es etwa die Pompadour und die Dubarry getan hatten, die durch das Bett zur Macht gekommen waren. Katharina II. war durch das Ausnützen der Macht ins Bett gekommen – und ihre Macht hatte sie durch das Ausnützen ihres Verstandes und der Gegebenheiten und Gelegenheiten gewonnen. Mit fünfzehn Jahren war sie an den Hof der trunksüchtigen und mannstollen Zarin Elisabeth ge-

kommen – ein unwissendes Mädchen, das sich nur durch geschickte Heuchelei, durch »Horchen und Aushorchen« behaupten konnte. Ihr Gatte Peter III. war schlimmer noch als dumm, er war kindisch. Das gemeinsame Schlafzimmer gebrauchte er nicht zum ehelichen Beischlaf, sondern zum Spielen, wie Katharina II. selbst berichtet: »Madama Kruse verschaffte ihm Spielzeugpuppen und andere Kindereien, die er bis zur Narrheit liebte. Während des Tages verbarg man sie in und unter seinem Bett. Er legte sich zuerst nach dem Abendessen nieder, und wenn wir beide zu Bette waren, schloß Madame Kruse die Türe, und er spielte bis ein oder zwei Uhr morgens. Wohl oder übel mußte ich an diesen herrlichen Vergnügungen teilnehmen. Oft lachte ich darüber, aber häufig war es mir zuwider.« Wie die meisten vornehmen deutschen Frauen schrieb Katharina französisch: »Es scheint mir, daß ich im Bett doch für eine andere Sache gut gewesen wäre!« Aber Peter, der, wie die Zarin Elisabeth, dem Trunk verfallen war, schlief nicht mit ihr, sondern nur bei ihr und zwang sie manchmal durch Faustschläge, zuzuhören, welcher Art die Reize seiner gelegentlichen Mätressen waren. Ein Thronfolger war nötig. Katharina war aus Anhalt-Zerbst als »kaiserliche Zuchtstute« geholt worden. Da Peter nicht »den Hengst mit ihr spielte«, wurde auf Befehl der Zarin Elisabeth dafür gesorgt, daß zeugungskräftige junge Adelige einsprangen. Ob Sergius Soltikoff, Zacharias Tschernitscheff oder Leo Narischkin es gewesen sind, darüber berichtet Katharina in ihren Memoiren nicht. Die Damen und Herren des Hofes jedoch nahmen an, daß alle drei ihr Glück bei Katharina versucht hatten, um Peter mit einem Thronerben zu beglücken. Er selbst sagte: »Der Himmel weiß, woher meine Frau schwanger geworden ist. Ich bin durchaus nicht gewiß, daß dieses Kind mir gehört.« Als Peter sich die Zarenkrone aufs Haupt setzte, war er entschlossen, sich Katharinas zu entledigen. Sie kam ihm zuvor und entledigte sich seiner – an der Spitze der zu ihr übergetretenen kai-

serlichen Garden, in Offiziersuniform, wenn auch im Damensitz auf einem weißgrauen Tigerhengst, auf den flatternden Haaren einen Soldatenhut mit einem Eichenzweig.
Katharina II. war als Herrscherin mehr als eine Frau. Sie regierte das ungeheure Kaiserreich mit der Tatkraft eines Mannes. Aber sie genoß ihr Leben als Frau vermutlich intensiver als jede andere Frau ihrer Epoche. Ein Mann zur gleichen Zeit war dieser Frau, die weit mehr als eine Frau war und sein wollte, nicht genug. Es war ihr auch nicht genug, ihr Kaiserreich zu verwalten und zu vergrößern. Sie wünschte Dichterin und Schauspielerin zu sein, Komödien zu schreiben und in ihnen aufzutreten. Sie lebte nicht nur in der Wirklichkeit, sondern auch in der Phantasie. Sie nahm es nicht übel, daß ihr Liebhaber, Fürst Potemkin, der, um seiner hohen Geliebten zu gefallen, Paläste und fruchtbare Gärten wie Attrappen in der nackten Ebene errichtete und bevölkerte Städte und Dörfer in unwirtliche Gegenden stellte, um die Überzeugung Katharinas zu stärken, daß sie Rußland Glück und Wohlstand gebracht hatte – noch weit mehr, als sie es tatsächlich getan hat. Nicht alle »Potemkinschen Dörfer« blieben für den flüchtigen Augenblick verwirklichte Phantasmagorien Katharinas. Sie tat alles, was in ihren übermenschlichen Kräften stand, um die selbst erwählte Mission Peters des Großen zu verwirklichen: Rußland europäisch zu machen. Das russische Rokoko Katharinas II. allerdings war nicht so zierlich, so leichtlebig und so elegant wie das französische, dem sie so gerne entsprochen hätte.
Die durch ihre zärtliche Tätigkeit im königlichen Bett Ludwigs XV. zu Rang und Ansehen gekommenen Frauen machten durch die Liebe Geschichte. Die bevorzugten Dichter der galanten Zeit schrieben mit Vorliebe Liebesgeschichten, deren Querschnitt das farbenfreudige Sittenbild dieser Epoche ergibt. Mit verlogener Devotion schilderten sie und wahrheitsgetreu kritisierten sie die lockeren Zustände am Versail-

ler Hof, in den Schlössern und Palästen des hohen Adels und in den Häusern der wohlhabenden Bürger, die nur einen Ehrgeiz hatten: ihre Lebensführung der Grandeur von Herzögen, Marquis und Grafen anzugleichen. Reich gewordene Kauf- und Finanzleute, Handwerker und Geschäftemacher erwarben die käuflichen Adelstitel, die sie berechtigten, einen Degen zu tragen und das »de« vor ihren Namen zu setzen oder vor den einer Besitzung, die sie erworben hatten. Nur wer »adlig« war, galt. Und noch mehr galt, wer zu dem Adelsrang noch einen Titel als Inhaber eines Amtes im Hofstaat Seiner Majestät erwarb, der zur Anwesenheit in Versailles berechtigte. Mehr als zehntausend Titel wurden bei Hof feilgeboten und mit barer Münze bezahlt. Versailles war der Nabel der Welt für die Hochgeborenen und die Emporkömmlinge, die es ihnen gleichtun wollten. Der Luxus in der Kleidung, in der Ausstattung der Häuser und Jagdschlösser, der Wohnräume und Kutschen verschlang die größten Vermögen, die nur durch königliche Zuwendungen gestützt werden konnten. Woher das Geld kam, wie es aufgebracht wurde, um Ludwigs persönliche Launen und die Launen der von ihm Begünstigten zu befriedigen, darum scherte der König sich nicht. Er bereitete gedankenlos oder bedenkenlos den Zusammenbruch der französischen Wirtschaft vor – nicht in böser Absicht, sondern weil ihm nichts gut genug erschien, den Glanz seiner Hofhaltung zu erhalten und in allen nur möglichen Facetten leuchten zu lassen. Er wollte nur eines nicht, sich langweilen. Von allen seinen Geliebten vertrieb ihm die Dubarry die Zeit am besten. Von den liebedienerischen, speichelleckerischen Frauen, die er zu lieben gewohnt gewesen war, unterschied sie sich durch ihre ordinäre Frechheit. Sie war weder gebildet noch geziert wie die verblichene Marquise de Pompadour, die ihm nicht nur selbst schöne Stunden bereitet hatte, sondern auch durch das so raffinierte »Unterschieben« anderer Schönen. Die Dubarry war ein Mädchen aus dem Volk, ein von

»Galanen zurechtgeschliffener Diamant« – eine mit allen parfümierten Wassern gewaschene und mit erregenden Salben geschmierte, zauberhaft reizvolle Frau, die in der harten Schule der Kokotten gelernt hatte, »Liebe zu machen«. Sie war an den König verkuppelt worden, um ihm zu »einer guten Nacht zu verhelfen«. Sie verschönte seinen Lebensabend dadurch, daß er endlich mit einer Frau zusammensein konnte, die ihm auch Grobheiten sagte. Im Bett, beim intimen Frühstück und wenn sie mit dem König nicht als offizielle »Maîtresse en titre« an Empfängen oder festlichen Diners teilnehmen mußte, war er für sie »wie jeder andere Mann«. Er mußte um sie werben, um sie in der guten Stimmung zu erhalten, die ihm zugute kam. Sie ließ sich nicht mit gelegentlichen Geschenken abfinden. In ihrer frühen Jugend hatte sie sich zu billig verkaufen müssen, um nicht jetzt, da sie so »hoch gefallen« war, den höchsten Preis für ihre raffinierten Liebkosungen zu fordern. Sie verschwendete, weil es ihr Vergnügen machte, nicht sparen zu müssen und verschwenden zu können.
Der Dubarry genügte es nicht, in Versailles zu brillieren. Sie ließ ihr eigenes kleines Schloß Louvecienne, das ihr der König geschenkt hatte, so köstlich umbauen, daß sie den luxuriösesten und bequemsten Wohnsitz für ihre Rendezvous mit dem König – und mit anderen Herren – zur Verfügung hatte. Wer die charmante Dubarry persönlich kannte und mit eigenen Augen ihr silberblondes Haar, ihre lieblich geschwungenen Lippen und ihren knabenhaften Körper mit den zartgeschwungenen, durch Schleier kaum verdeckten Brüsten gesehen hatte, verfiel ihrer sinnlichen Ausstrahlung. Ihre Unbekümmertheit erhielt sie unverändert jung. Sie ließ nach Tunlichkeit ihre Finger aus der Politik, sie wollte den König belustigen und nicht belästigen. Sie, die alle Ausschweifungen erlebt und genossen hatte, neidete ihm seine immer heftiger werdende Neigung für unreife Mädchen

nicht. Der Marquis d'Argenson schrieb in seinen Memoiren: »Der König kehrt zur Natur zurück und versucht sich wieder Anregung zu verschaffen mit kleinen Mädchen, die noch ganz unschuldig sind und die man aus Paris kommen läßt. Es kitzelt ihn, fünfzehnjährige Mädchen zu entjungfern. Vor einiger Zeit führte man ihm ein kleines Mädchen von diesem Alter zu, das kaum bekleidet war. Als er es im Bett und außerhalb dessen verfolgte, erkältete er sich. Trotzdem hat er diesen armen Kreaturen Gutes getan, und wenn er sich als Wollüstling betätigt, so verstößt er damit ja nicht gegen die Sitten eines anständigen Mannes . . . Wer ihn aber diesem Laster zugeführt, weiß man nicht.« War es die Dubarry oder der »Zutreiber« des Königs, sein Kammerdiener Lebel? Tatsache ist, daß sich Ludwig XV. durch das hautnahe Beisammensein während des Geschlechtsverkehrs mit einem jungen, rothaarigen Bauernmädchen die Pocken holte, an denen er starb.
Mit Ludwig XV. endete das Rokoko nicht. Es überlebte sich selbst erst unter Ludwig XVI. und der »Österreicherin«, Maria Theresias Tochter Marie Antoinette, die zwar nicht nur mit einem Dutzend Hemden nach Frankreich gekommen war wie Katharina II. nach Rußland, aber ebenso unwissend gewesen war. Der in Schönbrunn aufgewachsenen Erzherzogin fehlte es an Geist und an der gutmütigen Großzügigkeit, die ihrer Mutter, der Kaiserin, alle Ehre machte. Marie Antoinette wurde die Schutzpatronin der höfischen Leichtlebigkeit und stach durch ihre Putz- und Vergnügungssucht allzu deutlich von ihrem schwerfälligen Gatten, dem unbeholfenen König Ludwig XVI., ab. Sie wurde die Königin der Feste, die Schutzherrin der schlüpfrigen, bukolischen Veranstaltungen, bei denen sich die hohen Damen und Herren unter dem Rousseauschen Schlagwort »Zurück zur Natur«, als Schäferinnen und Schäfer verkleidet, ungenierten Liebesspielen im Park von Trianon erga-

Choderlos de Laclos' »Gefährliche Liebschaften«: Das Illustrationskupfer aus dem Jahr 1796 zeigt den lasterhaften Kavalier, im Bett einer genossenen Geliebten an eine zukünftige schreibend.

ben. Sie gab den Ton an, wenn sie auch selbst nicht in die Melodien der Lust einstimmte, die ganz Frankreich erfüllten und die von Choderlos de Laclos, Louvet de Couvray und Restif de la Bretonne in ihren Büchern textlich unterlegt wurden.

In großer Auflage erschienen die »Liaisons dangereuses« der Chevalier Choderlos de Laclos, der in diesen »Gefährlichen Liebschaften« die Frauen höher einschätzte als die Männer. Der Austausch von Briefen, deren Inhalt er romanhaft verwob, erregte die zeitgenössischen Damen und Herren so sehr, daß der Offizier, der Schriftsteller geworden war, um der Langeweile der Garnison zu entgehen, als »Apostel der Liebe« legendär wurde. Die »Gefährlichen Liebschaften« wurden schon zu seiner Zeit »als eine glänzende Schilderung der allgemeinen Sitten einer gewissen hohen Klasse« bewertet und als »eine der tausend Wogen im revolutionären Ozean, die den Hof verschlungen haben, einen der tausend Blitze im Ungewitter, das den Thron zerschmettert hat«. Das Aufzeigen und Darstellen der Laster und leichtfertigen Liebeleien der hochadeligen Privilegierten war an und für sich gleichbedeutend mit dem Bereiten des Weges zur großen Revolution. Und Louvet de Couvray, dessen »Abenteuer des Chevalier Faublas« Sensation machten, wurde auch nach der Veröffentlichung seines Werkes in den Revolutionären Konvent aufgenommen. Der Autor, der als Buchhändlergehilfe tätig gewesen war, hatte zwar nicht selbst erlebt, was er schrieb, aber mit unvergleichlicher Präzision die Gesellschaft beschrieben, für die der Geschlechtsverkehr Lebensinhalt war, um dessentwillen kein Betrug, kein Hinwegsetzen über Recht und Moral als unerlaubt angesehen wurde. Man lebte, um zu lieben, und wenn man sich nicht geschlechtlich vergnügte, sprach man von den sinnlichen Freuden und Vergnügungen, die als das einzig Höhere des Daseins geschätzt wurden.

Restif de la Bretonne schrieb laszive Erzählungen und Sittenschilderungen. Im Jahr des Ausbruches der Französischen Revolution wurde er von Johann Wolfgang von Goethe in einem Brief an Friedrich Schiller kritisiert und gelobt zugleich. Goethe schrieb: »Haben Sie vielleicht das seltsame Buch von Restif ›Cœur humain dévoilé‹ je gelesen oder davon gehört? Ich habe es nun gelesen und, ungeachtet alles Widerwärtigen, Platten und Revoltanten, mich sehr daran ergötzt. Denn eine so heftige, sinnliche Natur ist mir nicht vorgekommen, und die Mannigfaltigkeit der Gestalten, besonders weiblicher, durch die man geführt wird, das Leben und die Gegenwart der Beschreibung, das Charakteristische der Sitten und die Darstellung des französischen Lebens in einer gewissen Volksklasse, muß interessieren. Mir, der so wenig Gelegenheit hat, von außen zu schöpfen und die Menschen im Leben zu studieren, hat ein solches Buch unschätzbaren Wert.«
Goethe war nicht so weltfremd, wie er sich in diesem Brief gab, und hatte kaum Anlaß, durch die »heftige, sinnliche Natur« eines Schriftstellers in Erstaunen versetzt zu werden. Auch er war ein Rokoko-Dichter, den das Liebesleben zur Niederschrift erotischer Epigramme anregte. In den einem weiten Publikum zugänglichen Ausgaben seines »Urfaust« und seines »Faust« fehlen die »Paralipomena«*, das »Ausge-

* Der Germanist Schöne hat nachgewiesen, daß *Faust I* von Goethe ohne die »Paralipomena« kaum verständlich ist, und hat den Text dieses wohl größten deutschen Dramas unter Einbeziehung der von Goethe ausgesonderten Teile wiederhergestellt. Goethe nahm auf die Empfindlichkeiten des Publikums so viel Rücksicht, daß er seinen wichtigsten Text verstümmelte, allerdings in der ausgesprochenen Hoffnung, daß künftige Generationen seinen »Walpurgissack« öffnen und die Dichtung vollständig zur Kenntnis nehmen würden. An sehr vielen Stellen von *Faust I* und *II* haben spätere Redaktoren zensiert, so daß die gängigen Ausgaben im Grunde eine verfälschte Version enthalten. Nur die Edition von Schöne bietet den originalen Goetheschen Text. [G. L.]

lassene«, das er ohne Hemmung dichtete, um das Gespräch des Mephistopheles mit einem Mädchen zu verdeutlichen:

»Mädchen: ›Ach nun, der Herr dort spricht so gar kurios
von Gold und Schwanz, von Gold und Schoß,
und Alles freut sich, wie es scheint,
doch das verstehen nur die Großen‹ . . .

Mephisto: ›Mein liebes Kind, nur nicht geweint,
denn willst Du wissen, was der Teufel meint,
so greife nur dem Nachbar in die Hosen.‹«

In seinen »Venezianischen Epigrammen« gesteht Goethe:

»Knaben liebt' ich wohl auch,
doch lieber sind mir die Mädchen:
Hab' ich als Mädchen sie satt,
dient sie als Knabe mir noch.«

Und sein Gedicht »Das Tagebuch« vom »Meister Iste, der seine Grillen hat«, weil sein Besitzer fremdgeht, gehört zu den Meisterstücken der erotischen Literatur.*
Die Sinnlichkeit des Rokoko erkannte keine Grenzen im europäischen Raum an. Sie wurde durch Schriften verbreitet und durch freiwillige »Missionare des Geschlechtsverkehrs«, wie vor allem Giacomo Casanova, der sich Chevalier de Seingalt nannte und als Hochstapler und Gelegenheitsliebhaber die

* Das Liebesleben Goethes wird in der Forschung unter dem Stichwort »Erschwerte Durchsicht« diskutiert. Offenbar kam er erst in Italien zum vollen Liebesgenuß. Aber auch da plagte ihn die Furcht vor der Syphilis. Er war pietistisch erzogen und konnte den Einfluß dieser sinnenfeindlichen Richtung des Protestantismus nie ganz abstreifen. Am ehesten noch – abgesehen von der antikischen Freiheit Italiens – in seiner Beziehung zu seiner späteren Frau, zu der er trotz ihrer Ablehnung durch die Weimarer Gesellschaft unverdrossen hielt. [G. L.]

Börsen der Männer auf seinen Reisen ebenso unsicher machte wie die lustbereiten Leiber der Frauen. Seine Memoiren, die erst nach seinem Tode veröffentlicht wurden, schildern in voller Offenheit nicht nur die Schwächen der Frauen aller Art, die er verführte und von denen er sich verführen ließ, sondern auch die Stärke seiner nie versagenden Männlichkeit. Casanova war ein wandernder Priapus auf zwei Beinen, der seine Lieblingstätigkeit nur unterbrach, um seiner chronischen Geldnot als Spieler oder als Gelegenheitsgeschäftemacher abzuhelfen. Er war reich oder arm – je nachdem, ob das Glück ihn begünstigte oder ob ihn eine Pechsträhne verfolgte. Er konnte alles, nur eines nicht: bürgerlich sein. Er hatte Glück in der Liebe, denn jede Art von Frauen gefiel ihm, wenn sie nur mit ihm schliefen. Das Bett war sein Königreich, und sein Zepter scheint in diesem vielseitigen Machtbereich seiner Persönlichkeit nie in Gefahr gewesen zu sein. Allerdings machte er ein Geständnis, das erst in unserer medizinisch so fortschrittlichen Gegenwart auf seine wahre Bedeutung hin untersucht und ausgelegt wurde. Dieses Geständnis scheint von ihm als Prahlerei gemeint gewesen zu sein, als Protzerei mit seiner schier unerschöpflichen Manneskraft. Mit geradezu naiver Selbstzufriedenheit beschreibt er, daß er nach einem langen Liebeskampf nicht die natürliche Samenflüssigkeit ausgeschieden habe, sondern Blut. Die einzige klinische Erklärung des körperlichen Zustandes, der seine ununterbrochene Fähigkeit im Geschlechtsverkehr ermöglichte und einen blutigen Erguß zur Folge hatte, ist die prosaische Diagnose einer chronischen Prostatitis, einer Entzündung der Vorsteherdrüse, an der dieser Großmeister der Liebe des Ro-

Die Leistungsfähigkeit und die Talente Casanovas, den man einen Priapus auf Beinen genannt hat, haben sprichwörtliche Aussagekraft bekommen. Kein Wunder, daß es die Illustratoren immer wieder gereizt hat, die Abenteuer, von denen er in seinen Memoiren berichtet, darzustellen.

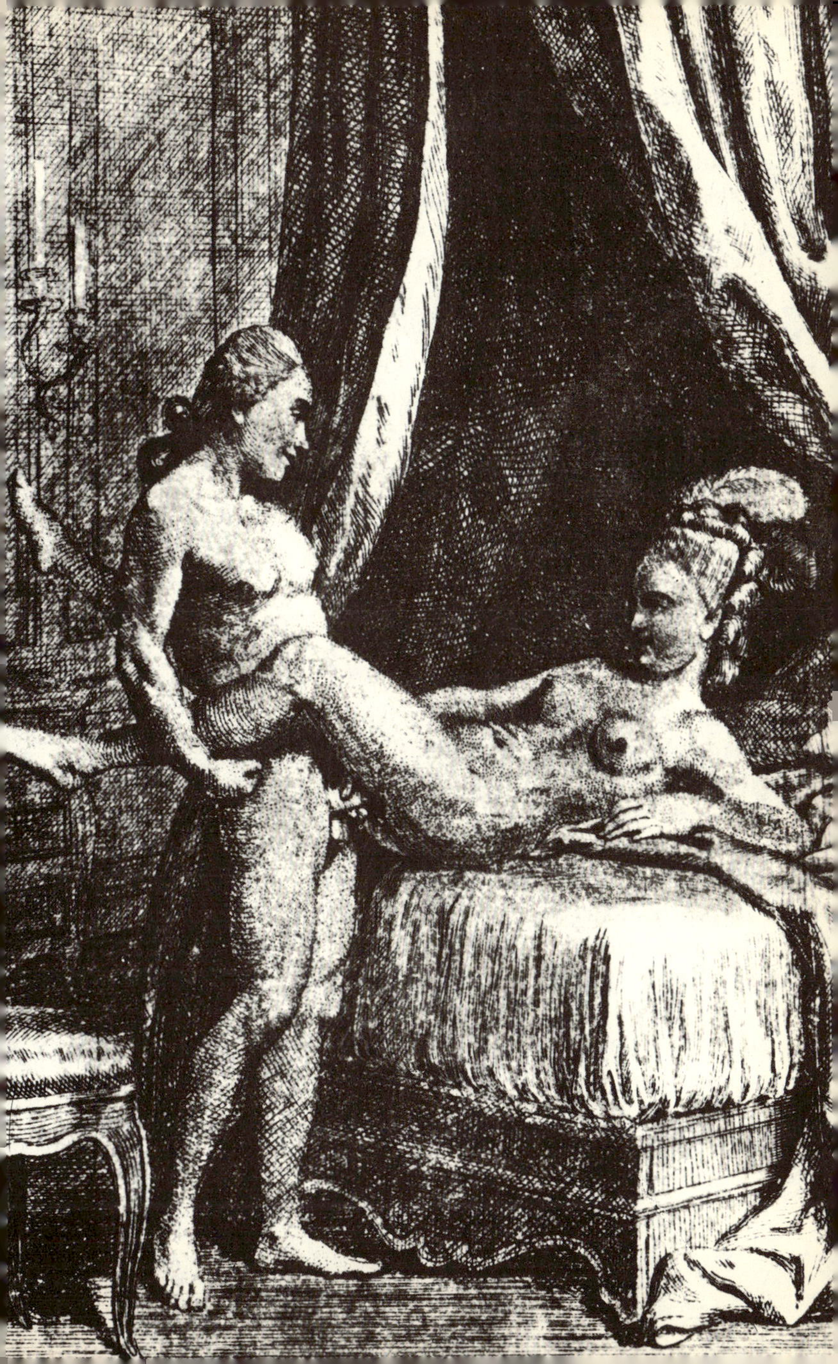

koko gelitten haben muß – falls er die Wahrheit über sich selbst geschrieben hat. Giacomo Casanova, der beredt Klage darüber führt, daß die Liebe sein Blut manchmal vergiftet habe, aber immer wieder durch ärztlichen Beistand gesundet war, ist ein Liebling der Frauen gewesen, die ihn genossen haben wie er sie. Nach der Veröffentlichung seiner Memoiren, die er, der einst so sonnige Venezianer, als einsamer, alter Mann im kalten Böhmen, sich als Bibliothekar eines Grafen Waldstein langweilend, zu Papier brachte, wurde er das männliche Symbol des Rokoko.*

Im Paris des Rokoko, dem eleganten »Hexenkessel der Triebe«, erfuhr nicht nur Ovids »Ars amatoria« eine glorreiche Wiederbelebung, sondern auch das »bel parlare«, die Kunst der Konversation der Renaissance. Die Salons geistreicher Damen der Hofgesellschaft, die es als Ehre empfanden, von Philosophen und Dichtern besucht zu werden, waren die gesuchten Stätten der Zusammenkunft von Damen und Herren, die einander durch anregende Gespräche über die Liebe ermunterten, die Erfüllung ihrer Wünsche in den »petites maisons« zu suchen und zu finden. Diese »Antichambres der Leidenschaften«, in denen raffinierte Wortspiele den raffinierten Liebesspielen vorangingen, waren den »Aristokraten« vorbehalten. Die Bürger und Bürgerinnen, die, wie ihre adligen Vorbilder, nach der Mode agierten, trafen einander in Kaffeehäusern und den Pavillons der öffentlichen Gärten, bevor sie zur Kurzweil in »Absteigequartieren« verschwanden, dem bescheidenen, aber nicht minder wollüstigen Ersatz der kostbaren »petites maisons«. In den Kaffeehäusern wurde wohl über die Liebe konversiert, mehr aber noch über die Politik. Die Begriffe von Menschenrecht und Bürgerrecht waren

* Casanova war nicht nur ein »wandernder Priapus auf zwei Beinen«. Heute wird er wieder als Philosoph ernstgenommen. Seine Memoiren sind wahrscheinlich authentische Berichte über die Sitten des galanten Zeitalters. [G. L.]

durch die Enzyklopädisten auch in den nach Adel und Klerus »dritten Stand« eingedrungen und zu Forderungen geworden, die immer weitere Kreise zogen. Man sprach von den großen Idealen Freiheit, Gleichheit und Brüderlichkeit schon lange, bevor sie zu politischen Schlagwörtern wurden. In Paris und in den größeren Provinzstädten entstanden Debattierklubs, deren Mitglieder sich mit der »Aufklärung« auseinandersetzten. Aber es gab noch andere Arten von Klubs, so den »Orden der Aphroditen«, den der in allen Abarten der geschlechtlichen Freuden bewanderte Romancier de Nerciat in seinem Roman »Les Aphrodites« in allen schamlosen Einzelheiten aufregend beschrieben hat. Man traf sich in diesem oder in anderen Klubs, um Anschluß und liebhaberische Ausbildung in der Liebe zu finden. Es gab außerdem lesbische Klubs und Klubs für homosexuelle Männer, die mit Statuen der Sappho und des Priapus geschmückt waren. Das gegenseitige Animieren der Geschlechter wurde zum Fieber, das bei den Frauen und Männern in Frankreich das Blut zum Sieden brachte – bevor der Blutrausch der Großen Revolution begann.

Zeittafel

1740–1814	Donatien Alphonse François Marquis de Sade
1744–1797	Friedrich Wilhelm II. v. Preußen (1786 König)
1747–1793	Louis Philippe (Herzog von Orléans) Egalité
1749–1791	Honoré Graf v. Mirabeau
1754–1828	Charles Maurice de Talleyrand
1755–1824	Ludwig XVIII. von Frankreich (1814 König)
1757–1836	Karl X. von Frankreich (1824–1830 König)
1758–1794	Maximilien de Robespierre
1758–1805	Horatio Nelson
1759–1794	Georges Jacques Danton
1762–1830	Georg IV. von England (1820 König)
1763–1814	Josephine Beauharnais (verh. mit Napoleon I. 1796–1809)
1765–1815	Emma Hamilton
1768–1835	Franz II. von Österreich (1792–1806 als Franz I. deutscher Kaiser)
1769–1821	Napoleon Bonaparte (1799 I. Konsul, 1804–1815 Kaiser)
1770–1840	Friedrich Wilhelm III. von Preußen (1797 König)
1773–1859	Clemens Wenzel Fürst von Metternich
1773–1850	Louis Philippe (1830–1848 »Bürgerkönig«)
1784–1844	Ernst III. (I.) von Sachsen-Coburg und Gotha
1786–1868	Ludwig I. von Bayern (1826–1848 König)
1789–1799	Große Französische Revolution
1790–1865	Leopold I. von Belgien (1831 König)
1791–1847	Marie Louise (1810–1815 Kaiserin der Franzosen)
1793–1875	Ferdinand I. von Österreich (1835–1848 Kaiser)
1795–1861	Friedrich Wilhelm IV. (1840 König)
1797–1856	Heinrich Heine
1799–1850	Honoré de Balzac
1808–1879	Honoré Daumier
1808–1873	Louis Napoleon (1848 Präsident, 1852–1870 Kaiser Napoleon III.)
1810–1857	Alfred de Musset
1818–1883	Karl Marx
1818–1861	Lola Montez
1819–1901	Victoria v. Großbritannien (1837 Königin, 1876 Kaiserin v. Indien)
1819–1861	Albert v. Sachsen-Coburg und Gotha (1840 Prinzgemahl)
1820–1895	Friedrich Engels
1848	Kommunistisches Manifest. Revolutionen: Februar und Juni Paris, März Deutschland, Oktober Österreich

2 »Blut muß fließen ...«

Von 1789 bis 1848

»Der Huren bedarf man in unserer glücklichen Epoche nicht, weil man so viel geneigte Willfährigkeit bei anständigen Frauen findet.« Diese befriedigte Feststellung des erlebnisreichen, berühmt-berüchtigten Casanova kennzeichnet die freudige Bereitschaft nicht nur der vornehmsten Damen des Hofes von Versailles, sondern auch der bescheidensten Bürgerinnen Frankreichs, mit Leib und Seele am großen »Liebesfest der galanten Zeit« teilzunehmen. Die »holde Weiblichkeit« gab sich liebend gern preis, wenn sich der Preis lohnte: die kraftvolle Männlichkeit oder die raffinierte Zärtlichkeit des starken Geschlechts. Der Grundsatz: Im Krieg ist alles erlaubt, erfuhr die Erweiterung: Im Krieg – und in der Liebe ist alles erlaubt. Allen Frauen war alles erlaubt, nur einer nicht: der Königin Marie Antoinette. Als zum erstenmal in aller Öffentlichkeit davon gesprochen wurde, daß Marie Antoinette ihren Schoß nicht nur ihrem Gatten, König Ludwig XVI., dem Nachkommen des heiligen Ludwig, zum Geschlechtsverkehr dargeboten habe, wirkte das Gerücht als »Skandal der Entheiligung«. Ob Marie Antoinete schuldig oder unschuldig war, ob sie sich tatsächlich als Gegenleistung für ein Diamantenhalsband dem Kardinal Rohan hingegeben hatte – das war nicht so bedeutsam wie die Tatsache, daß in einer öffentlich geführten Untersuchung das Problem der Keuschheit der Königin überhaupt erörtert wurde.

Die Erörterung der peinlichen Ereignisse im Gerichtssaal, in dem die hohen Damen und Herren der Hofgesellschaft bloßgestellt wurden, erschütterte das Königtum, obwohl eindeutig klargestellt werden konnte, daß man Marie Antoinettes Namen verbrecherisch mißbraucht hatte. Die wahren Schuldigen der Halsbandaffäre wurden zu harten Strafen verurteilt, aber in den achtzehnhundert Kaffeehäusern von Paris nahm man das Urteil des Königlichen Gerichtshofes nicht ernst. Der Nimbus der Krone und der Unnahbarkeit des königlichen Bettes waren befleckt. Man sang in den Straßen von Paris freche Gassenhauer, in denen Marie Antoinettes Scheide in den ordinärsten Redewendungen gemein gemacht wurde. Man sang sie, bis das aufrührerische Lied »Ça ira . . .« mit der Aufforderung, die Aristokraten an die Laterne zu knüpfen, die obszönen Verunglimpfungen der weiblichen Merkmale Marie Antoinettes übertönte.

Die frivolen Redensarten des in der sinnenfreudigen adligen Gesellschaft so populären Almanachs »Trou Madame – Das Damenloch« wurden während der »terreur«, der Schreckenszeiten der Französischen Revolution, grausig abgewandelt: »Le grand trou« – das war die runde Öffnung, die, vom Blut beschmiert, sichtbar war, nachdem das Fallbeil der Guillotine dem unglücklichen Opfer den Kopf abgeschnitten hatte. Der

Illustration zu einem »Die letzten Freuden der Marie Antoinette« genannten Pamphlet.

Der König küßt der Freiheit den Hintern. Französische Karikatur auf Ludwig XVI.

Blutrausch, in dem die Massen alles Maß und Ziel verloren, ertränkte die Gier nach geschlechtlicher Ausschweifung nicht. Aber in der verhältnismäßig kurzen Zeit, in der die hemmungslose Volkswut das französische Königtum und die graziöse Lebensart des »ancien régime« ausmerzte, hatte eine brutale Vergröberung der erotischen Annäherung und der Formen des Geschlechtsverkehrs stattgefunden. Die wollüstige Zartheit war einer handgreiflichen Derbheit gewichen.

Die guten Sitten, die Frankreich Ehre gemacht und den Lebensstil der benachbarten Völker so nachhaltig beeinflußt hatten, verrotteten. Das abschreckende Beispiel, das die entfesselte Volksmenge setzte, diskreditierte die Revolution und ihre Maximen. Die Devise: »Freiheit, Gleichheit, Brüderlichkeit« schien im Massenmord nur ein Schlagwort zu sein, die »Erklärung der Menschenrechte« eine Blasphemie, wenn sie verkündet wurde, während man Menschen hinschlachtete, nur weil sie sich, wie es im »Tollen Tag« von Beaumarchais hieß, »die Mühe genommen hatten, geboren zu werden«. Die

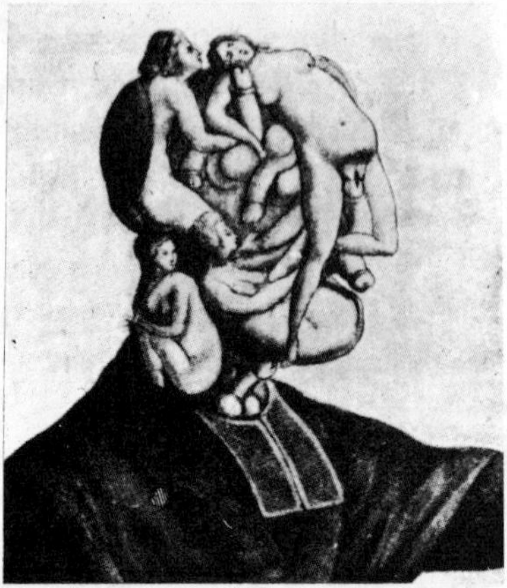

Der Kardinal Rohan, der bei der berüchtigten »Halsband-Affäre« eine zumindest undurchsichtige Rolle gespielt hatte, blieb von der Karikaturen-Flut nicht verschont. Hier eine der damals beliebten phallischen Karikaturen.

Privilegien des Adels waren abgeschafft worden, aber daß die Adeligen darüber hinaus aus der Welt geschafft werden sollten, hatte keineswegs im Sinne der Männer gelegen, die jene Proklamation verfaßt und erlassen hatten.*
Auch Revolutionäre wie der große Demagoge Mirabeau, der gebildetste und beste Redner der Revolution, der gebürtige Graf, der sich gegen die Vorrechte des Adels und für die Rechte des Volkes eingesetzt hatte, waren entsetzt über den bedenkenlosen Mißbrauch der absoluten Gewalt durch das Volk. Er war, wie die meisten Abgeordneten, gegen den Absolutismus des Königtums aufgetreten, er hatte Reformen gewünscht, Beschränkungen der Privilegien, nicht aber das

* In der Beurteilung der Großen Französischen Revolution folgt Frischauer den gängigen Anschauungen, die vor allem der Revolutionskritiker Burke geprägt hatte und die bis heute umlaufen. Was den »Terror« betrifft, sei nur daran erinnert, daß der »weiße Terror« des Direktorats, das der Revolutionsperiode folgte, ca. zehnmal mehr Todesopfer gefordert hat als die Revolution selbst. Nur daß die Grausamkeiten z. T. geschickt nach Übersee verlegt worden waren, wohin die Gegner (oder vermeintliche Gegner) des Direktorats deportiert wurden. [G. L.]

Chaos, das ausgebrochen war. Mirabeau war für die Freiheit – auch in der Liebe, er verachtete alle Beschränkungen, auch die des Geschlechtstriebs. Sein Zeitgenosse, ebenso hochgeboren wie Mirabeau, war der Marquis de Sade, der nicht nur gegen den Despotismus des Königtums war, sondern gegen die Gesellschaft schlechthin – gegen die »Perversität der Gesellschaft«. Mirabeau wurde ein entscheidender Schrittmacher der blutigen »Volksdespotie«, der Marquis de Sade der Vorkämpfer der Perversionen, die nach ihm benannt werden sollten. De Sade verbrachte etwa siebenundzwanzig Jahre in elf verschiedenen Gefängnissen und verfaßte die meisten seiner Schriften, durch die er das Geschlechtsleben revolutionieren wollte, hinter Kerkermauern, während der Revolutionär Mirabeau seinerseits im Kerker Bücher über das Geschlechtsleben schrieb. Mirabeau wurde wegen seiner Liebesaffären eingesperrt, de Sade, weil er Frauen unmenschlich blutig geschlagen hatte und ihm überdies Betrügereien, aufrührerisches Verhalten und politische Aufwiegelei nachgewiesen worden waren. Im Juni 1780, neun Jahre vor der historischen Erstürmung der Bastille, saßen Mirabeau und de Sade im gleichen Gefängnis. Mirabeau, den es vor de Sade graute, war gewiß kein Unschuldslamm; er war ein »libertin«, ein liederlicher Wüstling. Aber es lag ihm fern, Frauen körperliche Leiden zuzufügen. Im Gegenteil, er wollte ihnen Vergnügen bereiten – zur Erhöhung seines eigenen Vergnügens. In der Einsamkeit der Zelle ließ er seiner Phantasie freien Lauf und schrieb Traktate über die Variationen des Liebesgenusses und sinnliche Romane. Mirabeau, der de Sade ablehnte, predigte deshalb noch keineswegs die Gutmütigkeit in der Liebe – er war nicht dagegen, »die gute Beute, die Frauen, die sich in unseren Schlingen gefangen haben, zu verhöhnen«. Mirabeaus Rebellion richtete sich durchaus nicht gegen die lockeren Sitten des »ancien régime«, das er bis zu seinem frühen Tod bekämpfte, da ihm wegen seines schlechten Rufes vom König keine Gelegenheit gegeben worden war, es zu retten, sondern gegen die Beschränkungen, die ihm seine persönlichen Umstände auferlegten, so daß es ihm daher unmöglich war, ungehindert seiner Lust zu leben. Er war einer von vielen, die nicht wußten, was sie taten, als sie, wie er proklamierte, »nicht der Gewalt der königlichen Bajonette wichen«.

Die Unzucht anzupreisen, ihre Hintergründe und Abgründe zugänglich zu machen, jene inneren Notwendigkeiten zu erklären, die Frauen und Männer der Blutschande oder gleichgeschlechtlichen Liebesbeziehung verfallen ließen, sie dazu trieben, sich ihrer Geilheit durch Masturbation zu entledigen, widernatürliche Sodomie mit Tieren zu treiben oder den Geschlechtsverkehr lediglich mit der Zunge auszuüben – all das galt den Umstürzlern der bestehenden Ordnung als Mittel im Kampf gegen die überlieferten, zur Schau getragenen Normen aristokratischen Verhaltens. Mit dem Königtum sollten alle Schranken der scheinheiligen Wohlanständigkeit fallen. Aber die Verkündigung der ungehemmten Geschlechtsfreiheit in allen Abarten, die in Wort und Schrift der Bevölkerung anempfohlen wurde, war zu dekadent, als daß sie von den einfachen Frauen und Männern des Revolutions-Mobs verstanden worden wäre. Die Perversion als natürliche Folge der Übersättigung erschien der Mehrzahl der Französinnen und Franzosen, die sich zur Unterscheidung von den Adligen stolz »Bürger und Bürgerinnen« nannten, abwegig und unnatürlich. Sie lehnten sie als Auswüchse aristokratischer Lebensweise ab und scharten sich um die Demagogen, die eine »neue«, eine »bürgerliche Sittlichkeit« predigten. Die Begriffe der Tugend waren variabel. Sie wurden umstritten. Den ausschweifenden Mitgliedern des Nationalkonvents, der vorübergehend die Herrschaft über Frankreich gewann, wurde ihre lockere, wollüstige Lebensweise vorgehalten, den allzu

Illustration zu »Justine« von Marquis de Sade.

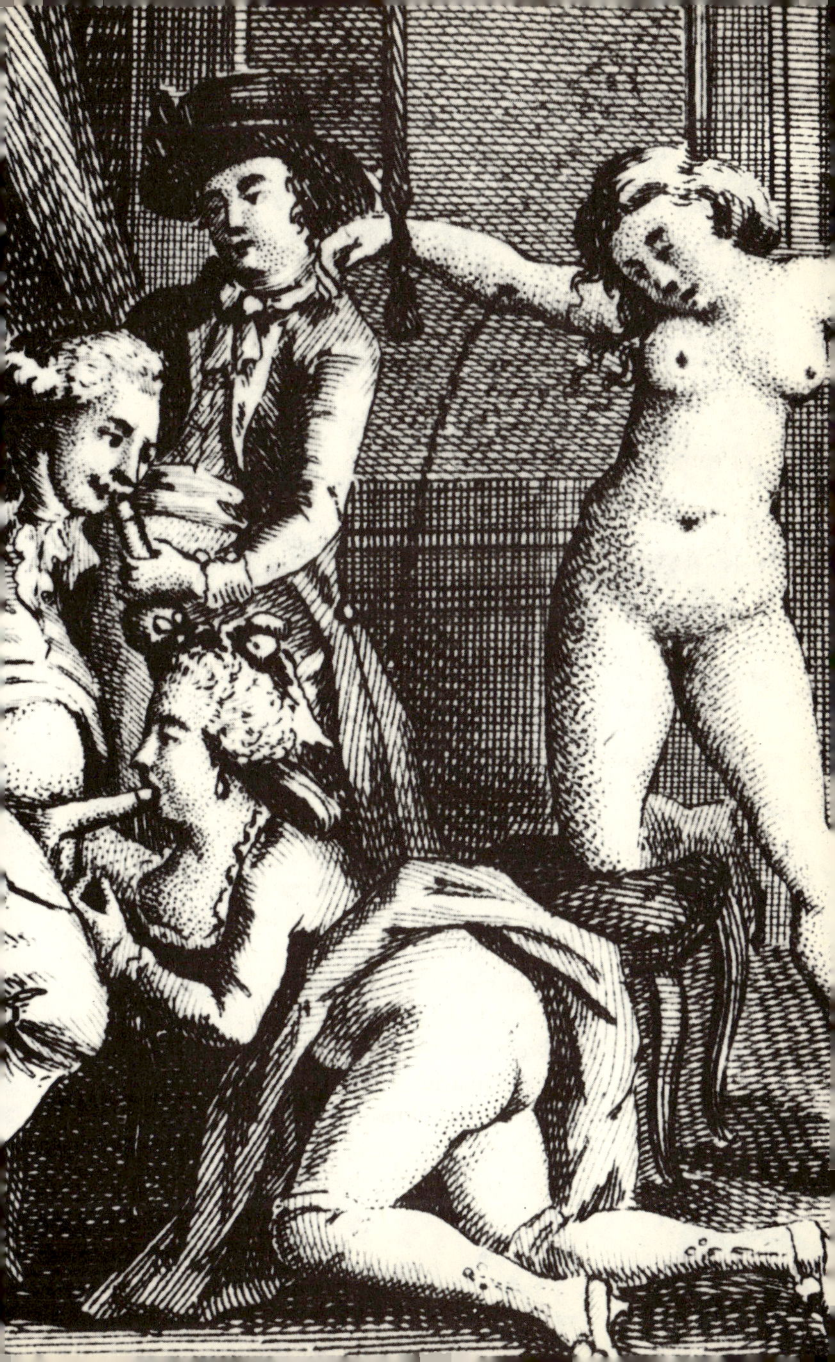

Louis Philippe, der französische »Bürgerkönig«, war der typische Repräsentant einer spießbürgerlichen Gesellschaft. Karikatur mit dem Titel »Die Prise oder Die Lustbarkeiten des Louis Philippe«.

Enthaltsamen ihre »menschenfeindliche« Sittenstrenge. Während dieser Widerstreit in den sittlichen Auffassungen unter Einsatz der Guillotine auf politischer Ebene ausgetragen wurde, lebte die Prostitution, die angesichts der von Casanova gerühmten Willfährigkeit der anständigen Frauen verkümmert war, wieder auf. Das Palais Royal, die fürstliche Residenz des Herzogs von Orléans, der mit den Revolutionären sympathisierte und seinem Vornamen Philippe den populären Namen »Egalité« hinzufügte, war von ihm in einen Rummelplatz verwandelt worden. Es gab in den Arkaden Vergnügungsétablissements, Theater, Kaffee- und Speisehäuser. Restif de la Bretonne, der den beliebten Treffpunkt der Pariser schilderte, schrieb: »Man weiß, daß das neue Palais Royal das allgemeine Rendezvous der Leidenschaften . . . der Wollust, der Prostitution . . . geworden ist.« Der volkstümliche Sittenschilderer war ein leidenschaftlicher Verfechter und Verehrer der Huren, die er ermahnte: »Vergeßt nicht, daß Mädchen eurer Art eine Erholung für den Mann sind. Ihr seid wahre Priesterinnen der Lust, achtet euch.« Nicht nur die Huren achteten sich selbst. Auch der Nationalkonvent achtete sie, als der Präsident eine Hure anläßlich der Abschaffung der Religion zur Göttin der Vernunft erhob und mit einem Bruderkuß umarmte. Das geschah nach der Hinrichtung Ludwigs XVI. und Marie Antoinettes, die von der Menge als »königliche Dirne« gering geschätzt worden war. Jetzt war es eine Ehre, Hure zu sein, und wer Anstoß daran nahm, daß sich die Freudenmädchen schamlos und unzüchtig benahmen, verging sich gegen die Vernunft, die zur sinnlichen Gottheit, »zu einer Vielheit von menschlichen Göttinnen oder Gottesweibern« erhoben und angebetet werden sollte.

Die Paläste der käuflichen Liebe hatte man während der Revolution ihres Luxus beraubt. Die Bürger, als die neue, zahlungskräftige Schicht der Bevölkerung, begnügten sich mit schlichteren Räumlichkeiten. Aber die Unternehmer konnten sich nicht beklagen. Die Preise für die Prostitution hatten abgenommen, die Kunden jedoch in gewaltigem Ausmaß zugenommen. Sie trugen nicht mehr spitzenbesetzte Jabots und in Gold gefaßte Edelsteine als Knöpfe, sie trugen keine Degen mit ziselierten Griffen und kleideten sich nicht in Atlas und Seide, sie zahlten nicht mit Louisdors, sondern mit Assignaten, aber sie zahlten, und sie enthielten sich der Stöcke und Peitschen, mit denen man die »gute Ware«, die Huren, hätte beschädigen können. Wenn sie die Mädchen doch schlugen und peitschten, zahlten sie Überpreise – anders als der »ci-devant« Marquis de Sade, der als Bürger de Sade seine Schriften veröffentlichte, deren Inhalt er später so formulierte: »Der einzigartige und höchste Genuß der Liebe liegt in der Gewißheit, Schmerz zu bereiten.« De Sade selbst hatte keineswegs den Plan, ein Programm für die Lust durch Leiden zu schaffen oder gar eine Lehre. Der Begriff des Sadismus als der Trieb-Perversion, bei der die Geschlechtslust mit dem Zufügen von Schlägen, Grausamkeiten und Erniedrigungen aller Art verbunden ist, entstand erst durch die Deutung der Schriften de Sades und seiner gerichtsnotorischen Handlungen. Ihm bereitete die Obszönität als solche Vergnügen, ebenso wie die Verkündigung, daß die Tugend immer von Unglück verfolgt werde und dadurch das Laster gedeihen müsse. Das liege in den »Absichten der Natur«. Es sei unendlich besser, es mit den Bösewichtern zu halten, die begünstigt seien, als mit den Tugendhaften zugrunde zu gehen. Den Roman »Justine« schrieb er mit dem Zweck, die Öffentlichkeit zu belehren, damit die Dummköpfe endlich aufhörten, »jenes lächerliche Götzenbild der Tugend anzubeten, das sie nur mit Undankbarkeit belohnt, und damit Leute mit Verstand sich um so sicherer fühlten, wenn sie die verblüffenden Beispiele von Glück und Wohlfahrt sähen, die das Laster und die Ausschweifung fast mit unumstößlicher Gewißheit begleiten«. Die Frauen und Männer, die de Sade in seinen Büchern agieren ließ, waren in verirrter Schändlichkeit beharrende Zyniker, die an jeder Abart des Geschlechtsverkehrs Gefallen fanden, Verführer von Minderjährigen, Päderasten und gottlose Außenseiter der Gesellschaft. Die bestialisch-diabolischen Handlungen, die er seine Akteure begehen ließ, zielten darauf hin, leibliche und seelische Qualen im äußersten Exzeß zu verursachen, Liebe wurde zum Haß, zur Machtergreifung in vollem Ausmaß: mit Leib und Seele.*

* De Sade wird heute als Philosoph wieder sehr genau studiert. Die De-Sade-Rezeption konzentriert sich weniger auf seine »sadistischen« Orgien als vielmehr auf seine grundlegenden Fragestellungen wie die betreffend die Freiheit und die Bedingungen der Körperlichkeit. Zu dieser »De-Sade-Renaissance« trug der Existentialismus ebenso bei wie die »Mentalitätengeschichte« und die moderne, analytisch orientierte Sexualwissenschaft. [G. L.]

De Sade fühlte sich berufen, die Verderbnis der Gesellschaft, der er durch Geburt und Erziehung angehörte, zu demaskieren, indem er sein eigenes verderbtes Triebleben bloßlegte; durch die Revolution auf freien Fuß gesetzt, fühlte er sich angesichts des Blutrausches der »terreur« in seiner Überzeugung bestätigt, daß jegliche Art des Blutvergießens und der Zufügung von Qualen ein der menschlichen Natur angeborener Trieb sei. Die Selbstzerstörung der Revolution, »die ihre eigenen Kinder frißt«, mußte ihm als folgerichtiges Geschehen erscheinen, wenn er beobachten konnte, daß das Fallbeil der Guillotine weder den lebensfreudigen Danton noch den »tugendhaften« Robespierre verschonte. Die blutrünstigen Darstellungen im Roman »Justine«, den de Sade durch die Erlebnisse ihrer Schwester Juliette erweiterte, fanden, ebenso wie die später veröffentlichten »Hundertzwanzig Tage von Sodom oder Die Schule der Ausschweifung«, nur ein beschränktes Publikum, obwohl der aristokratische Wüstling nicht weniger als sechshundert geschlechtliche Perversitäten seinen Lesern in allen Einzelheiten vorführte. Der Marquis de Sade hatte, seiner Lebensauffassung und Weltanschauung zum Trotz, kein Glück mit seiner bedenkenlosen Schlechtigkeit. Er schätzte die Zeit, die angebrochen war, falsch ein, als er in einem Schlüsselroman den neuen Machthaber, Konsul Napoleon Bonaparte, satirisch verunglimpfte. Er wurde abermals eingekerkert und starb im Gefängnis im gleichen Jahr, in dem der Kaiser der Franzosen abgesetzt und nach Elba verbannt wurde. Erst die Nachwelt verlieh de Sade durch die wissenschaftliche Analyse seines schriftstellerischen und unmenschlichen Daseins den zweifelhaften Ruhm, der seinen Namen mit der Deutung verband, »daß Grausamkeit und Genuß zwei identische Empfindungen sind«.

Frankreich hatte die Grausamkeit satt. Die feine Gesellschaft nach der Revolution war zwar nicht mehr »fein« im Sinne des »grand monde«, jener großen Welt, die vernichtet worden

war. Aber die neuen Emporkömmlinge der Politik und der Wirtschaft, erfolgreiche Spekulanten und Wucherer, verschwendeten das erraffte, erpreßte, oft von Bestechungen herrührende Geld, um sich ihrerseits den Lebensstil zu ergattern, der durch die Revolution abgeschafft worden war. Der Versuch der neureichen Plebejer, wie die großen Herren von einst zu leben, erschöpfte sich in protzigem Aufwand. Anstatt der glanzvollen Hoffeste gab es rauschende Lustbarkeiten, bei denen es rüpelhaft hoch herging; der Champagner floß in Strö-

»Die Puppen tanzen zu lassen« war das bevorzugte Vergnügen von Paul Barras, des einflußreichsten Mannes im Directoire. Hier tanzen Josephine Beauharnais und Madame Tallien vor ihm (Kupferstich von James Gillray).

men, aber im Rausch machten die Parvenues den Frauen nicht den Hof, sie schliefen mit ihnen – und zahlten dafür. Es gab »Gesellschaftsbälle«, an denen jedermann teilnehmen durfte. Man wollte sich ohne Unterschied von Rang und Stand amüsieren und nach Tunlichkeit die schlechten Zeiten vergessen. Die berühmtesten und berüchtigtsten Frauen des sogenannten »directoire«, der Direktorialregierung, die das Erbe der Revolution angetreten hatte, waren Madame Tereza Tallien und Josephine Beauharnais. Tereza war vor ihrer Eheschließung

Hauchdünne, möglichst durchsichtige Stoffe waren die große Mode dieser Jahre. Da Unterhöschen nicht getragen wurden, konnte ein Windstoß ungeahnte Perspektiven eröffnen (Karikatur auf die Mode der Zeit).

mit Tallien, dem Helden des »Thermidor«, des Monats, in dem Robespierre gestürzt und geköpft worden war, Marquise de Fontenoy gewesen und führte den Ehrennamen »Notre-Dame du Thermidor«, Josephine, die ehemalige Vicomtesse und als Gattin Napoleons spätere Kaiserin der Franzosen, war die anerkannte Geliebte von Paul Barras, dem einflußreichsten und bedeutendsten der fünf Direktoren der Regierung. Barras war ein wollüstiger Schlemmer, ein ehemaliger Vicomte, der die Sitten des »ancien régime« in seinem Privatleben zu erneuern beabsichtigte.

Köstliches Essen und erlesenes Trinken war eine gegebene Selbstverständlichkeit in den Palästen und Schlössern des hohen Adels gewesen. Die meisten Herrensitze Frankreichs hatte man geplündert, und ihre neuen Besitzer waren »gourmands«, nicht »gourmets« – Vielesser und nicht Feinschmekker. Aber sie kümmerten sich ebensowenig wie ihre Vorgängerinnen und Vorgänger an den bestellten Tafeln um die

Bedürfnisse der Ärmeren und Armen. Während sie sich mästeten, darbte das Volk. Nur durch militärische Gewalt konnte man es in Schranken halten, die Männer nur durch den Aufruf »Das Vaterland ist in Gefahr« zu den militärischen Leistungen veranlassen, die nötig waren, Frankreich gegen die Koalition der Monarchen Europas zu verteidigen. Das Militär war noch nicht, durch Napoleon verkörpert, zur Macht gekommen, aber die einzelnen Soldaten hatten begonnen, sich ihrer Macht bewußt zu werden. Sie wurden die fleißigsten Besucher des Palais Royal und die eifrigsten Kunden der Prostitution, die sich auf den Champs Elysées, auf den Boulevards und in den Straßen breitmachte, welche an die Theater grenzten. Die »crapule« in Uniform besetzte Paris, obwohl der Kriegsminister Carnot die Zügel straffzog und den ruhmreichen Titel »Organisator des Sieges« gewann, den Napoleon I. schließlich erringen sollte.
Die große Chance zu seiner weltgeschichtlichen Karriere verdankte der kleine Korse, den seine Soldaten zärtlich »den kleinen Korporal« nannten, nicht seiner militärischen Eignung, sondern der geschlechtlichen Übersättigung Barras', der seine Geliebte, Josephine Beauharnais, elegant loswerden und an einen Ehemann bringen wollte. Gegen das Versprechen, ihm das Oberkommando der italienischen Armee zu übertragen, war der ebenso bettelarme wie ehrgeizige General Bonaparte, der in Barras' Auftrag einen Volksaufstand mit Kartätschen niedergeschlagen hatte, bereit, um die Hand der verbrauchten Mätresse des mächtigen Direktors anzuhalten. Er verliebte sich bis über beide Ohren in Josephine und nahm es ihr nicht übel, daß ihr Schoßhündchen Fortuné ihn während der Brautnacht in den Hintern biß. Er mußte sich damit abfinden, daß es im Volksmund von seiner Frau hieß: »Sie ging von einem Bett ins andere, bis sie Kaiserin wurde.« In Napoleons Bett war Josephine von Anfang an Kaiserin. Ihre Erfahrung in der Liebe bezauberte den als »häßlich« verspotteten, von Macht-

hunger zerfressenen jungen Offizier, dem seine Spötter nachsagten, er schnalle nicht einmal beim Geschlechtsverkehr den Säbel ab. Josephine, der er nach seinen so erfolgreichen italienischen Feldzügen den Ehrentitel »Notre-Dame de la victoire« verliehen hatte, betrog ihn bei jeder sich ihr bietenden Gelegenheit. Er schrieb ihr glühende Liebesbriefe und beklagte sich mit der gleichen Feder bei Barras: »Meine Frau hat offenbar irgendeinen Liebhaber . . . ich hasse die Weiber . . .« Seine Geringschätzung der Frauen war vermutlich darauf zurückzuführen, daß ein Gerücht im Umlauf war, er sei nicht der Sohn seines legitimen Vaters Carlos Buonaparte, sondern des korsischen Generals Paoli, mit dem seine strenge Mutter Letizia eine Liebesbeziehung unterhalten habe – vielleicht aber auch darauf, daß er, der größte Mann seiner Zeit, ein überaus kleines, ja beinahe verkümmertes Genitale gehabt habe, wie die Autopsie nach seinem Tod auf St. Helena erwies. Das quälende Gefühl der geschlechtlichen Unzulänglichkeit mochte ihn, der seinen Trieb nicht zufriedenstellend befriedigen konnte, dazu angetrieben haben, den Krieg dem Frieden vorzuziehen, da er den Liebesrausch im Bett nicht in eitler Männlichkeit bewußt genießen konnte.

Nicht die Revolution oder das Directoire verbürgerlichten das adelige Frankreich des Rokoko, sondern der ruhelose Emporkömmling, der sich mit einer Königskrone nicht begnügte und als Kaiser Oberherr der europäischen Herrscher sein wollte. Der Stil und die Lebensformen des »Empire«, das er schuf, waren steif und protzig. Der Etikete, die er an seinem Hof einführte, um die zeremoniellen Sitten der Bourbonen zu überbieten, fehlte die Überlegenheit der Tradition. Der napoleonische Prunk war Aufmachung, gekünstelte Fassade, der es an überlieferter Lebenskunst mangelte. Es nützte nichts, daß der Kaiser versuchte, durch allerlei Gnadenbeweise hochadelige Damen und Herren, die die Revolution überlebt hatten, an seinen Hof zu ziehen. Sie fühlten sich im

Milieu des gekrönten Parvenus ebenso unbehaglich wie er selbst. Talleyrand, der einzige Lebenskünstler des alten Regimes, dem Napoleon ein hohes Amt in der Regierung und in der kaiserlichen Hofhaltung gönnte, sagte achselzuckend über seinen Monarchen, den er bei jeder Gelegenheit verriet: »Schade, daß ein so großer Mann ein so schlechtes Benehmen hat.«

Das schlechte Benehmen Napoleons war in seinem schlechten Charakter begründet. Er scheute kein Mittel, seine Macht zu behaupten. Wenn er nicht gerade im Krieg seine genialen Pläne zu genialer Ausführung brachte, sah er sich bemüßigt, durch ein Heer von Spitzeln in die Geheimnisse der Frauen und Männer einzudringen, die er durch seine Kenntnis ihres Tuns und Lassens beherrschen wollte. Sein Polizeiminister Fouché, der das Bespitzelungswesen leitete, bediente sich vieler Herren und Damen der Gesellschaft, die er dafür bezahlte, daß sie Gespräche belauschten oder Äußerungen provozierten. Er errichtete solche »Mausefallen«, um seinen Kaiser auf dem laufenden halten zu können. Aber auch Madame de Genlis, eine Dame des Hofes, mußte ihm gegen eine Jahresrente und freie Wohnung Bericht erstatten. In den vornehmsten Salons, die nach der alten Mode neu erstanden, wenn auch nicht mit der leichten Frivolität, die Hausfrau wie Gäste entzückt hatte, waren »Mausefallen« gang und gäbe. Der Ton und die Stimmung in diesen Salons des Empire blieben gekünstelt, die charmante Lebensart von Paris, die der übrigen Welt als Beispiel gegolten hatte, war einer äußerlich korrekten, bürgerlichen Wohlanständigkeit gewichen, in der schlüpfrige Redewendungen und geistreiche Ungehörigkeiten als verpönt galten.

Napoleon befreite sich nie aus der Kleinbürgerlichkeit seiner Familie, der es bis zu seinem Aufstieg an dem Nötigsten gefehlt hatte. Er rechnete, wenn auch mit immer größeren Zahlen, seiner Mutter, seinen Schwestern und Brüdern nach und vor, was sie ausgaben, und maßte sich als Familienchef von eigenen Gnaden die Kontrolle ihrer Lebensführung nach kleinbürgerlichen Prinzipien an – wenn er sie auch mit hochtrabenden Titeln und Würden überhäufte. Die neue Aristokratie, die Napoleon schuf, entstammte zum größten Teil dem Kleinbürgerstand wie er selbst. Sie waren Emporkömmlinge und lebten wie Emporkömmlinge. So beeinflußten die zu Hoheiten avancierten Militärs die Sitten Frankreichs und der Völker, die anfangs die Freiheit der Französischen Revolution begeistert begrüßt hatten und die Napoleon nun mit blutiger Gewalt in seinen Machtbereich einbezog. Die Einstufung nach Rang und Vermögen bestimmte die förmliche Geselligkeit. Außenseiter dieser gesellschaftlichen Hierarchie wurden diskreditiert, außereheliche Seitensprünge der Frauen waren verpönt und wurden als »unmoralisch« gebrandmarkt, während man es den im Felde stehenden oder in Garnisonen tätigen Männern nachsah, wenn sie ihrer Natur freien Lauf ließen. Die doppelte Moral, die Männern erlaubt, was Frauen verboten ist, beherrschte Napoleons Offizierkorps, das sich aus bürgerlichen Kreisen rekrutierte und dem Bürgertum seinen Stempel aufprägte. Als die Frau eines Marschalls von Frankreich sich bei Napoleon beklagte, daß ihr Mann sie betrogen habe, erwiderte er trocken: »Der Ehebruch geht nur das Sofa etwas an.« Er selbst machte keine Umstände mit den Frauen, die er auserwählt hatte, ein Liebesstündchen mit ihm zu verbringen. Seinem Kammerdiener befahl er, der jeweiligen Schönen zu sagen: »Ziehen Sie sich aus, Madame«, dann ließ er die für den eiligen Geschlechtsverkehr Bereite oft mehr als eine Stunde warten, bis er sich ihrer besann und seine un-ehelichen Pflichten erfüllte. Manches Mal ließ er die Bestellte auch durch seinen Kammerdiener einfach

»Das Mädchen im Korb«, eine Pinselzeichnung aus dem Kupferstichkabinett der Staatsbibliothek Berlin.

mit der Bemerkung fortschicken: »Sie soll gehen, in Gottes Namen!« Er gab auch keine großzügigen Geschenke für die ihm zumeist unter moralischem Zwang geschenkten Liebesbezeugungen – der Vollzug des Geschlechtsakts war ihm nicht so viel wert, als daß er sich in größere Ausgaben gestürzt hätte, obwohl es bei seinen gewaltigen Ausgaben für den kaiserlichen Prunk keine Rolle gespielt hätte. Sogar Josephine mußte mit ihm feilschen, wenn sie wünschte, daß ihre Schulden bezahlt werden sollten, die sie in ihrer unbezähmbaren Verschwendungssucht unaufhörlich machte. Er handelte auch mit seiner schönen und ausschweifenden Schwester Pauline, der Fürstin Borghese, der man nachsagte, sie sei Nymphomanin gewesen; es hieß, Napoleon habe ihr die geschlechtliche Unersättlichkeit als eine unheilbare Krankheit nachgesehen. Aber selbst die vorsichtigste Geheimnistuerei konnte nicht verhüten, daß die Lieblingsschwester Napoleons in Verruf kam. In den wenigen friedlichen Jahren des Empire ersetzte der Champagnerrausch den Blutrausch und das Zerschlagen von Möbeln, das Zertrümmern von Spiegeln die Freuden des Handgemenges, für das die napoleonischen Offiziere und Soldaten vorsorglich ausgebildet wurden. Die Brutalität der Militärs, die als Heroen gefeiert wurden, bestimmte die Sitten Frankreichs und überlebte in ihrer Auswirkung auf die Länder, die Napoleon besiegt oder bekämpft hatte, die napoleonische Ära.

Die moralische Erniedrigung, die Kaiser Franz II. von Österreich hinnehmen mußte, als er gezwungen war, seine Tochter Marie-Louise dem »Korsischen Blutgeneral« zur Frau zu geben, erschütterte das Ansehen des Herrschers so sehr, daß seine Untertanen der Erhabenheit der Kaiserwürde nicht mehr den alten Respekt zollten, und zwar um so weniger, als der Monarch, der auf die Kaiserkrone des Römischen Reiches Deutscher Nation hatte verzichten müssen, sich aus persönlicher Neigung oder aus Popularitätshascherei gern als schlich-

Pauline Borghese, die nymphomanisch veranlagte Schwester Napoleons, fand in dem klassizistischen Bildhauer Antonio Canova einen Künstler, der ihre Reize formvollendet zu gestalten wußte.

ter Bürger gebärdete und, vermutlich in beabsichtigtem Gegensatz zum napoleonischen Prunk, für eine einfachere, gemütliche Lebensform eintrat, die dann als »Biedermeier« zum Lebensstil wurde. Die Freuden des bequemen Ehestandes, die Lust am Familienleben – diese Verbürgerlichung sollte die Freude und die Lust an den französischen Unsitten entwerten. Schon während des Wiener Kongresses zeigte es sich jedoch, daß die Unzucht weder durch wohlmeinende Erlasse noch durch gutes Beispiel auszurotten war. Die Zusammenkunft der Herrscher und Staatsmänner mit ihrem Gefolge verwandelte Wien in ein einziges großes Bordell, in dem mehr getrunken, getanzt und geliebt wurde als beraten. Es ging den hohen Gästen der Donaustadt, die sich ihren Hang zur Hurerei trotz der strengen Sittengesetzgebung Maria Theresias mannhaft und mit weiblicher Hartnäckigkeit erhalten hatte, bald nicht mehr so sehr darum, wer wessen Land oder Krone besitzen, sondern wer mit wem die Nacht verbringen sollte.

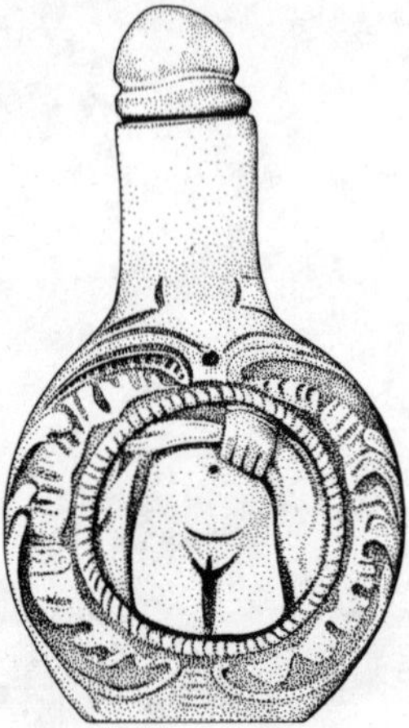

Gegenstände des täglichen Gebrauchs schmückte man gern mit erotischen Motiven. Hier die Vorderseite eines Riechfläschchens aus Messing.

Über die Liebesbeziehungen, die geknüpft und aufgelöst wurden, führte man sorgfältig Protokoll, während die lebenslustigen Könige und Fürsten und nicht zuletzt der Zar von Rußland lebensfreudig gegen das Protokoll verstießen, das durch die spanische Etikette des habsburgischen Kaiserhofes hätte geregelt sein sollen. Den Hoheiten aus der Fremde dienten die ihnen vom Hof zugeteilten österreichischen Grafen als Kammerherren und Kuppler. Da der Kaiser seine Tochter um des lieben Vorteils willen dem verachteten Usurpator ins Bett gelegt hatte, verstieß es nicht gegen die Ehrbegriffe des Adels, Töchter und selbst Gattinnen zu »verwerten«. »Einmal ist keinmal, und zweimal ist nicht für immer . . .« – man sah durch die Finger oder beiseite: Der »Tanzende Kongreß« sollte doch nicht aus dem Dreivierteltakt kommen – und wer jetzt nicht sündigte, verpaßte am Ende die gute Gelegenheit.
Die Annalen und Polizeiberichte des Wiener Kongresses vermelden ein lebhaft-lustiges Kreuz und Quer von passionierten Liebesabenteuern, die ein jähes Ende fanden, als Napoleon sein unglückliches »Abenteuer der hundert Tage« begann.

Die Korrespondenz der verliebten, verlassenen Frauen, deren Liebhaber wieder ins Feld ziehen mußten, wurde von der übereifrigen Zensur beschlagnahmt, die Fürst Metternich, der »Kutscher Europas«, installiert hatte, um den gefährlichen Austausch revolutionärer Gedanken zu unterbinden – und beschlagnahmt wurden auch die gegenseitigen Liebesbeteuerungen der durch den letzten napoleonischen Krieg so schmerzlich Getrennten. Das Waterloo des Kaisers der Franzosen bedeutete gleichzeitig eine Kapitulation der österreichischen Frauen, die sich nun der heuchlerischen Moralität des österreichischen Staatskanzlers fügen mußten, der seiner libertinischen Vergangenheit als liederlicher Botschafter in Paris und gelegentlicher Liebhaber der Karoline Murat und der Pauline Borghese abschwor. Der in den Fürstenstand erhobene, von seinen Schulden entlastete Metternich wurde der Vorkämpfer der Reaktion, die es sich zum Ziele setzte, die Begriffe Freiheit, Gleichheit und Brüderlichkeit weltweit zu ächten. Daß er in die Ächtung auch die Freiheit der Liebe, die Gleichwertigkeit der Geschlechter und die Verschwägerung der Sinne einbezog, machte die Schlagworte der Revolution selbst bei denjenigen Frauen und Männern populär, die gegen den Schrecken der Revolution gewesen waren. Unter dem Einfluß Metternichs und seiner Sbirren wurde auch die Mode des Biedermeier prüde. Es galt als unschicklich, die Beine zu zeigen und die Brüste nur lässig verschleiert oder gar entblößt zur Schau zu stellen. Rüschen und Seidentücher bedeckten den Ansatz der Brüste. Es galt als modern, undurchsichtige Stoffe zu verwenden. Das Muckertum breitete sich im gesamten Machtbereich des Kaisers von Österreich aus, auch in den italienischen Besitzungen des Erzhauses. Wer auf den Obstmärkten Feigen kaufte und statt »fico«, die Feige »fica«, sagte, galt als ordinär, denn »fica« bedeutete im Volksmund auch die Scheide, und die, so spöttelten die unfreiwilligen Untertanen der habsburg-lothringischen Monarchie, »nimmt

man in Österreich nicht in den Mund«. Das Geschlechtsleben sollte nur so vor sich gehen, wie es von der katholischen Kirche gutgeheißen wurde: Es war nur zulässig als Mittel zum Zweck der ehelichen Zeugung von Kindern. Was darüber hinausging, war verpönt, eine Sünde, die besser vermied, wer in der Beichte die Absolution gewinnen wollte.
Die Italiener waren gezwungen, sich die Fremdherrschaft, die ihre Freizügigkeit eindämmte, gefallen zu lassen, obwohl durch die propagandistische Werbung Napoleons für eine italienische Nation der Keim zu einem Nationalgefühl gelegt worden war. Aber auch die außerhalb der Grenzen des österreichischen Kaiserreiches lebenden Deutschen hatten im Befreiungskampf gegen Napoleon nationale Gefühle entdeckt, die von den größeren und kleineren Herrschern innerhalb des ehemaligen Römischen Reiches Deutscher Nation angefacht wurden, um die Untertanen gegen den »Erbfeind« Frankreich aufzustacheln. Die gleiche, wenn auch in ihren Dialekten so verschiedene deutsche Sprache wurde zum Anlaß genommen, nationale Einheitsbestrebungen zu züchten. Aber gegen die Durchführung der Vereinheitlichung sprach die Verschiedenheit der Sitten in den einzelnen Herrschaftsgebieten. Diese Verschiedenheit der Lebensgewohnheiten und Bräuche beruhte noch immer auf dem Grundsatz des Westfälischen Friedens: »Cuius regio, eius religio« – wessen Herrschaftsgebiet, dessen Glaube. So war Bayern katholisch geblieben und Preußen protestantisch. Der bayerische Katholizismus freilich war bei weitem liberaler als der österreichische. Die Lebenslust der Bayern wurde von den Königen aus dem Hause Wittelsbach nicht ernstlich eingedämmt, und in Preußen war die Lebensregel des zweiten Friedrich erhalten geblieben: »Es soll jeder nach seiner Façon selig werden.« Die Bürger von Berlin waren nicht vergnügungssüchtiger als die Kavaliere und Junker am Hofe des Königs von Preußen. »Ganz Potsdam war wie ein Bordell. Alle Familien dort suchten nur mit dem Kö-

nig, mit dem Hof zu tun zu haben. Frauen und Töchter bot man um die Wette an, die größten Adligen waren am eifrigsten.« In den Berliner Salons, die immer noch den Pariser Salons des »ancien régime« nachzueifern bemüht waren, herrschte aber auch ein reges literarisches Leben. Der Ton, den Rahel von Varnhagen und Henriette Herz angaben, hatte nichts mit dem Geschwätz der Offizierskaste gemein, deren Themen die »Weiber« waren, »Pferde, Jägerlatein und allenfalls die Roggenpreise, wegen deren väterlichen Klitsche«. Wer etwas von Geistigkeit hielt, ging den Offizieren aus dem Weg »und war froh, wenn man nichts mit ihnen zu tun hatte«. Man wußte: »Alle jungen Leute, die gute Gesellschaft sehen wollen, ohne Gêne, lassen sich bei den Juden einführen.« Aber schon damals waren die Nationalisten gegen die »Intellektuellen«. Ernst Moritz Arndt, der in den Befreiungskriegen den »Gott, der Eisen wachsen ließ« besungen hatte, schrieb: ». . . unaufgeklärte Gesellen sind es, ohne Vaterland, Religion und Zorn, die nur von Barbaren für etwas Großes gehalten wurden . . .« Vergebens hatte Goethe gedichtet: »Ein garstig Lied! Pfui! ein politisch Lied.« Turnvater Jahn war in seinem Franzosenhaß für die Absonderung der Deutschen, die zu einer geschlossenen Nation vereint werden müßten. Er schlug vor, eine Wüste zwischen Deutschland und Frankreich zu legen. Dazu müßten die Deutschen »Marschen vermorasten, Auen einsumpfen, Höhen versuren, Niederungen verbruchen, gewässerte Täler durch Wall und Mauer zu Seen stauen«. Die deutschen Studenten, die Jahn mit Erfolg zum Turnen anregte, ließen sich trotz allem Werben für die körperliche Ertüchtigung nicht ermuntern, den Freuden des Geschlechtslebens zu entsagen. Sie sangen frohgemut in der Hoffnung auf das Ende des Duckmäusertums, das sie zu verdummen drohte: »Wißt ihr nicht, wo Jena liegt, Jena liegt im Tale, wo so viele Jungfrau'n sind wie Walfisch' in der Saale.« Der Trieb ließ sich knebeln, nicht aber unterdrücken. Die Be-

wahrung der Jungfräulichkeit vor der Ehe war zwar ein unabdingbares Gebot des Anstands der deutschen Weiblichkeit, aber die so oft beklagte »Verwilderung« der Liebessitten, die mit den französischen Enzyklopädisten und durch das napoleonische Militär in Deutschland eingeführt worden war, war keineswegs überwunden. Der Sieg der geheuchelten Moral über die offenherzige Unmoral blieb dem sich ausbreitenden Einfluß der Romantik vorbehalten: der Erhebung des Gefühls über das Geschlecht.
Auch in England, das mit kurzer Unterbrechung seit der Hinrichtung Ludwigs XVI. bis zum endgültigen Sturz Napoleons mit Frankreich im Krieg gelegen war, wirkte sich die Verbürgerlichung der Sitten auf dem Kontinent aus, wenn auch nur mittelbar. Während der durch Napoleon verhängten »Kontinentalsperre«, dem Verbot der Einfuhr englischer Waren auf das europäische Festland, war England in seinem Handel auf die Seeschiffahrt und in seiner Erzeugung von Gütern auf sich selbst angewiesen. Während die Große Revolution den gesellschaftlichen Umsturz in Frankreich herbeiführte, der durch die Restauration, die Wiedereinsetzung der Bourbonen, die »alles vergessen und nichts hinzugelernt hatten«, nur unwesentlich beeinflußt wurde, brachte die industrielle Revolution in England durchgreifende Änderungen mit sich. Arbeitgeber und Arbeitnehmer, die Vertreter des »Kapitals« und des »Proletariats«, standen einander feindlich gegenüber, der »Klassenkampf« hatte begonnen. Aber keine der beiden Gruppen hatte unmittelbaren Einfluß auf die Handlungen der britischen Regierung, die sich aus Mitgliedern des Adels und der Kaufmannschaft zusammensetzte, jener Bevorrechtigten, die, gemäß der Verfassung, allein das Recht auf Wahl ins Parlament innehatten und die soziale Verwir-

Dieses Blatt aus dem Biedermeier zeigt sehr eindeutig, daß man sich auch damals durchaus nicht immer nur mit »Biederem« begnügte.

rung der Gemüter mit überlegener Ruhe für ihre Zwecke gebrauchten.

Das Streben nach Reichtum für den einzelnen wie für das ganze Volk war schon seit den Zeiten Elisabeths I. wesentlicher Inhalt der englischen Politik geworden. Die Beherrschung der Seeschiffahrt, die Errichtung von Handelsgesellschaften an allen Ecken und Enden des Erdkreises, die Einrichtung von Kolonialregierungen, die nicht nur der Beschaffung von Rohstoffen, sondern auch dem Absatz der heimischen Industrieerzeugnisse dienten, hatten England zum reichsten Land der Erde werden lassen. Und im Überfluß des Wohlstands war London die sittenloseste Stadt der Erde geworden. Während in den Slums bitterste Not herrschte und es in den Elendsvierteln der Industriestädte keine Kanalisation gab, so daß die Armen inmitten von stinkigem Unrat hungerten, suchten die im Luxus schwelgenden Wohlhabenden in ihrer gelangweilten Übersättigung nach immer neuen Zerstreuungen, nach einer Stimulierung ihrer Sinne.

Die besitzende Klasse war exklusiv, man blieb unter sich – ob bei Tisch oder im Bett, war nicht so wesentlich, wenn nur kein Außenseiter sich indiskret bemerkbar machte. Nicht so sehr für außereheliche als für außergesellschaftliche Seitensprünge gab es mehr als genug Bordelle und Kurtisanen. Sie boten in ihren eleganten Häusern den Männern die Freuden, die ihre Ehefrauen oder vornehmen Freundinnen ihnen vorenthielten. Es wirkte auf die Gentry überaus peinlich, als Sir William Hamilton, der hocharistokratische britische Gesandte am Hof zu Neapel, die schöne Emma heiratete, die ihre Laufbahn als Dienstmädchen begonnen und sich von Bett zu Bett emporgearbeitet hatte, bis sie, von ihren zahlreichen Liebhabern zur Dame erzogen, mit allem Luxus überschüttet, von einem Tag zum andern dem Elend preisgegeben, die Bekanntschaft des berüchtigten Dr. Graham machte, der sie in seinem »Tempel der Gesundheit« in einem animierenden »Bett der Wollust«

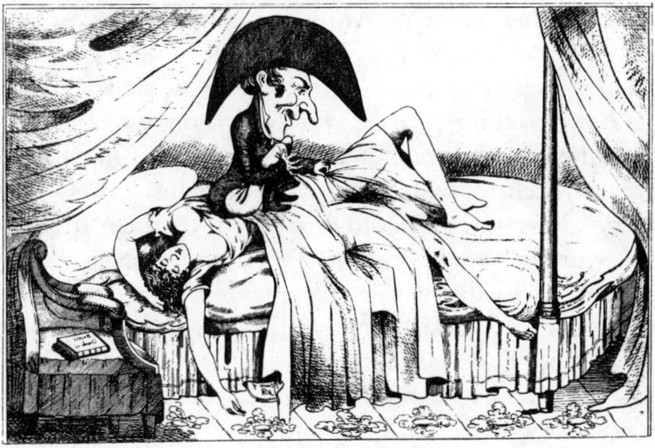

Geschichten und Klatsch über Lady Hamilton waren beliebte Themen. Karikatur auf ihr Verhältnis mit dem Admiral Nelson, der hier als Nachtmahr dargestellt ist.

zur Schau stellte. Emmas hinreißender Körper in seiner reizvollen Nacktheit hatte eine so aufreizende Wirkung auf die Besucher des »Tempels der Gesundheit«, daß sie bereit waren, fünfzig Guineen für die einmalige Benützung des Bettes zu bezahlen. Emma war so makellos gebaut, daß George Romney, der berühmteste Porträtmaler seiner Zeit, sich in sie vergaffte. Aber Romneys Pinsel konnte ihr weder den Aufwand noch die Lust bieten, nach der sie sich sehnte. So wurde sie die Geliebte des Neffen Sir William Hamiltons, Sir Charles Greville, der sie schließlich seinem Onkel verkaufte, um seine durch Verschwendung mißlich gewordenen Vermögensverhältnisse zu sanieren. Nun wurde Emma Lady Hamilton – zur Förderung der britisch-neapolitanischen diplomatischen Beziehungen – die Geliebte der Königin Karoline von Neapel, der leidenschaftlichen Schwester Napoleons, die sich in gleichgeschlechtlicher Liebe mit Emma von ihren Ausschweifungen mit Männern erholen wollte. Als der englische Admi-

ral Horatio Nelson seine Aufwartung am Hofe von Neapel machte, verliebte er sich in Emma und sie in ihn. Sie waren unzertrennlich bei den rauschenden Festen, die Karoline und ihr Gatte, Joachim Murat, von Napoleons Gnaden König, veranstalteten. Als Emma in Hamiltons Begleitung nach London zurückkehrte, teilte Nelson die gemeinschaftliche Wohnung des Ehepaares. Das Idyll zu dritt, dem ein Knabe entsproß, wurde durch Hamiltons Tod beendigt. Nelson, dessen Ehe nicht geschieden werden konnte, lebte mit der verwitweten Geliebten, als sei sie seine Frau. Er bezahlte seinen historischen Sieg bei Trafalgar mit dem Leben. Emma blieb mittellos zurück. Vergeblich versuchte sie durch die Ausübung ihres alten Gewerbes wieder zu Geld und Ansehen zu kommen. Der verblühenden Lady zogen die Gentlemen das junge Fleisch vor, das in den fünfzehnhundert Bordellen Londons zu bürgerlichen Preisen angeboten wurde. Die verarmte Emma kam ins Schuldgefängnis und starb im Elend. Sie wäre nicht mehr und nicht weniger als eines von vielen englischen Freudenmädchen gewesen, die in ihrer Jugend zu Ansehen gekommen und im Alter in Dürftigkeit verkommen waren, hätte George Romney sie nicht in seinen Gemälden verewigt. Der Wettbewerb der liebeswilligen Damen der Gesellschaft beeinträchtigte die Chancen der Prostituierten, die sich freilich keineswegs über mangelnden Zulauf beklagen konnten.
Die Steigerung der Lust in jeder Form wurde zum äußerst einträglichen Geschäftszweig ausgeweitet. Am beliebtesten waren die geheimen Häuser und Absteigequartiere, in denen die Flagellation ausgeübt wurde. Eine »strong governess« bediente gegen hohes Entgelt Männer mit Ruten, Peitschen, Stöcken und Geißeln, um den freiwillig Gepeinigten den Genuß des sinnlichen Schmerzes zuteil werden zu lassen. Um das Auspeitschen der Kunden kunstgerecht vollziehen zu können, erfanden geschickte Unternehmerinnen das »Pferd«, einen Apparat, auf den die »freiwilligen Delinquenten« ange-

George B. Brummell, genannt Beau Brummell, der englische Modekönig und »Erfinder« des Dandy-Typs.

schnallt wurden, um sich widerstandslos prügeln lassen zu können. Zu den Besuchern des berüchtigten Flagellations-Instituts der Miß Collett gehörte auch König George IV. von England, der schon als Prince of Wales der fashionabelste der extravaganten »Fashionables« war, die die modischen Geschmacksrichtungen der Zeit, ihrem Spitznamen entsprechend, bestimmten. Die königliche Familie gab dem Hof und der Lebewelt überhaupt das Beispiel zügelloser Schamlosigkeit. Alle Prinzen hielten erklärte Mätressen aus und waren Stammgäste der berüchtigsten Häuser. Als geschworene Ehefeinde »scherten sie sich einen Teufel darum«, ob das Königshaus legitimen Nachwuchs bekäme oder nicht.

»Die Ehe ist das Vorspiel zum Skandal«, jammerten die »Fashionables«, die sich nicht an das Vorbild des Königs George, sondern an das des Modekönigs George Brummell hielten, der alles Überflüssige, Vielfarbige in der Herrenkleidung für unschicklich und unmännlich, die Schlichtheit des Anzugs hingegen für vornehm erklärte. Die neue aristokratische Mode verbürgerlichte die distinguierten Herren in ihrem Aussehen. Es fiel den Bürgern leichter, sie nachzuahmen. Wenn

Die Flagellation wird hier noch ohne den »das Pferd« genannten Apparat, sondern mehr nach Hausmacherart geübt. Karikatur auf die in England grassierende Flagellomanie.

sie auch nicht bei festlichen Gelegenheiten die altertümliche Prunkgewandung der Lords anlegen durften, waren sie doch bald im Alltagsleben kaum noch von den erlauchten Herrschaften zu unterscheiden. Auch die Frauen der »guten Gesellschaft« verminderten den Prunk ihrer Kleider. Ihr Motiv war ein beinahe einheitlicher Protest gegen die gefallsüchtige, mit Schmuck überladene Prinzessin von Wales, eine Tochter des Herzogs von Braunschweig-Wolfenbüttel, Karoline, die der spätere König George IV. nur wider Willen geheiratet hatte. Alle Damen des britischen Hofes rümpften die Nase, wenn der Name Karolines fiel. Die persönlichen Liebesbeziehungen der Hofdamen waren diskret, ihre Liebhaber Gentlemen. Die Prinzessin von Wales jedoch trieb Unzucht mit einem Bediensteten, mit einem Bereiter, der mit dem Titel »Kurier« großtat, obwohl er nicht mehr und nichts anders als ein »prick auf zwei Beinen« war. So zeigte sich der königliche Hof ganz und gar damit einverstanden, als der Prinz von Wales die Scheidung von Karoline verlangte und ihr skandalöses Herumtreiben zum Anlaß der Klage nahm. Prinzessin Charlotte, die Thronerbin, war durch den schlechten Ruf ihrer Mutter in Mitleidenschaft gezogen, und deshalb schien es an der Zeit zu sein, einen Ehemann für die reichste Erbin der Welt zu finden. Wem sollte sie ihre Hand reichen? Welchem Bewerber würde der künftige König von England das Ja-Wort geben?

Auf dem Wiener Kongreß machte sich ein deutscher Fürst, Herzog Ernst von Sachsen-Coburg und Gotha, bei dem beliebtesten Besucher des Kongresses, dem Prinzen von Ligne, unbeliebt. Er hatte eine junge Griechin in unanständigster Weise verführt und in peinlichster Weise sitzenlassen. Sie veröffentlichte mit Befürwortung des Prinzen von Ligne die »Memoiren einer jungen Griechin«, um den Coburger unmöglich zu machen. Aber die in der kleinen Schrift gewürdigte Männlichkeit des Herzogs kam nur seinem Ruf zugute –

Titelblatt zu einem englischen priapeischen Roman mit dem vielsagenden Titel »London«.

und zugleich dem seiner beiden Brüder Ferdinand und Leopold.
Durch geeignete Empfehlungen gelang es Leopold von Coburg, in London bei Hofe vorgestellt zu werden. Die als Aschenputtel behandelte Prinzessin Charlotte zog ihn allen anderen Ehekandidaten vor. Sie war eine große Prinzessin, er nur ein kleiner Prinz. Ihn konnte sie also ungeniert beherrschen, wenn er ihr »Prinzgemahl« wurde. Ein Jahr lang war Leopold von Sachsen-Coburg und Gotha Ehemann der Thronerbin Charlotte von England, dann starb sie im Kindbett und das Neugeborene mit ihr. Der Prinz, der die »Inselfrau« in der Hochzeitsnacht nicht zu erwärmen vermocht und dem vertrauten Freund seiner Kinderzeit, dem Arzt Dr. Stockmar, geschrieben hatte: »Ich glaube, daß eine Wärmeflasche, die sie sich abends mit ins Bett nimmt, des Morgens gefroren sein müsse«, trauerte der »Frau aus Eis« nicht nach, um so mehr aber dem fehlgeschlagenen Plan, durch sie zu Macht und Reichtum zu kommen. In seiner ehrgeizigen Beschränktheit war er sich nicht bewußt, daß er in dem einen Jahr zwei Handlungen vollzogen hatte, die die Entwicklung der Welt-

und Sittengeschichte ganz wesentlich beeinflussen sollten: Er hatte den Onkel seiner Frau, den Herzog Edward von Kent, mit seiner hausmütterlichen Schwester Victoria Marie Luise, einer verwitweten deutschen Fürstin, verheiratet und das »Royal Coburg Theatre« gegründet, um in London eine »gute Bühne« zu schaffen, auf der gute Stücke aufgeführt werden könnten. Seine Schwester, »die deutsche Dickmadam«, wurde die Mutter der Königin Victoria von England, des anglikanisierten Ideals deutscher Züchtigkeit und Mütterlichkeit, deren Moral durch bauschige Unterröcke und gestärkte Beinkleider aus Barchent behütet war. Und das »Royal Coburg Theatre«, zu Ehren von Leopolds Nichte auf »Royal Victoria« umgetauft, wurde ein ehrbares Schauspielhaus.
Leopold von Coburg entsprach den Vorstellungen der Engländer keineswegs. Aber dank der Ratschläge Dr. Stockmars erreichte er es, eine Rente zugesichert zu bekommen, mit der er den Aufenthalt seiner abermals verwitweten Schwester (deren Gatte dem Whisky allzu leidenschaftlich zugesprochen hatte) und den seiner Nichte Victoria (die eine Chance hatte, Thronfolgerin zu werden) in England finanzierte. Das Familienleben mit seiner Schwester und der pummeligen kleinen Victoria, »dem fetten Rebhuhn«, wie sie vom inzwischen als George IV. König gewordenen Bruder ihres Vaters genannt wurde, genügte Leopold freilich nicht. Dr. Stockmar, der sich als Erzieher Alberts von Coburg, des späteren Prinzgemahls seiner Cousine Königin Victoria, bemüßigt sah, seinem Zögling unbedingte Keuschheit und biedere Ehrbarkeit als Grundlagen der männlichen Moral zu predigen, verkuppelte die begabte, anerkannte Schauspielerin Caroline Bauer an Leopold. Die Enttäuschte schildert in ihren Memoiren das jämmerliche Beisammensein mit dem Prinzen, der sich nach einer vermutlich nur vorgetäuschten Eheschließung und ihrer unbestätigten Erhebung zur Gräfin Montgomery ihrer kur-

zerhand entledigte, als er mit Unterstützung Georges IV. (der sich seinerseits des kurzfristigen Schwiegersohns entledigen wollte) und durch Vermittlung des Dr. Stockmar zum König der Belgier erhoben wurde. Ein Monarch mußte standesgemäß heiraten, Leopold nahm eine Tochter des »Bürgerkönigs« der Franzosen Louis Philippe aus dem Hause Orléans zur Frau.

»Die Birne«, wie Louis Philippe, der Nachfolger seines entthronten Vetters Karl X., von seinen Untertanen mit gutmütigem Spott seiner sich verjüngenden Kopfform wegen genannt wurde, fühlte sich so unsicher auf dem nach der dreitägigen Revolution des Jahres 1830 ergatterten Thron, daß er einerseits dynastischen Anschluß suchte, andererseits aber sich trotz der Krone als »Bürger unter Bürgern« geben wollte. Er konnte den Franzosen weder die »gloire« geben, noch wollte er den Sozialismus begünstigen. Immerhin hatte er einen Hang nach unten, eine »nostalgie de la boue«. Nachdem er erst eine Rebellion der »Legitimisten«, der Anhänger des Verbannten Karl X., niedergeschlagen und einen dilettantischen Aufstand des Prinzen Louis Napoleon – er war der Sohn von Hortense Beauharnais und König Louis von Holland, also Stiefenkel und Neffe des Kaisers Napoleon – mühelos hatte unterdrücken können, unternahm er es, sich als Bewunderer des großen Korsen um die Gunst der Bonapartisten zu bewerben. Er ließ Napoleons Leiche von St. Helena nach Paris bringen und mit feierlichem Pomp beisetzen. Diese Geste half Louis Philippe, die Zeit ein wenig zu überdauern. Der Friede schien Louis Philippe gesichert, denn Victoria, die Nichte seines Schwiegersohnes Leopold I. von Belgien, war Königin von England geworden und dessen Neffe Albert von Coburg ihr Prinzgemahl. Ein solides Ehepaar beherrschte das britische Weltreich. Die zunehmende Verbürgerlichung der Erde schien dem Bürgerkönig Louis Philippe gesichert zu sein.

Erotisch karikierende Darstellung des Gesellschaftslebens um 1840 von Peter Fendi.

Die Bemühungen und Schachzüge, die Leopold von Belgien hatte aufwenden müssen, um die Ehe seiner Nichte mit seinem Neffen zu stiften, waren und blieben nur wenigen Vertrauten bekannt. Die Lebensführung der Monarchen, die den Untertanen als nachahmenswertes Beispiel dienen sollte, bestimmte die Sitten und Bräuche. Es wäre daher peinlich und ärgerniserregend gewesen, wenn die zerrütteten Familienverhältnisse im Palast der Coburger öffentlich bekannt geworden wären. Da die Ehe die Grundlage der Familie und die Familie die Grundlage der menschlichen Gemeinschaft sei, da das geordnete Familienleben der Bürger die Ordnung im Staate gewährleiste, propagierte Leopold selbst sowie durch seinen Neffen Albert das »bürgerliche Familienglück«. Das Victorianische Zeitalter hatte begonnen. Seine Grundsätze der bürgerlichen Wohlanständigkeit nach außen wirkten sich nicht nur in England aus. Was von den königlichen Sittlichkeitsaposteln als »unanständig« oder »unsittlich« bezeichnet wurde, konnte nur im Verborgenen blühen. Das verpönte Laster ging in den Untergrund. Aber die Prostitution starb nicht aus – im Gegenteil: Sie wucherte mehr denn je. Die Homosexualität verbreitete sich im geheimen. Besonders in England, wo die Ehemänner es vorzogen, sich mit gleichgesinnten Männern gleichgeschlechtlich zu unterhalten, anstatt sich mit ihren Frauen zu langweilen, die von der Liebe schwärmten, aber im Ehebett frigid waren. Die Zensur tat das Ihre, die unfreiwillige Moralität der Bürger zu erzwingen. Die vornehme Gesellschaft unterwarf sich, um nicht Anstoß zu erregen. Dennoch hatten sich weder Bordellbesitzerinnen noch Spielhöllenunternehmer oder Schankwirte über einen Mangel an Kundschaft zu beklagen. Es wurde im London des Victorianischen Zeitalters ebenso unmäßig, wenn nicht mehr, gehurt, gespielt und gesoffen als vorher, aber man sprach nicht davon, man schrieb nicht darüber. Das geschlechtliche und gesellschaftliche Leben hatte einen doppelten Boden. Die rechte,

zum treuherzigen Schwur erhobene Hand leugnete zu wissen, daß die linke sich die Lust in jeder Art nicht versagt habe.
»Nie stand Frankreich so tief in den Augen des Auslands, nicht einmal zur Zeit der Pompadour und der Dubarry«, schrieb der deutsche Dichter Heinrich Heine in seinen »Pariser Briefen«: »Man merkt jetzt, daß es noch etwas Klägliches gibt als eine Mätressen–Herrschaft. In dem Boudoir einer galanten Dame ist noch immer mehr Ehre zu finden als in den Comptoir eines Banquiers.« Daß die unter Louis Philippe von den Franzosen so getreulich befolgte Aufforderung »enrichez-vous!« – bereichert Euch! – die Profitgier der Geschäftemacher, die Korruption der Rechtsprechung und die Unterwerfung der Poilitik unter die Botmäßigkeit der Finanzleute herbeigeführt hatte, mißfiel Heine, dem zärtlichen Verehrer der Frauen, weitaus mehr als der Hang zu unkeuschem Treiben. Er spottete über sich selbst: »Mein Kopf ist ein zwitscherndes Vogelnest von konfiszierten Büchern.«
Die deutschen Dichter, die sich von den Sittenrichtern der Zensur nicht verbieten lassen wollten, den »Podex der Natur« in ihren Versen zu streichen, mußten sich Striche gefallen lassen, so Christian Dietrich Grabbe, der sich in den Dialogen seines Dramas »Herzog Theodor von Gothland« keinen Zwang auferlegte, etwa in einem Gespräch zweier Männer: »Wie geht es Eurem hübschen Nachtgeschirr?« . . . – »Ihr meint das blonde Mielchen?« – »Da habt Ihr recht, die ist ein Nachttopf. Sie sitzt in meinem Zelte, wenn Ihr pissen wollt, so steht sie Euch zu Diensten.« – »Was treibt sie denn?« – »Sie melkt die Männer . . . Wo sie vorbeigeht, springen die Hosenknöpfe los.« Die französischen Dichter der Zeit waren nicht so ausgesprochen deutlich. Sie verschwiegen lieber ihre Autorschaft, wenn sie geschlechtliche Szenen zu eindeutig deutlich schilderten, wie Alfred de Musset in dem ihm zugeschriebenen Buch »Gamiani oder Zwei Nächte der Ausschweifung«, das die lesbische Liebe zum Thema hatte. Der

Ein gnadenloser Schilderer der muffigen Spießigkeit seiner Zeit war der große Honoré Daumier. Seine Karikatur aus dem Jahr 1846: »Oh, Papa . . . was für eine schöne Frau!«

feinfühlige Lyriker Alfred de Musset scheute nicht davor zurück, grob-sinnliche Szenen darzustellen, so den Geschlechtsverkehr der Gamiani mit einem Orang-Utan und einem Esel oder ihre Sodomie mit einem Hund und ihre Selbstbefriedigung mit einem »Godemiché«, einem kunstvoll nachgeahmten, erregten männlichen Glied, das in Pariser Läden unter dem Tisch zu kaufen war. Ebenfalls anonym schrieb auch ein deutscher Romantiker seinen pornografischen Roman »Monica«: Ernst Theodor Amadeus Hoffmann.
Unter Vermeidung obszöner Redensarten erzählte Honoré de Balzac seine »Contes drolatiques«, die lustigen Geschichten, die, an Rabelais und den frechen Fabliaux geschult, gewagte Erlebnisse schildern und die Sitten »entschleiern« sollten. Es sind Geschichten heiterer Art, die Darstellung von frivolen Situationen, die Balzac nicht in seine »Comédie humaine« eingefügt hatte, durch die er die menschliche Gesellschaft in ihren Begierden und Ausschreitungen der Beobachtung seiner Leser preisgab, wie in »Glanz und Elend der Kurtisanen«. Er wollte unbarmherziger Realist sein, Zurschausteller der Wirklichkeit, der Korruption, des Geizes, der Sinnlichkeit und der bourgeoisen Heuchelei seiner Zeit, aber er war doch in seinem Gebaren und in seiner exzentrischen Lebensführung Romantiker, wenn auch wider Willen. Er nannte nicht alle Dinge bei ihren Namen, um nicht seinen Namen zu gefährden, den er brauchte, um genug Geld zur oft nur allzu vergeblichen Verwirklichung seiner erotischen Träume und verliebten Launen zu verdienen. Balzac überschaute nicht ganz die Strömungen seiner Zeit. Er war von der bürgerlichen Gewinnsucht der Reichen, der Geldgier und Habsucht seiner Epoche fasziniert, mochte er sie noch so geißeln und ironisieren. Er erkannte nicht, daß die Ränke und Intrigen der Bankiers und Bourgeois, die er bloßstellte, nur ein Vorspiel der Epoche waren, die sich ankündigte.
Im griechischen Altertum hatte Aristoteles formuliert, der

Mensch sei ein »zoon politikon«, ein »politisches Lebewesen«. Der in all seinem kaiserlichen Glanz als Heros habilitierte Napoleon hatte erklärt: »La politique c'est la fatalité moderne – Die Politik ist das moderne Schicksal.« Daß die Politik das bestimmende Element im menschlichen Schicksal und daher auch das bestimmende Element der Sitten sei, sagten die sozialpolitischen Schriftsteller Fourier und Proudhon voraus. Das durch Flugblätter, Zeitungen und Agitatoren erweckte »Bewußtsein des bedenklichen Notstandes der Arbeiterschaft« erregte die Massen. Druckschriften und Parolen gingen von Hand zu Hand und von Mund zu Mund. Zum gesprochenen und geschriebenen Wort trat das Bild: Die Zeitungen wurden illustriert – man wollte den Lesern die Zeitgedanken veranschaulichen. Die hervorragendsten Meister der bildhaften Kritik ihrer Zeit waren Gavarni und Honoré Daumier. Wer ihre Karikaturen sah, war durch die lebendige Bezüglichkeit der Zeichnungen zum Denken gezwungen. Die Mißstände wurden augenfällig. Sie waren offenkundige Anklagen gegen die bestehenden Zustände. Sie schrien nach Änderung. Da erschien das »Kommunistische Manifest« von Karl Marx, der sich als Mitarbeiter der liberalen »Rheinischen Zeitung«, durch die Herausgabe der »Deutsch-französischen Jahrbücher« und durch seine Artikel im »Vorwärts« bekanntgemacht hatte. Er veröffentlichte es mit Friedrich Engels in Brüssel. Das »Manifest« war nicht nur ein unverhüllter Angriff gegen die bestehende Gesellschaftsordnung der Gegenwart und der Vergangenheit, sondern auch ein drohender, von neuartig geprägten Gedanken erfüllter Wegweiser in die Zukunft für die Massen. Das »Kommunistische Manifest« begann mit den Worten: »Ein Gespenst geht um in Europa – das Gespenst des Kommunismus ...« Karl Marx und Friedrich Engels erwarteten den Zusammenbruch des kapitalistischen Wirtschaftssystems und eine neue Gesellschaft unter Führung des als herrschende Klasse organisierten Proletariats

– sie erwarteten »die Diktatur des Proletariats« schon als Ergebnis der Revolutionen, die im Jahre 1848 in den großen europäischen Hauptstädten tatsächlich ausbrachen.
Der Aufruhr der aufgewiegelten Massen wurde kein Klassenkampf: Die Rebellion der Völker wandte sich nicht gegen die Bourgeoisie, nicht gegen das Bürgertum der reichen Finanziers und Industriellen, sondern gegen die Dynasten und ihre unmittelbaren Ratgeber, gegen Militär und Mätressen. In Berlin sangen die Aufständischen: »Friedrich Wilhelm, Preußens König, hat der Grütze viel zuwenig, darum soll das dicke Schwein Preußens König nicht mehr sein.« Der als »dickes Schwein« bezeichnete Friedrich Wilhelm IV. war von Haus aus höchst begabt und gebildet. Er hatte jedoch weder die Sittenstrenge und sparsame Haltung seines Vaters Friedrich Wilhelm III. geerbt noch den Leichtsinn und Liberalismus seines Großvaters Friedrich Wilhelm II., der das dünkelhaft aufgeblasene »Er« in der Ansprache seiner Landeskinder durch das vertraulichere »Sie« ersetzt und den schlichten blauen Bürgerrock der königlich-preußischen Uniform vorgezogen hatte.
Friedrich Wilhelm II. war der erste deutsche Herrscher, der die Geistigkeit und Moral der Juden so hoch einschätzte, daß er sie an seinen Hof einlud und darauf bestand, daß sie von seinen Höflingen nicht wegen ihrer Religion über die Achsel angesehen wurden. Er hatte den Krieg verabscheut und die Frauen geliebt. Seine Affäre mit der »preußischen Pompadour«, der »kessen« Wilhelmine, verwitweten Enke, wiederverheirateten Rietz, die der König zur Gräfin von Lichtenau erhob, hatte sie und ihn so in Verruf gebracht, daß seine Eheschließung zur linken Hand mit der Gräfin Voß und, nach deren Tod, mit der Gräfin Dönhoff von den Prüden der Hofgesellschaft (nicht alle waren es!) nicht allzu scharf beurteilt wurden. Die gebürtigen deutschen Gräfinnen und Freifrauen waren der Königin Luise, der Gattin Friedrich Wilhelms III., die, obwohl eine heitere, schöne Frau, auf Zucht und Ord-

Die stürmische Leidenschaft, die der Bayernkönig Ludwig I. für die aparte Lola Montez empfand, kostete ihn schließlich seinen Thron. Zeitgenössische bayerische Karikatur.

nung gesehen hatte, nicht gewogen. Das Verlangen nach Galanterie war ihnen in Fleisch und Blut übergegangen, seit sie die »Courschneiderei« der napoleonischen Offiziere und Soldaten genossen hatten, die ihre Keuschheit unsicher machte. Da sich auch die großen und kleinen Fürsten in ihren Gefühlen und Trieben keinen Zwang antaten, ließen es die Frauen der während der Kriege gegen Napoleon im Felde stehenden Männer zu, daß ihre Liebsten auch im Bett aus dem Felde geschlagen wurden. Die französischen Besatzungstruppen, Offiziere und Mannschaften, hatten sich nicht über den Widerstand der deutschen Frauen zu beklagen gehabt, ebensowenig wie Napoleon selbst über mangelnde Willfährigkeit deutscher Herrscher.

Nachhaltiges Ärgernis erregte sowohl bei den deutschen Frauen als auch bei denjenigen deutschen Männern, die nicht von ihrer einmaligen Schönheit bezaubert waren, die schwarzhaarige, blauäuige Tänzerin Lola Montez, von der es hieß, das sie die »schönste Frau war, die es jemals auf Erden gegeben habe«. Sie wurde die Geliebte so vieler Männer in so vielen Ländern und Städten, daß sie selbst es für sinnlos befand, den wollüstigen Sinnentaumel aller zu erwähnen oder zu schildern, die sie umworben und besessen hatten oder die sie erobert hatte. Die Skandale, die die schöne Lola mit der Lust am Skandal provozierte, bewiesen der sensationslüsternen Öffentlichkeit, daß die »graziöse Tänzerin mit der Peitsche« sich auch im Verkehr, nicht nur im Geschlechtsverkehr, mit den hohen und höchsten Herren ihrer Zeit keine Hemmungen auferlegte. Sie hatte den Ehrgeiz, sich »einen Fürsten zu angeln«. Der erste Fürst, den Lola an die Kandare nahm, war Heinrich Fürst von Reuß. Aber der Herrscher über einige tausend Seelen bekam es mit der Angst um seine eigene Seele zu tun. Er sagte sich von ihr mit der Erklärung los, sie sei »ein weiblicher Teufel«. Lola hatte nachhaltigeres Glück mit Ludwig I. von Bayern, der nach der ersten Begegnung mit ihr gestand: ». . . ich bin wie behext.« Die Hörigkeit des Königs, der sie besinnungslos verwöhnte, mit Juwelen und Ehren überschüttete, nützte Lola dazu aus, die eingeschworenen Feinde ihres leichten Lebenswandels, die Jesuiten, zu bekämpfen. Sie, die nun zur Gräfin von Landsfeld Erhobene, wurde in den der Kirche nahestehenden Zeitungen beschuldigt, eine Spionin der Engländer zu sein, von den Freimaurern dafür bezahlt zu werden, den päpstlichen Einfluß in Bayern zu vernichten, sie wurde als die »apokalyptische Hure« gebrandmarkt und – schlug zurück. Sie erwirkte, daß Ludwig seine Minister entließ und ein neues Ministerium ernannte, das von ihren Gegnern das »Lola-Ministerium« genannt wurde. Als durch ihren Einfluß die Pressefreiheit erklärt wurde und man in München offen Luther als Gegenspieler der Jesuiten feierte, ließen die Liberalen und Protestanten Lola hochleben.

Als die ersten öffentlichen Unruhen gegen die Willkür der Gräfin Landsfeld ausbrachen, beschwor ein Bischof den König, sich von der Montez zu trennen. Ludwig I. rief ihm zu: »Bleiben Sie bei Ihrer Stola, ich bleib' bei meiner Lola.« Und an den Preußenkönig Friedrich Wilhelm IV. schrieb Ludwig, ein nimmermüder Förderer der Kunst, der auch dichtete (allerdings meist unfreiwillig komisch): ». . . gönn ich mir doch die Lola Montez, selber haben nicht gekonnt es.« Die Revolution von 1848 vertrieb die »Tänzerin mit der Peitsche« aus München. Der König hätte wohl eine soziale Revolution vorgezogen und sich taub stellen mögen, als die Münchner auf ihren Barrikaden aus Karren und Bierfässern ebenso wie die Revolutionäre in anderen deutschen Städten drohend sangen: »Reißt die Konkubine aus des Fürsten Bett, schmiert die Guillotine mit des Fürsten Fett. Blut muß fließen . . .«

Zeittafel

1788–1860 Arthur Schopenhauer
1791–1872 Samuel Morse
1808–1873 Louis Napoleon (1852–1870 als Napoleon III. Kaiser der Franzosen)
1809–1882 Charles Darwin
1815–1887 Johann Jakob Bachofen
1818–1883 Karl Marx
1820–1895 Friedrich Engels
1822–1861 Henri Murger (La Bohéme)
1824–1895 Alexander Dumas der Jüngere
1824–1847 Marie Duplessis, die Kameliendame
1825–1895 Th. H. Huxley
1826–1920 Eugenie, Gemahlin Napoleons III.
1830–1916 Franz Joseph I. (1848 Kaiser von Österreich)
1851 Erste Weltausstellung in London
1852–1870 Zweites Kaiserreich der Franzosen
1853–1856 Krimkrieg: Frankreich, England und Türkei gegen Rußland
1854 Japan öffnet sich unter Zwang dem Handel und dem Einfluß der Amerikaner und Europäer
1859 Darwin: Über die Entstehung der Arten durch natürliche Zuchtwahl
1859 Marx: Zur Kritik der politischen Ökonomie
1861 Bachofen: Das Mutterrecht
1861 Bürgerkrieg in Japan ersetzt Feudalordnung durch zentrale Kaisergewalt
1864 Gründung der »Ersten Internationale« in London durch Karl Marx
1867 Marx: Das Kapital
1871 Darwin: Die Abstammung des Menschen und die geschlechtliche Zuchtwahl
1877 Lewis H. Morgan: Ancient Society

3 »Karawanserei der Liebe«

Die Jahrhundertmitte

Das moralische Vorbild der vollkommenen Ehe Victorias und Alberts, die betont schroffe Ablehnung aller Unzucht und Ausschweifung durch das königliche Ehepaar, beeinflußte nicht nur die englischen Sitten, sondern auch die Mode. Nichts in der äußeren Erscheinung sollte daran erinnern, daß die Frauen unterhalb der Hüften nicht »wie aus einem Guß« seien. Ein einziger Rock genügte nicht, die ungeschriebenen Gesetze der königlich privilegierten Prüderie zu sichern. Nur mehrere Röcke, übereinander getragen, konnten die umsichtig verborgenen Beine vor indiskreten Blicken schützen. Durch die bei jedem Schritt wallenden Gewänder, die sich zwar an den Hüften mächtig bauschten, aber die Fersen bedeckten, ersparten die Frauen es sich, die langen Spitzenunterhosen zu tragen, die ihre Schenkel und Waden bis zu den Knöcheln kaschiert hätten. Aber die Nacktheit unter der schamhaften Vermummung hätte die eigene Lüsternheit anregen können, und so wurde es zum schicklichen Zwang, die Scham durch kurze Beinkleider zu verhüllen. Zur Verhütung der Unkeuschheit erschien es den Schöpferinnen oder Schöpfern der »Damenmode ohne Unterleib« verläßlicher, jeden Anreiz zur Begehrlichkeit auszuschalten. Es galt sogar für schamlos, wenn unverheiratete Frauen ihre Geschlechtsteile wuschen, denn eine wenn auch noch so harmlose Berührung konnte doch zu verderbten Gelüsten verführen, zum Laster der Selbstbefriedigung oder zu zügellosen Wünschen.

Außerhalb des Ehebettes war der Geschlechtstrieb verwerflich. Wer davon auch nur andeutungsweise sprach, erregte Anstoß und wurde als unflätig zurechtgewiesen. Jedes Wort, das einen geschlechtlichen Doppelsinn hatte, jede Redensart,

die als Anspielung auf die körperliche Vereinigung ausgelegt werden konnte, mußte vermieden werden. Wer sich nicht daran hielt, geriet in den Ruf eines Wüstlings und wurde aus der guten Gesellschaft ausgestoßen. Mit einer Frau, sogar mit der eigenen, über das Geschlechtsleben zu sprechen, wurde als Indiskretion verabscheut. Die von den Tugendwächtern erzwungene Zimperlichkeit ging so weit, daß es als »undelikat« mißbilligt wurde, wenn man gar von weiblichen Schenkeln oder Waden sprach, deren Existenz so sorgfältig verheimlicht wurde. Die Regeln des neuen Anstands geboten auch die Umschreibung des Zustandes, der die natürliche Folge des Geschlechtsverkehrs war, der Schwangerschaft: Man erklärte verschämt, eine Frau sei »in anderen Umständen«. Um nach Möglichkeit zu verhindern, daß die »gute Hoffnung« außerhalb des ehelichen Schlafzimmers entstehen könne, wurde von Müttern und Anstandsdamen dafür gesorgt, daß junge Mädchen sich mit Männern nicht allein in einem Zimmer aufhielten. Lediglich ein flüchtiger, keineswegs aber sinnlicher Kuß war Brautleuten zur Begrüßung und zum Abschied gestattet. Wenn ein junges Mädchen aber schon von einem anderen Mann geküßt worden war, hielt es ein ehrenwerter Mann für unehrenhaft, das »leichtsinnige Wesen« zu seiner Frau zu machen. Vorehelicher Geschlechtsverkehr wurde als Unzucht gebrandmarkt. Wenn es einem jungen Mädchen passierte, daß es schwanger wurde, verlor es die Achtung der Familie, die dadurch »in Schande« kam – und diese »Schande« erstreckte sich auf das unehelich Geborene, dem zeitlebens ein Makel anhaftete.
Auch die Männer waren gezwungen, sich der allgemeinen Verleugnung des Geschlechtlichen bedingungslos zu fügen. Sie genossen im geheimen, was sie sich öffentlich versagen mußten. Wer es sich leisten konnte, hielt sich eine Mätresse oder nahm Verbindung zur geheimen Prostitution auf, zu berufsmäßigen Kupplerinnen, die mit »geeigneter Ware« auf-

»Die Wollust«, Radierung nach einem Gemälde von Pierre Prud'hon aus dem Jahr 1827.

warten konnten. Mit einer Straßendirne gesehen oder gar von Polizeistreifen überrascht zu werden, bedeutete für einen Gentleman den bürgerlichen Tod. Er durfte sich auch mit seiner Mätresse nicht zeigen. Wenn es doch geschah, daß er in ihrer Gesellschaft Bekannten begegnete, mußte er so tun, als kenne er diese nicht: Er mußte seine Existenz gewissermaßen verneinen und durfte unter keinen Umständen grüßen. Wie die Herren des Rokoko ihre »petites maisons« eingerichtet hatten, um sich der Liebe ungestört ergeben zu können, so besorgten sich die Männer jetzt »Absteigequartiere«, kleine Wohnungen, in denen sie ihre großen Freuden genießen konnten. In verschwiegenen Gassen, oft in Geschäftshäusern, deren Betreten unverdächtig war, unterhielten die Wohlhabenden Appartements, deren wichtigste, oft einzige Einrichtung das Bett war, in dem sie sich mit ihren Geliebten für die ihnen auferlegte Moral unmoralisch entschädigen konnten.
Die Absteigequartiere waren die einzige Zuflucht verliebter Männer und Frauen, die nach außen hin den Schein der keuschen Wohlanständigkeit wahren mußten, wenn sie nicht deklassiert werden wollten. Im Schutz der Abgeschiedenheit

Die glockenförmig gespannte Krinoline war erfunden worden, um gleichzeitig Sittlichkeit und Bequemlichkeit für ihre Trägerinnen zu gewährleisten. Doch konnte es vorkommen, daß die Damen in der Krinoline die Kontrolle über das verloren, was sich zu ihren Füßen abspielte (Zeichnung von Honoré Daumier).

konnten die Frauen ihre in Mode gekommenen Dessous zeigen, die bestickten, mit Spitzen besetzten Hemden und Höschen, deren Anblick allein den Ehemännern in der Intimität zuerkannt wurde. Nur bei festlichen Anlässen, im Ballsaal, war es den Frauen auch in England erlaubt, den Busen, wenn auch mit Schleiern verhüllt, zur Schau zu stellen, aber doch nicht, ohne die Frivolität der Robe durch lange Ärmel schicklich zu begrenzen. Volle, schwere Brüste, durch das Korsett gestützt und zur Geltung gebracht, wurden zum begehrten Schönheitsideal. Allerdings mußte die kunstvolle Schnürung der Mieder dafür sorgen, daß die Taille so schlank als nur möglich erschien, damit die durch die Anhäufung von Röcken begünstigte Wölbung des Gesäßes auch zur Geltung komme. Das umständliche Übereinandertragen von Röcken wurde von erfinderischen Modekünstlern durch die Krinoline ersetzt – den Reifrock, der, glockenförmig gespannt, die dezente Verheimlichung des weiblichen Unterleibs von den Hüften abwärts besorgte und bequemer zu tragen war. Der deutsche Philosoph Arthur Schopenhauer hingegen kritisierte die Krinoline unerbittlich: »Das Widerwärtigste ist die heutige Kleidung der ›Damen‹ genannten Weiber, welche die Möglichkeit großer Entstellung der Menschengestalt liefert und dazu noch unter dem Gepäck des Reifrocks, der ihre Breite der Höhe gleichmacht, eine Anhäufung unsauberer Evaporationen vermuten läßt, wodurch sie nicht nur häßlich und widerwärtig, sondern auch ekelhaft sind.«

Auch Paris beugte sich fürs erste der scheinheiligen Duckmäuserei. Der nach dem Sturz König Louis Philipps zum Prinzpräsidenten erwählte, in London wegen seiner »Libertinage« von der guten Gesellschaft über die Achsel angesehene Prinz Louis Napoleon hatte aus den revolutionären Bewegungen gegen die Mätressenwirtschaft an den europäischen Höfen die Lehre gezogen, mit seiner Mätresse, Miß Harriet Howard, nicht unter einem Dach zu wohnen, obwohl sie ihr ganzes, nicht unbeträchtliches Vermögen daran gewandt hatte, den abenteuerlichen Aufstieg des nach dem Kaiserthron schielenden Abenteurers zu ermöglichen. Nach seiner Wahl, die er auch ihrer Freigebigkeit seinen Anhängern gegenüber und nicht zuletzt ihrer diplomatischen Geschicklichkeit verdankte, errichtete er seinen Haushalt im prachtvollen Elysée-Palast und brachte Miß Howard in einem benachbarten Haus so unter, daß er sie durch eine Gartentür unbeobachtet besuchen und die Nächte mit ihr verbringen konnte. Er sorgte dafür, daß die »schönste Frau von Paris« nie offiziell an seiner Seite zu sehen war, obwohl sie in ihrem Salon geheime Politik machte, um die einflußreichsten Männer für ihn zu gewinnen. Er brauchte ihre Hilfe noch: Mit dem Geld aus dem Verkauf ihrer Diamanten konnte er die Tamboure der Regimenter bestechen, nicht Alarm zu schlagen, wenn er durch einen Staatsstreich die republikanische Verfassung annullierte. Er machte sich mit dem Schlagwort »L'empire, c'est la paix – Das Kaiserreich ist der Friede« zum Kaiser und ließ sich durch ein Plebiszit als Napoleon III. bestätigen.

Erotisches Porträt Kaiser Napoleons III. in der Form einer Münze. Die Herkunft ist unbekannt.

Der Neffe des großen Napoleon war in menschlichen Dingen ebenso rücksichtslos wie der erste Kaiser der Franzosen. Er entledigte sich bedenkenlos der »lieben und treuen Harriet« wie sein Onkel sich Josephines entledigt hatte, um durch die Ehe mit der Gräfin Eugenie de Montijo das Glück im Bett zu finden, das ihm die angeblich jungfräuliche Spanierin außerehelich verweigert hatte. Eugenie, die in den Tuilerien hofhielt, wurde auch Kaiserin der Mode. Ihrer zur Schau getragenen Tugendhaftigkeit sagte die Krinoline zu. Sie trug ihren »Käfig« so selbstbewußt natürlich, daß ihre Haltung zum Nachahmen einlud. Auch die Kokotten, die während des Zweiten Kaiserreiches in Paris zu Geld, Geltung und Macht kamen, trugen den »Käfig der Kaiserin«, der nicht so ohne weiteres zu öffnen war und vor zudringlichen Blicken schützte. Jeder Bewerber um die Gunst wußte, daß er die Begehrte wie die »Katz' im Sack« kaufen mußte: Bevor sie aus der Krinoline ins Bett stieg und ihre geheimen Reize preisgab, mußte erst das Geld auf dem Tisch liegen. Die leichtfertige Grisette, wie sie Henri Murger in seinen »Scènes de la vie de bohème« geschildert hatte, das liebeslustige Mädchen, das

sich, unbekümmert um den Liebeslohn, in aufwallender Sinnlichkeit und überströmendem Gefühl niemals hingab, ohne die Illusion der Liebe zu empfinden, wenn auch nur der Liebe für eine Nacht, war zur Legende geworden. Ihr Milieu – die lockere Welt der von den Erfolgreichen mit mitleidiger Verachtung gestraften, gegen die Verbürgerlichung protestierenden Maler und Dichter – war in dieser Epoche, in der nur noch Erfolg galt, zur Kuriosität geworden. Die nach Wohlstand und Wohlleben strebenden Bürger verachteten die Außenseiter des bürgerlichen Aufstiegs, die in ihrer Lebensführung der Scheinheiligkeit der geltenen Moral widersprachen, schlechthin als »Bohèmiens«. Die Wohlanständigkeit blieb die zur Schau getragene Fassade, und das um so mehr, als Napoleon III. bemüht war, die moralische Anerkennung der europäischen Monarchen zu gewinnen, vor allem des so moralischen englischen Königspaares. Er erreichte es, mit seiner Kaiserin Eugenie von Victoria und Albert festlich empfangen zu werden. Er erzwang durch den Krimkrieg und durch seine militärische Intervention zugunsten des Königs von Sardinien, der mit seiner Hilfe König von Italien wurde, den Respekt Franz Josephs I., des Kaisers von Österreich, der den Anforderungen der Macht nicht gewachsen war. Napoleon III. schien nicht nur die Gloire seines Onkels wiederhergestellt zu haben, er hatte auch Paris neuen Glanz gegeben, die alte Stadt durch breite Boulevards modernisiert und durch den von ihm protegierten wirtschaftlichen Aufschwung dafür gesorgt, daß Paris wieder die Hauptstadt des Vergnügens wurde – und der Ausgangspunkt der Revolution gegen die öffentliche »Verheimlichung des weiblichen Unterleibes«.
Der Aufruhr begann in den Tanzlokalen, und er begann mit dem Cancan. Die schöne Rigolboche, eine Meisterin des »wildesten und schamlosesten« Tanzes, zu dem es gehörte, daß die Röcke gelüftet, die Beine und das »Ziel der männlichen Wünsche« demonstriert wurde, gestand ihre Empfindungen

Bildnis von Marie Duplessis, der »Kameliendame«, während eines Theaterbesuches.

beim Tanzen zwei Schriftstellern, die sie in diese Worte faßten: »Für den Cancan gibt es nur einen einzigen erklärenden Ausdruck: die Wut. Der Cancan ist alles oder nichts. Er ist eine Welt oder ein Dorf, eine Tragödie oder ein Liedchen. Er ist der Wahnsinn der Beine.« Der volkstümlichste Protest der französischen Tänzerinnen gegen die »Camouflage des Unterleibs«, die »Wut der Beine«, beendigte die Herrschaft der Krinoline freilich nicht, aber die Pariser Modeschöpfer, die nach einer sinnlicheren Wirkung der allzu verhüllenden Reifröcke suchten, erfanden den »Cul de Paris«, eine durch eingenähte Kissen oder Wülste herbeigeführte künstliche Vergrößerung des weiblichen Gesäßes. Nun war der mächtig gewölbte Busen nicht mehr das alleinige Schönheitsideal. Die ausgebuchtete Schwellung des Hinterteils der Frauen regte die Phantasie der Männer an.
Die großen Kokotten allerdings, die sich, um besser bezahlt zu werden, zurückhaltender zeigten und besser benahmen als die ausgelassenen Bürgerinnen, die den Cancan auch bei Fami-

Lithographie von Toulouse-Lautrec, »Die Goulue und Valentin im Moulin Rouge«.

lienfestlichkeiten tanzten, hoben die Röcke nur in der Intimität. Sie wahrten den Anstand in der Öffentlichkeit, um es zu Ansehen zu bringen. Sie waren die Aristokratie der »Demimonde«, der Halbwelt, die Paris unter der ihnen wohlgesinnten Oberherrschaft Napoleons III. beherrschte. Alexandre Dumas fils, ein Sohn des Romanciers Alexandre Dumas, der durch »Die drei Musketiere« und »Der Graf von Monte Christo« berühmt geworden war, hatte mit seinem Schauspiel »Die Kameliendame« das Leben und Lieben der großen Kokotte Marie Duplessis volkstümlich gemacht. Er nannte sie Marguerite Gautier, aber ganz Paris wußte, daß das Schicksal der »Kameliendame«, das auf der Bühne zu sehen war, aus dem Leben gegriffen war. Die Eingeweihten wußten, daß der Dichter sie geliebt hatte und sie ihn, daß aber seine Mittel nicht hingereicht hatten, ihr den für sie unentbehrlichen Luxus zu bieten. Von ihren Konkurrentinnen in der Lebewelt, die in den mondänen Restaurants und Theaterlogen Ausschau nach zahlungskräftigen Bewerbern hielten, unterschied sie sich durch eine weiße Kamelie, die ihr Kennzeichen wurde – sie trug sie unter dem Vorwand, daß ihr der Duft anderer Blumen Kopfschmerzen verursachte. Nur einige Tage in jedem Monat steckte sie freimütig eine rote Kamelie an und tat so durch die Blume kund, daß sie »arbeitsunfähig« war. Marie Duplessis verschwendete nicht nur bedenkenlos Geld, sondern auch ihre Gesundheit. Sie wurde lungenkrank und starb, erst dreiundzwanzig Jahre alt. Im Schauspiel war das Ende dramatischer: Hier hätte die Kameliendame ihr hektisches Leben endgültig aufgegeben, um fern von Paris das große Glück der Liebe mit Armand Duval zu genießen, dem einzigen Mann, dem sie echte Gefühle entgegenbrachte, wenn nicht Duvals Vater sie im Interesse des Geliebten bewogen hätte, sich von ihm zu trennen: Die Heirat mit einer »Gefallenen« werde Armand zugrunde richten. Deshalb gibt die Kameliendame der Bühne vor, unwiderstehlich in ihre alte Liederlichkeit zurückgesunken zu sein; sie nimmt die Verbindung zu einem früheren Verehrer wieder auf und wird von Armand im Salon einer ihrer Freundinnen beim Glücksspiel öffentlich beschimpft und erniedrigt. Schon ist sie schwer krank. Sie hat sich für die Zukunft ihres Geliebten aufgeopfert, obwohl sie weiß, daß sie daran sterben wird. Zu spät teilt Duvals Vater seinem Sohn mit, daß sie ihm zuliebe »wieder in den Sumpf« geraten ist. Armand kann sie nur noch auf dem Totenbett ein letztes Mal wiedersehen. Sie ist gestorben in dem Bewußtsein, daß ihr früher Tod die Sühne für ihr verfehltes Leben war, und beseligt über die Aussöhnung mit dem Geliebten.

Alexandre Dumas, der dem Namen des Helden die Initialen seines Namens gegeben hatte, um ihn mit sich zu identifizieren, hatte die »Kameliendame« wohl zur Erinnerung an die so früh dahingesiechte Marie Duplessis geschrieben, aber auch, um Kritik zu üben an der unerbittlichen Gesellschaft seiner Zeit, die einer »Gefallenen den Schmutz ihrer Vergangenheit« nicht verzieh, auch wenn sie in sich ging. Die Kameliendame war eine Ausnahme gewesen. Sie hatte leidenschaftlich gerne Klavier gespielt und sich über Literatur auf dem laufenden gehalten. Die meisten anderen Kokotten hingegen beschränkten ihre Liebhaberei für die Kunst auf die Liebeskunst. Sie wurden begehrt wegen ihrer wendigen Geschicklichkeit im Bett, die sich herumsprach. Und je höher im Rang die Männer waren, die sie aushielten oder gelegentlich besuchten, desto eifriger wurden sie umworben, desto größer wurde ihr Ansehen. Die Adresse der Hortense Schneider, einer der beliebtesten Kurtisanen, hieß im Volksmund die »Passage des princes«; eine andere »grande cocotte«, Cora Pearl, die sich durch eine laute Stimme und grobe Manieren unliebsam bemerkbar machte, fand gerade wegen ihres gemeinen Benehmens so zahlungskräftige Kunden, daß sie für eine Nacht zehntausend Francs verlangen konnte und von einem deutschen Großherzog als Geschenk ein massiv silbernes Bidet, gefüllt mit Juwe-

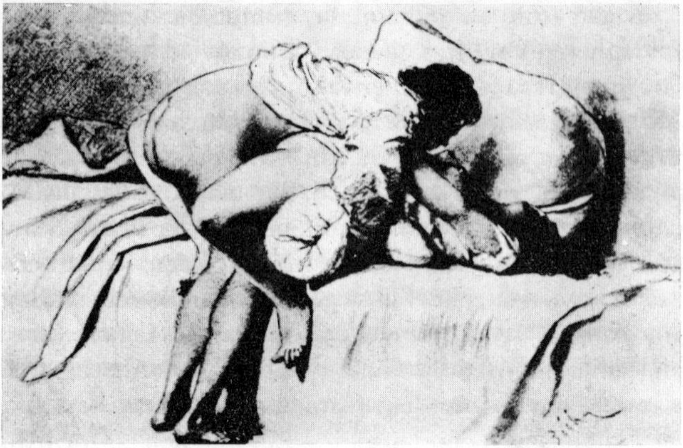

Die erotischen Szenen von Michály von Zichy – auch »Liebes-Michael« genannt – sind ebenso realistisch in ihrer Darstellung wie delikat in ihrer Empfindung. Sie sind in dem Zyklus »Liebe« (um 1855) zusammengefaßt.

len und Goldstücken, erhielt. Cora, die zwölf Pferde in den Stallungen ihres Hauses hatte, war ursprünglich Sängerin gewesen – eine von vielen Künstlerinnen, die das Bett der Bühne vorzog, um Karriere und Geld zu machen.

Die glänzende Lebensführung der großen Kokotten, die ihren köstlichen Schmuck, ihre fabelhaften Kleider, ihre Equipagen und die Pracht ihrer Salons der berufsmäßigen Unkeuschheit verdankten, erweckte den Neid bürgerlicher Ehefrauen und den Wunsch, ihrerseits durch das Bett an die »reichbestellte Tafel des Lebens« zu kommen, wenn auch nur, um einige bescheidene Krumen zu ergattern. Die Flucht aus der Langeweile der Ehe für einige Stunden war ein Wagnis, aber flüchtige Verliebtheiten, das Abenteuer um des Abenteuers willen und zudem noch mit der Aussicht, das bescheidene Nadelgeld aufbessern zu können, veranlaßte genug verheiratete Frauen, sich nach den Männern umzusehen, die sich nach ihnen umsahen. Die Zahl der im geheimen gegen die geltenden Moralgesetze verstoßenden Ehegattinnen nahm so zu, daß es wiederholt zu Skandalen kam, die Alexandre Dumas fils anregten, sein Schauspiel »Le Demimonde« zu schreiben, um mit der Darstellung der Halbwelt, die »da beginnt, wo die legale Gattin aufhört, und da endet, wo die legale Gattin beginnt«, ein Sittenbild zu schaffen, das zur Nachdenklichkeit anregen sollte. Die Gesellschaft, die mit Bewunderung zu den so erfolgreichen großen Kokotten aufsah, deren freies Tun und Lassen in den Klatschspalten der Zeitungen Beachtung fand, deklassierte die harmlosen Sünderinnen: Sie wurden als »Halbwelt» gebrandmarkt. Die Rückkehr in die Bürgerlichkeit war ihnen versperrt, während die Damen der großen Welt des Zweiten Kaiserreiches die Verschwendung der Kokotten zu überbieten versuchten und sich ebenso frei zu benehmen begannen. Auch sie trafen sich mit Kavalieren in den mondänen Restaurants, aber sie legten Wert darauf, ihre Zechen selbst zu bezahlen, um auch nur den entferntesten Anschein der Käuflichkeit zu vermeiden. Die Tugend und der Anstand nach außen hin wurden um so mehr gewahrt, als Napoleon III. und seine Kaiserin größten Wert auf strengste Einhaltung der Etikette legten, um ihren improvisierten Hofstaat nicht durch »lässiges Benehmen« zu kompromittieren. Der Kaiser und Eugenie wollten vermeiden, als »Parvenüs auf dem Thron« lächerlich gemacht zu werden. Aber im geschlossenen Kreis waren die Sitten keineswegs so streng, wie es nach außen hin schien. Diskretion war Ehrensache – schließlich blieb man unter sich. Jeder bekanntwerdende Ehebruch hätte sich zum Skandal ausgewachsen, und die Schande, der die beteiligte Frau anheimgefallen wäre, wäre nie wiedergutzumachen gewesen.

Für die Gelegenheit, außerhalb des Ehebettes die lustvolle Abwechslung und Zerstreuung zu finden, die Männer und Frauen sich um der Moral willen im Ehebett versagten, wurde

»Der verräterische Wasserspiegel« heißt dieses scheinbar ländlich-sittliche Gemälde von Franz Xaver Winterthaler.

durch die Einrichtung von »maisons de rendezvous« gesorgt, die in Paris zur Institution wurden. Die Inhaberinnen dieser Freudenhäuser, die den eiligen Liebesabenteuern dienten, waren berufsmäßige Kupplerinnen, die für die geschlechtliche Befriedigung ihrer Kunden sorgten. Die Damen, die sie für Stunden zur Verfügung stellten, waren jedoch nicht Dirnen, sondern in der Mehrzahl verheiratete Frauen, die ihre Reize verwerten wollten. Oft waren es die Ehefrauen von Männern, die selbst Kunden der »maisons de rendezvous« waren und das Geld, das sie nicht für ihre eigenen Frauen ausgeben wollten, für den Besitz fremder Frauen verwandten. Die meisten Männer zogen es sogar vor, sich bei der Gelegenheitsliebe anstatt mit einer Prostituierten mit einer verheirateten Frau zu vergnügen, und sie waren bereit, dafür mehr zu bezahlen. Die hohen Preise verleiteten die Frauen, die zudem meinten, nicht mehr als die Tugend aufs Spiel zu setzen, denn ihre Ehe erschien nicht gefährdet, wenn sie unauffällig in einem unscheinbaren Haus verschwanden, das keineswegs verdächtig war. Gesellschaftskritische Studien über das Treiben in den zahlreichen »maisons de rendezvous« ergaben, »daß viel mehr verheiratete Frauen in die ›maisons de rendezvous‹ gehen, als man gemeinhin ahnt«.

Um unerwünschte Folgen zu vermeiden, unterzogen sich zahlreiche Frauen, oft mit Zustimmung ihrer Ehemänner, die keine Kinder wünschten oder nach ihrer Auffassung schon genug Kinder hatten, der Ovariotomie, der Ausschneidung der Eierstöcke: Sie wollten ungehindert und ungefährdet genießen – in der Ehe und außerhalb der Ehe.* Aber solchen Ein-

* Frischauer hat erstaunlich genau die Motivlage bei Einführung der Kontrazeption im 19. Jh. beschrieben, wenngleich ihm noch nicht die Fülle der Daten zur Verfügung stand, auf die der französische Historiker A. Corbin bei seiner Darstellung zurückgreifen konnte. Die »Neo-Malthusianer« propagierten die Einschränkung der Kinderzahl. Dies geschah durch den coitus interruptus, durch oralen und analen Verkehr. Zugleich kamen Gummikondome auf, die sicherer

griffen unterzogen sich doch nur erfahrene, lebensgewandte Frauen, die sich über das zeitgemäße Vorurteil hinwegsetzten, das der Frau jegliches Recht auf Befriedigung ihrer geschlechtlichen Wünsche absprach. Galt es doch als Regel, daß eine Frau nur zwei Gründe haben könne, sich einem Mann willig hinzugeben: die Erfüllung der ehelichen Pflichten oder Habgier in außerehelichen Beziehungen. Die Verliebtheit junger Mädchen wurde als »romantisch« abgetan. Wenn ein Mädchen verzweifelt erklärte, daß es den ihm zugedachten Ehemann doch nicht liebe, wurde es überlegen zurechtgewiesen und mit dem Gemeinplatz beschwichtigt: »Die Liebe kommt in der Ehe.« So wurde der genehmigte Geschlechtsverkehr in seiner Wirkung als ehefördernd hingestellt, obwohl man den Geschlechtsverkehr der Frauen als eine zwar für die Gründung einer Familie unerläßliche, im Grunde aber unwürdige und peinliche Handlung abtat. Bräute wurden nicht aufgeklärt. Die Mütter entzogen sich der Vorbereitung ihrer Töchter auf das Geschlechtsleben aus Scham, die Väter, weil es sich nicht schickte, mit weiblichen Wesen über »derartige Dinge« zu sprechen. Wesentlich für die Eheschließung war, daß das Mädchen jungfräulich und mit den entsprechenden Geldmitteln ausgestattet war und daß der Bewerber das hatte, was man »einen gediegenen Charakter« nannte, und außerdem natürlich gute Aussichten in seinem Beruf. Und

waren als die Kondome aus tierischem Material, und das »Okklusivpessar«, das aus einer Gummimembran, umschlossen von einem bleiernen Ring, bestand. Seit 1882 nahmen die Ovariektomien sprunghaft zu. Sie waren die sicherste Methode, wenngleich sie eine künstliche »Menopause« auslösten. Bei alledem darf allerdings nicht vergessen werden, daß die Geistlichkeit dagegen Sturm lief (bis heute) und auch über die Beichte Einfluß ausübte. Abstruse medizinische Vorstellungen über die Folgen der Kinderlosigkeit bei Frauen (Krebs, Blutarmut etc.) schreckten zusätzlich ab. Dennoch war der Siegeszug der Kontrazeption nicht aufzuhalten.
Siehe auch S. 221–223. [G. L.]

dann kam für die meisten Frauen die Hochzeitsnacht, eine schmerzende und qualvolle Enttäuschung, die ihr weiteres Eheleben tief beeinflußte und sie trotz allen Gewöhnens an die Wiederholung des Gechlechtsverkehrs den Widerwillen nicht vergessen ließ, den sie im Brautbett empfunden hatten. Durch die Mutterschaft und die häusliche Gemeinsamkeit entstand allmählich jene Gemeinschaft, die als »bürgerliche Ehe« gekennzeichnet wurde, eine distanzierte Fremdheit, die sich auch darin äußerte, daß es ungehörig war, sich voreinander sogar in der Intimität ganz zu entkleiden, die Nachthemden auch während des Geschlechtsakts abzulegen. Die Prüderie verbot jede geschlechtliche Berührung, die nicht der unmittelbaren körperlichen Vereinigung diente; deren einziger anerkannte Zweck sollte es sein, Kinder zu zeugen. Kinder, Küche und Kirche – dies allein war der Bereich der Frau, und im übrigen hatte sie sich unterzuordnen.

Auch das liederliche, freizügige Paris, die »Karawanserei der Liebe«, wie es ein volkstümlicher Schriftsteller in seinen »Ratschlägen für Junggesellen« nannte, legte den Ehefrauen Beschränkungen auf, wenn auch nicht so strenge, eng begrenzte, wie die Moral der anderen europäischen Städte, in denen die bürgerliche Sittlichkeit unerbittlich war und keinerlei Kompromisse duldete. Weder ein deutscher noch ein englischer oder italienischer Ehemann, der auf Anstand hielt, hätte die Pariser Ratschläge gelten lassen. Die Ehe war abgestempelt als moralische Institution. Die Frauen, die als acht- und ehrbar angesehen sein wollten, mußten sich bedingungslos den Vorschriften fügen, die sie zur geschlechtlichen Hemmung verdammten, während die Männer ihre unmoralischen Gelüste außerhalb der Ehe befriedigen und ausleben konnten. Gab es nicht genug Prostituierte? Gab es nicht genug leichtsinnige, leichtlebige Frauen, mit denen sie sich vergnügen konnten? Viele dieser von den bürgerlichen Ehefrauen abfällig beurteilten und geringgeschätzten Rebellinnen gegen die doppelte

Moral wurden, oft unabsichtlich und unfreiwillig, Vorkämpferinnen für die Gleichberechtigung der Frauen. In ihren als unsittlich verschrienen Betten bereiteten sie die Revolution der Sitten vor, die unsere Gegenwart bewegt.
Die gesellschaftlichen Wandlungen, die zur geschlechtlichen Gleichberechtigung der Frauen führen sollten, wurden hervorgerufen und gefördert nicht zuletzt durch die Wissenschaften und die rapide sich entfaltende Technik: Schon auf den ersten Weltausstellungen in London und Paris wurden nicht nur Erzeugnisse der Industrie und des Handwerks zur Schau gestellt, um die wirtschaftliche Macht Englands beziehungsweise Frankreichs und die Möglichkeiten zur Verbesserung der Lebenshaltung kundzutun, sondern auch neue Erfindungen, deren Auswertung die Lebensgewohnheiten und Bräuche allenthalben auf Erden entscheidend beeinflussen sollten. In New York hatte Samuel Morse den Schreibtelegraphen erfunden, das erste Unterseekabel verband bereits das englische Dover mit dem französischen Calais. Eisenbahnen für Personen- und Güterverkehr überwanden den Raum. Städte und Häuser wurden mit Gaslicht erhellt. Die rasch fortschreitende Entwicklung brachte es mit sich, daß Erfinder und Forscher auf allen Gebieten Anschluß aneinander suchten und einander ihre Kenntnisse übermittelten. Das große Publikum, durch Zeitungen und durch allgemeinbildende Zeitschriften auf dem laufenden gehalten, begann sich daran zu gewöhnen, daß Naturwissenschaftler und Mediziner die altüberlieferten Grenzen der Erkenntnis überschritten und Neuland erschlossen, und war doch überrascht und zum größten Teil schokkiert, als Charles Darwin sein Werk »Über die Entstehung der Arten durch natürliche Zuchtwahl« veröffentlichte. Vor allem den Laien, die mit der neuen Lehre vom Werden im

Paris, die große Karawanserei der Liebe, war auch im Zweiten Kaiserreich Produktionsstätte und Markt erotischer Kunst.

Reich des Lebendigen so überraschend konfrontiert wurden, verursachten seine Untersuchungen erhebliches Unbehagen. Man brachte sein kompliziertes Gedankengebäude auf die simple Formel: Der Mensch stammt vom Affen ab. Und das wirkte begreiflicherweise als Beleidigung. Hatte man nicht jahrhundertelang gelehrt und gelernt, daß alles Tierische geringzuschätzen sei? Kein Wunder also, daß man sich nun in seiner menschlichen Ehre gekränkt fühlte, wenn man zugeben sollte, nicht nur von Tieren abzustammen, sondern auch tierische Eigenschaften, allerdings verbessert und vervollkommnet, in sich zu tragen. Der Glaube an die Erschaffung des Menschen durch Gott am sechsten Tage der Schöpfung erschien gefährdet und mit ihm die Gültigkeit der Heiligen Schrift und der Sittengesetze, die Er durch Mose verkündigt hatte. Darwin selbst erklärte in seinem zweiten, nicht minder aufsehenerregenden Werk »Die Abstammung des Menschen«: »Ich weiß, daß manche Schlüsse, zu denen dieses Werk gelangt, als höchst irreligiös bezeichnet werden; allein wer dies tut, muß zeigen, warum es irreligiöser ist, den Ursprung des Menschen als einer unterschiedlichen Art durch die Abstammung von einer niederen Form zu erklären (mittels der Gesetze von Variation und natürlicher Zuchtwahl), als wenn man die Entstehung des Individiums durch die Gesetze der Fortpflanzung erklärt.« Er gab zu, »das bedeutungsvollste Resultat dieses Buches, daß der Mensch von einer niedrig organisierten Form abstammt, wird für viele ein großes Ärgernis sein. Ich bedaure das.« Darwin hatte nahezu zwanzig Jahre gezögert, bevor er seine Abstammungslehre veröffentlichte. Er wußte, daß er einen krassen Bruch mit den überlieferten Vorstellungen, wonach die Arten als einmal geschaffen und damit unveränderlich galten, herbeiführte. Aber er hielt es für seine wissenschaftliche Pflicht und für sein menschliches Recht, »Licht auf den Ursprung des Menschen und seine Geschichte fallen zu lassen«. Es ging nicht nur

darum, die anatomischen Entsprechungen von Affen und Mensch festzustellen, wie es Thomas Huxley in seinen »Bemerkungen über die Ähnlichkeiten und Unterschiede im Bau und in der Entwicklung des Gehirnes beim Menschen und bei den Affen« tat, sondern auch um die Ähnlichkeiten im Verhalten der Menschen und Affen.
Die Erforschung der Motive, die menschlichen und tierischen Handlungen zugrunde liegen, veranlaßte Darwin, die Grundbegriffe von Moral und Unmoral auch in geschlechtlicher Hinsicht zu umreißen: »Moralisch nennen wir ein Wesen, das imstande ist, seine früheren und künftigen Handlungen und deren Motive zu vergleichen und sie zu billigen oder zu verwerfen. Wir haben keinen Beweis zugunsten der Annahme, daß irgendein Tier diese Fähigkeiten besitzt.« Die naturwissenschaftliche Feststellung, daß »der ganze Verlauf der Fortpflanzung, jener höchst wichtigen Funktion, bei allen Säugetieren auffallend gleich ist, angefangen von der Werbung des Männchens bis zur Geburt und Aufzucht der Jungen«, hätte den Schluß zugelassen, daß auch die gesellschaftlichen Formen des geschlechtlichen Zusammenlebens die gleichen wären. Aber im Zuge der stetigen Entwicklung entstand, sobald die Ehe – ob polygam oder monogam – eine allgemeine Einrichtung wurde, »durch die Eifersucht eine erhöhte Aufmerksamkeit auf die speziell weiblichen Tugenden. Da diese dann geehrt werden, dehnt sie sich naturgemäß auch auf unverheiratete Frauen aus.« Darwin war überzeugt, daß der Besitz eines bestimmten Eigentums, ein fester Wohnsitz und die Vereinigung vieler Familien unter einem Führer die unentbehrlichen Grundlagen der Zivilisation – und der Moral seien. Aber die Wertbemessung der Moral variiere, je nach dem Grad der Entwicklung, wenn auch der Mensch jeder Rasse grundsätzlich ein moralisches Wesen sei und sich dadurch von den in der Entwicklungreihe unter ihm stehenden Tieren unterscheide. »Als größter und bedeutsamster Unterschied zwi-

schen den Menschen und den Tieren ist häufig der Glaube an Gott dargestellt worden.« Aber war dieser Glaube dem Menschen angeboren oder instinktiv? »Da der Glaube an alles durchdringende geistige Kräfte universal zu sein scheint«, bedeutet er, so Darwin, einen bedeutenden Fortschritt der menschlichen Vernunft und einen noch größeren Fortschritt seiner Einbildungskraft, Neugierde und seines Wissendranges. Man habe den behaupteten instinktiven Glauben an Gott als einen Beweis für seine Existenz betrachtet. Darwin bezeichnete das als »ein etwas unvorsichtiges Argument, denn wir würden dadurch gezwungen, auch an die Existenz grausamer und übelwollender Geister zu glauben; der Glaube an solche ist nämlich noch allgemeiner als der Glaube an eine gütige Gottheit ... Wer an die Entwicklung des Menschen aus einer niederen Form glaubt, wird natürlich auch fragen, was dies für den Glauben an die Unsterblichkeit der Seele bedeutet ... Manche Personen fühlen sich bedrückt durch die Unmöglichkeit, zu bestimmen, auf welcher Stufe der individuellen Entwicklung, von der ersten Spur eines winzigen Keimbläschens an, der Mensch zu einem unsterblichen Wesen wird; aber ebenso unmöglich ist eine solche Bestimmung bei der allmählich aufsteigenden organischen Stufenleiter ... Die Entstehung der Art wie die des Individuums sind beide gleiche Teile jener großen Folge von Ereignissen, die unser Geist unmöglich als das Resultat bloßen Zufalls ansehen kann – ob wir nun fähig sind oder nicht, zu begreifen, daß jedes geringfügige Variieren der Struktur, die Vereinigung eines jeden Paares in der Ehe, die Verbreitung eines jeden Samenkorns und andere derartige Ereignisse samt und sonders einem speziellen Zwecke dienen.«

Darwins Evolutionslehre wurde von den Kirchen und ihren Gläubigen als gotteslästerlich verurteilt und erbittert bekämpft. Heute ist das anders geworden, denn man hat eingesehen, daß keine wissenschaftliche Erkenntnis dem wahren

Glauben etwas anhaben kann, wie allerdings auch umgekehrt aus dem Glauben heraus keinerlei wissenschaftliche Aussage gemacht werden kann. Damals aber hat der Darwinismus in der Tat dazu beigetragen, den naiven Gottesglauben zu erschüttern und die Atheisten zu bestärken, die Zweifler an der Übereinstimmung von naturwissenschaftlichen Erkenntnissen mit den Überlieferungen der Religion. Folgerichtig entstand durch die Verbreitung der Lehren Darwins und seiner Anhänger ein immer weiter um sich greifendes Mißtrauen gegen die überkommenen Sittengesetze, die auf den Glaubensbekenntnissen beruhten. Wenn die Moralgesetze, so schloß man, nicht als Gebot einer Gottheit zu werten seien, mußten sie durch das gesellschaftliche Zusammenleben der Menschen entstanden und ebenso veränderlich und den Einflüssen einer Entwicklung unterworfen sein wie die sich wandelnden Sitten und Bräuche.*

Diese Auffassung wurde durch mancherlei neue, bedeutsame Forschungen unterstützt, nicht zuletzt durch das, was der Schweizer Rechtshistoriker und Kulturphilosoph Johann Jakob Bachofen über das »Mutterrecht« veröffentlichte. Bachofens Werk war eine Kampfansage gegen den Glauben an die natürliche Überlegenheit des Mannes. Das Recht der bestehenden Gesellschaftsordnung, die die Frauen mit Pflichten

* Daß Frischauer den Einfluß Darwins so ausführlich behandelt, belegt seine unabhängige und hellsichtige Einschätzung, denn die eigentliche »Darwin-Renaissance« setzte erst ab ca. 1970 ein. Heute kann man ohne Übertreibung sagen, daß die drei großen Theoretiker des Liebesverlangens Plato, Darwin und Freud waren. Wichtig ist auch die Neufassung der Probleme der Moral, die nach den Erkenntnissen Darwins notwendig wurde, und die von Darwin selbst, aber vor allem von Thomas Huxley vorangetrieben wurde. Entgegen dem Zeitgeist um ca. 1960 (Konrad Lorenz) läßt sich Frischauer in keiner Weise auf eine naturalistische Betrachtungsweise ein, sondern folgert im Sinne Darwins, daß die Moralgesetze durch das gesellschaftliche Zusammenleben der Menschen entstanden seien. (Siehe auch den Abschnitt »Soziobiologie« [Kapitel 4] in Bd. IV). [G. L.]

überbürde, während die Männer Vorrechte genössen, sei angemaßt, bedeute den gefährlichen Sieg des Geistes über den Leib, der »Natur« sei. Als Mütter hätten die Frauen in der Promiskuität, im hemmungslosen Geschlechtsverkehr der Urzeit, die Herrschaft über die Familie um so mehr behauptet, als die Vaterschaft unbekannt gewesen sei. Diese Weiberherrschaft habe bestanden, bis die Einehe entstanden sei, die monogame Familie, und der Mann das »Vaterrecht« geltend gemacht habe. Bachofen beanstandet auch, daß die Geschichtsforschung einen Trennungsstrich ziehe zwischen geschichtlicher und mythischer Vergangenheit, denn, so betonte er, alle bekannten gesellschaftlichen Zustände hätten bereits vorhergegangene unerforschte Stufen des Daseins zur Voraussetzung. Nirgends sei ein Anfang bekannt, überall Fortsetzung. Das wissenschaftliche Erkennen sei erst vollkommen, wenn es das »Woher« zu entdecken vermöge und dadurch das »Wohin« aufzeige. Bachofens theoretische Ausführungen, die den Beginn aller Entwicklung in der Deutung des Mythos zu erkennen suchten und durch Angaben über die Bräuche »wilder« Völker ergänzt wurden, bei denen noch in der Gegenwart die Namensgebung und auch die Erbfolge von der Mutter her üblich waren, erhielten bald nach der Veröffentlichung des »Mutterrechts« eine Stütze durch die Forschungen zeitgenössischer Völkerkundler, besonders des Nordamerikaners Lewis H. Morgan. Das im Laufe der Jahrtausende vergessene und verjährte »Mutterrecht« (das freilich, wie wir heute wissen, nicht gleichbedeutend ist mit dem Matriarchat, der Frauenherrschaft) wurde dann von Karl Marx und Friedrich Engels als Beweis für die notwendige Emanzipation der Frau volkstümlich gemacht. Die Forderung, daß die ungerechte Stellung der Frau in der Gesellschaft ein Ende finden müsse, setzte sich in immer weiteren Kreisen durch.*

* Die Schlußfolgerungen Bachofens waren, wie Frischauer zeigt, sehr einflußreich. Heute allerdings gibt es erhebliche Zweifel an der Rich-

Wie aber ging es bei »wilden« Völkern tatsächlich zu? Galt das Mutterrecht noch bei den unzivilisierten Stämmen im inneren Afrika? Wie lebten Frauen und Männer in den unerforschten Gebieten Asiens? Forschungsdrang und Neugier regten zu Expeditionen an, die den Zweck hatten, die Lebensgewohnheiten und Bräuche überall auf der Erde zu untersuchen und die Entstehung und Entwicklung menschlichen Verhaltens zu ergründen. Das Ergebnis war eine Vielfalt von Entdeckungen mit den verschiedensten Ergebnissen: »Ein uneinheitliches Bild der Sitten«, deren gemeinsamer Nenner bis heute problematisch geblieben ist. Die Berichte über die Forschungsreisen in alle Erdteile und ihre Auswertung ermöglichen immerhin einen Vergleich der Lebensformen und des geschlechtlichen Verhaltens der Naturvölker. Das Wesentliche ist in unserer Gegenwart von dem amerikanischen Anthropologen Edward Weyer zu einem Querschnitt zusammengefaßt worden.

Bei den Eskimos waren die Ehesitten locker. Unter besonderen Umständen liehen oder tauschten, wie Weyer erkundete, »alle Eskimogruppen ihre Frauen untereinander aus. Ist zum Beispiel eine Ehefrau nicht in der Lage, eine längere, beschwerliche Reise ihres Mannes mitzumachen, so geht sie bis zu dessen Rückkehr gegebenenfalls in den Besitz seines Bruders über. Der Mann hingegen leiht sich für die Reise eine andere Frau aus. Sollte er aber doch einmal ohne Frau losfahren, wird ihm am Ziel der Gastgeber bereitwillig seine eigene Frau zur Verfügung stellen.« Die Ehegesetze der Alëuten beruhten

tigkeit seiner Überlegung, aus gewissen matrilinearen Erbregelungen auf ein »Mutterrecht« zu schließen. Die ethnologische Forschung hat keine echten »matriarchalen« Gesellschaften finden können. Allerdings schwankten die Rollen der Geschlechter erheblich. Ob es in vorgeschichtlicher Zeit echte »Matriarchate« – also nicht nur matrilineare Erbfolgen oder gelegentlich weibliche Eliten – gegeben hat, ist weiter umstritten, vor allem in der feministischen Erforschung des »Patriarchats«. [G. L.]

auf der Anerkennung der Gleichberechtigung von Mann und Frau. »Jedem Manne stand es frei, so viele Frauen zu nehmen, wie er von seiner Jagdbeute ernähren konnte. Ähnliches galt auch für die Frau. War sie in der Lage, mehreren Männern das Haus zu führen, so hatte niemand etwas gegen eine Vielehe einzuwenden.« Die Lappen, die farbenfreudige Kleidung lieben, achten ihre Frauen. »Die Mädchen heiraten im Alter von ungefähr zwanzig Jahren, behalten ihren ursprünglichen Familiennamen und bleiben im Besitz ihrer Rentiere und des anderen Eigentums. Vom Freier erwartet man, wie es bei vielen Völkern üblich ist, Geschenke. Das jungverheiratete Paar wohnt ungefähr ein Jahr lang bei den Eltern der Frau, damit der Mann sich seine Frau verdienen kann.«

Die Navahos, nordamerikanische Indianer, die sich selbst «diné«, die Menschen, nennen, verbergen die Nacktheit fremden Blicken. Sie verhalten sich in Geschlechtsfragen widerspruchsvoll: »Einer gewissen Lüsternheit, die sie sogar in Anwesenheit des andern Geschlechts zu Zoten hinreißt, stehen auf der andern Seite strenge Anstandsregeln in bezug auf Kleidung gegenüber. Jungen werden im Alter von drei oder vier Jahren zur Bedeckung ihrer Blöße erzogen, Mädchen noch viel früher. Männer ziehen sich voreinander nicht aus . . . Anthropologen berichten von einem Brauch . . . er wird ›Stöbern‹ genannt. In den überfüllten Quartieren . . . nutzt häufig der eine oder andere (beziehungsweise die eine oder andere) die Dunkelheit der Nacht aus, um den Körper einer Person des andern Geschlechts zu untersuchen.« Es wurde festgestellt, »daß Jungfräulichkeit bei den Navahos nicht als Tugend angesehen und Enthaltsamkeit nicht geübt wurde«. Es heißt, »daß die Navahos normalerweise kein Schuldgefühl bei außerehelichem Geschlechtsverkehr empfinden. Vergewaltigungen werden kaum als solche angesehen, weil sich die Frauen, ihrer Meinung nach, selbst schützen können.« Obgleich die Vielehe gebräuchlich ist, sei es doch selten, daß ein

Wassergefäß der Zuni-Indianer in Arizona, in Form einer weiblichen Brust.

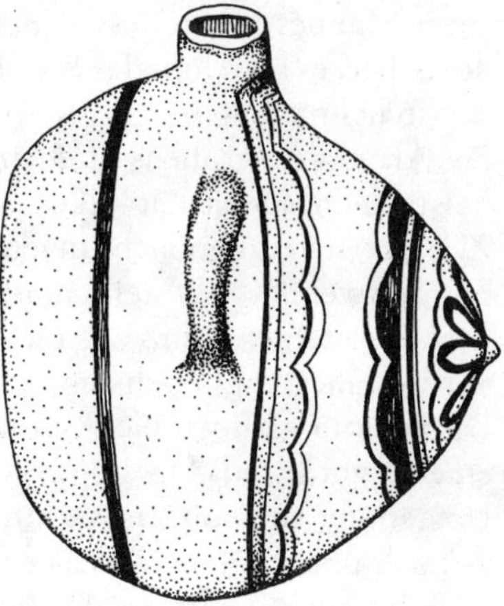

Mann mit mehr als drei Frauen gleichzeitig zusammengelebt habe. »Eheliche Treue wird bei den Navahos nicht sehr ernst genommen, und ein uneheliches Kind ist keine große Schande.«

Die als Kopfjäger verrufenen Jivaros der östlichen Anden gelten als besonders eifersüchtig, obwohl sie viele Frauen heimführen und auf Jungfräulichkeit keinen Wert legen. Aber der Erwerb der Frau bedeutet für sie den Gewinn einer Arbeitskraft, die jene Tätigkeiten verrichtet, die nur von Frauen ausgeübt werden dürfen, wie den Anbau der Maniok-Pflanze, der eine »weibliche Seele« zugesprochen wird. Männer pflanzen den Mais und die Sträucher, die zur Herstellung der Narkotika und des Pfeilgiftes Curare nötig sind. Bevor sich die Männer an das Pflanzen machen, dürfen sie einige Nächte lang nicht bei ihren Frauen schlafen. Wenn ein Mann mit einer Frau zufrieden ist, kann er eine »Pro-forma-Ehe« mit ihrer jüngeren Schwester eingehen. Erst wenn die Erkorene in die Pubertät gekommen ist, wird die Ehe vollzogen, und der Bräutigam verlegt seinen Wohnsitz in den Haushalt seiner Schwiegereltern, um den Kaufpreis abzuarbeiten. »Beim Tod eines Mannes gehen dessen Frauen in den Besitz seines Bruders über, es sei denn, der Bruder erlaube ihnen, andere Männer zu nehmen.«

Die Arunta Australiens sind nach Weyer »das vollkommenste Beispiel eines Steinzeitvolkes« – sie waren es zumindest »zur Zeit der ersten Beobachtungen durch Europäer um die Jahrhundertwende«. Sie stellten Steinmesser, Holzspeere und andere Geräte her, ganz wie die Steinzeitmenschen, hatten außerdem allerdings noch den von ihnen erfundenen Bumerang. Die Arunta glauben nicht an natürliche Zeugung. »Bemerkt eine Aruntafrau, daß sie schwanger ist, so beginnt sie ihre Umgebung zu beobachten, um herauszubekommen, welcher der zahlreichen Totem-Geister . . . der Vater des Kindes sein könnte. Diese Geister sind die Ahnen des Stammes . . . Der wirkliche Vater des Kindes weiß nicht, daß er etwas mit der Vaterschaft zu tun hat, sondern glaubt höchstens, daß er seine Frau für das Eindringen des Ahnengeistes vorbereitet hat. Sobald sie ihm sagt, daß sie schwanger sei, berät er sich mit den Ältesten des Stammes, um festzustellen, welcher Geist verantwortlich ist, das heißt, sie suchen innerhalb ihres Gebietes den in Frage kommenden Totem heraus und bestimmen ihn zum Vater . . . Da die Ahnen nicht menschliche Wesen, sondern Tiere, Pflanzen und andere Dinge waren, kann der Vatergeist des Kindes ein Känguruh, ein Insekt oder eine Baumart sein, ja sogar ein Naturphänomen wie Wasser, Feuer oder ein Himmelskörper.« Ein Junge darf nur in die Verwandtschaft der Mutter einheiraten. Wer dagegen verstößt, kann vom Stamm ausgestoßen oder zum Tode verurteilt werden. »Kurz vor der Hochzeit bringt der zukünftige Ehemann das Mädchen zu seinen Vettern und verschiedenen anderen Männern. Sie schleppen es in den Busch und deflorieren es mit einem Steinmesser. Drei oder mehreren Männern steht sodann das ›ius primae noctis‹ zu. Anschließend wird die Braut für die Hochzeit geschmückt. Oft nützen aber die Männer ihr Recht auf die Frau

Ein Holzschemel aus dem Kongo (im Landesmuseum Darmstadt).

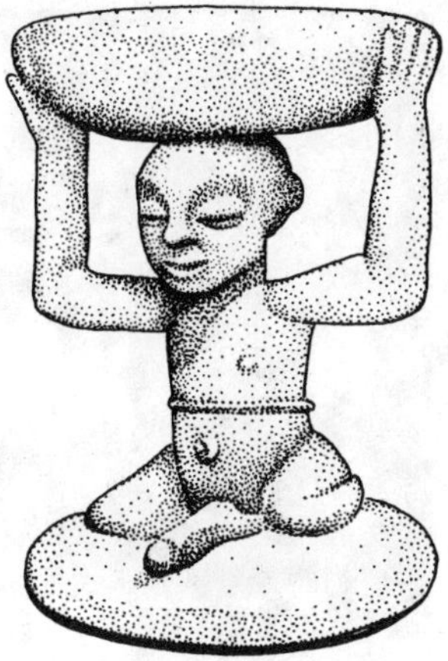

nochmals aus, bevor das Paar zusammengegeben wird ... Die Braut verbringt die erste Nacht bei ihrer Mutter. In der zweiten Nacht schläft sie neben ihrem Mann am gleichen Lagerfeuer; aber sie berühren einander nicht. Jeder Annäherungsversuch während der nächsten Nächte kann sie veranlassen, zu ihrer Mutter zurückzukehren. Schließlich gewöhnen sie sich aber doch aneinander und werden wirklich Mann und Frau. Die Arunta glauben, daß ein Mann mit Hilfe von Zaubermitteln einem anderen die Frau abspenstig machen könne ... Muschelornamente und andere Amulette hätten die Kraft, selbst aus der Entfernung Liebe zu erwecken. Eine Frau aber, die auf das Drängen eines Liebhabers ihren Mann verläßt, geht ein beträchtliches Risiko ein. Da sie bei Nacht fliehen muß, ist sie, ihrem Glauben entsprechend, Nachtgeistern ausgeliefert, die besonders gern Frauen rauben. Außerdem kann ihr Mann die Untreue schwer bestrafen. Andererseits finden die Männer aber nichts dabei, ihre Frauen an Gäste auszuleihen.« Ein Mann kann sich der Treue eines Gefährten durch das Öffnen von Einschnittnarben und das gegenseitige Bespritzen mit Blut vergewissern, der Treue der

Somali-Mädchen beim Tanz.

Frau nicht, denn wenn ein Mann, der sie begehrt, ein magisches Stirnband trägt, werden »ihre Eingeweide vor Verlangen nach ihm geschüttelt«.

An den Zauber der Liebe durch Magie glauben auch die Bewohner und Bewohnerinnen Afrikas, aber sie hatten und haben eine natürlichere, weniger von Geistern abhängige Beziehung zum Geschlechtsverkehr. In seinem Werk »Schwarzer Eros«, einem Bericht über afrikanische Sexbräuche, erzählt Boris Rachewiltz eine charakteristische Legende über die Einführung des Beischlafs auf Erden: »In längst vergangenen Zeiten lebten die Frauen alle zusammen in einem Land und kannten keine Männer. Und die Männer lebten allein in einem anderen Land und wußten nichts von den Frauen. Oku, der Penis, schweifte auf der Suche nach etwas, das er verschlingen will.« Die Jalode, die Königin der Frauen, wurde von dem göttlichen Ahun, dem Trommler, aufgerufen, mit den Frauen in den Busch zu kommen und vor ihm nach dem Schlag der Trommeln zu tanzen. Als er im Busch die Trommel schlug, sang Ahun: »Hier sind viele Obo (Vaginen). Dort sind viele Oku. Die Oku wollen die Obo essen. Die Obo wollen große, große Oku. Die Obo werden sehr befriedigt sein.« Als die Frauen die Grenze des Landes der Männer erreichten, sang er wieder: »Heute werden die Oku die Obo verschlingen. Die Oku werden tanzen. Die Obo werden tanzen . . . Später werden Kinder geboren werden. Oku und Obo werden sich nicht mehr verlassen . . .« Aus dem Busch heraus sahen die Männer die Frauen tanzen. Die Oku begannen sich zu erheben . . . Die Männer tanzten hinter den Büschen . . . Alle tanzten den Tanz des Geschlechts, den »idikire«. Die Frauen tanzten mit den Männern. Die Männer tanzten so, als sähen sie die Obo nicht. Aber die Frauen tanzten auf eine bestimmte Weise und zeigten sich dadurch den Oku. »Als die anderen Frauen sie nicht sehen konnten, nahm die Jalode den Oku eines Mannes in die Hand. Die Frauen tanzten nur mit den Männern, die einen

kleinen Oku hatten. Die Frauen hatten Angst vor den großen Oku. Aber die Jalode suchte einen Mann mit einem großen Oku. Die Frauen schliefen im Busch bei den Männern mit einem kleinen Oku. Aber die Jalode schlief bei einem Mann mit einem großen Oku. Die Jalode sagte zu den anderen Frauen: ›Ihr seid dumm, ihr wißt nicht, was gut ist.‹«
Die afrikanischen Frauen werden von den Männern als »unmittelbar mit der Natur verbunden« geachtet. Dennoch werden auch sie zum Zeichen ihrer Geschlechtsreife, wenn ihnen die Schamhaare wachsen, oft wie die Männer beschnitten.*

* Die Beschneidung der Mädchen stellt auch heute noch ein immenses Problem in den afrikanischen Ländern von Ägypten bis zur Südgrenze des Sudans dar. Ist schon die männliche Beschneidung bei den obwaltenden hygienischen Verhältnissen nicht ungefährlich, so ist die der Mädchen äußerst riskant, durch Blutverlust und Infektionen. Es gibt drei Arten der Mädchenbeschneidung. Die schlimmste (oder »pharaonische«) Form kommt im Sudan, Somalia, Äthiopien etc. vor. Dabei werden Klitoris, kleine und große Schamlippen entfernt und die Vagina bis auf ein kleines Loch vernäht. Später wird die Öffnung den Penismaßen des Mannes entsprechend vergrößert. Diese Operation führt bei Geburten oft zu schweren Komplikationen. Bei einer anderen Art, z. B. in Ägypten, werden die Mädchen schon viel früher (also nicht erst nach der Pubertät wie weiter südlich) im Alter zwischen vier bis sieben Jahren beschnitten, wobei kleine Schamlippen und Klitoris exzisiert werden. Bei einer dritten Art werden nur die Vorhaut der Klitoris und u. U. ein Teil der Klitoris entfernt (Arabien, Malaysia). Während die radikalen Operationen zu völliger sexueller Gefühllosigkeit führen, soll die Orgasmusfähigkeit bei sauber durchgeführten »kleinen« Eingriffen erhalten bleiben, ja diese Frauen sollen sogar zu intensiveren »vaginalen« Orgasmen kommen. Die Angaben dazu aber stammen von einheimischen Frauen, die oft den Brauch verteidigen (die Beschneidungen werden meist von Frauen ausgeführt), und daher sind sie mit Vorsicht aufzunehmen. Die Clitorisbeschneidung ist (wie die Entfernung der Vorhaut beim Knaben) schon für die altägyptische Zeit nachgewiesen und hat an sich nichts mit dem Islam zu tun. Die Bekämpfung dieses Brauches mit Hilfe scharfer Strafen hat sich (z. B. in Ägypten) als wirkungslos erwiesen. Es kommt auf Aufklärung und Erziehung der Frauen an. [G. L.]

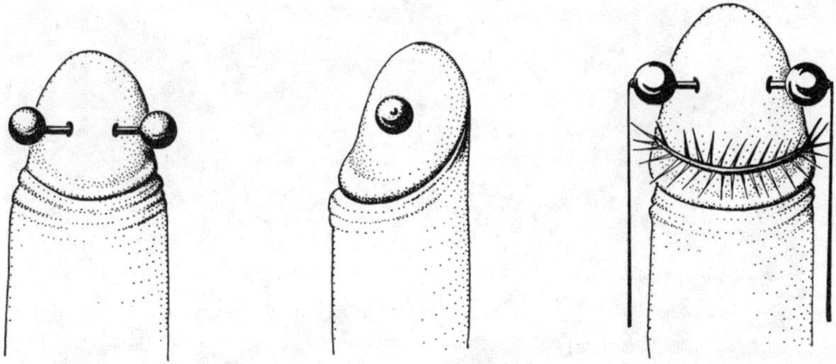

Der Ampallang ist ein beim Stamm der Dayaken auf Celebres verwendetes Reizmittel, das am Penis montiert wird.

Bei einigen Stämmen wird die Notwendigkeit der Beschneidung durch den Ausspruch erklärt: »Der Knabe ist weiblich in seiner Vorhaut, das Mädchen ist männlich in seiner Clitoris.« Die Beschneidung entfernt diese Organe des entgegengesetzten Geschlechts und gibt so den Mädchen und Jungen das Geschlecht, zu dem sie schicksalhaft bestimmt seien. Nur bei wenigen afrikanischen Stämmen ermahnen die Väter ihre heranwachsenden Söhne, nicht zu masturbieren. Die meisten Gruppen halten es für nötig, daß sich junge Menschen geschlechtlich üben sollten, um als Erwachsene fähig zu sein, Kinder zu zeugen. Sie lassen ihre Söhne und Töchter ihrem Geschlechtsverkehr zusehen, um sie zu unterrichten. Die Masturbation, das Reiben des Geschlechtsteils, wird in vielen Fällen so weit gefördert, daß sich die Jungen zusammentun und dabei singen: »Werde groß, und ich werde dir etwas zu essen geben.« Wenn sie die Vorhaut zurückziehen, sind sie stolz darauf, wie schon beschnittene Jungen auszusehen. Junge Mädchen werden von ihren Müttern belehrt, wie sie das mancherorts übliche Schönheitsideal, die Verlängerung der Schamlippen und die Erweiterung der Vagina, herbeiführen können. Mit Maiskolben und in Stoff eingehüllten Tierhörnern hantieren die

»Die Mohren oder Kaffern schneiden den erschlagenen und gefangenen Feinden das Glied ab. Die Glieder werden gedörrt und im Beisein der Obersten vor den König gebracht. Bräute und Frauen hängen bei Hochzeiten und Festlichkeiten die gedörrten Glieder um den Hals und betrachten diesen Schmuck als eine große Ehre.« (Jan Huygen van Linschoten, 1598)

jungen Mädchen, um sich einen »mfuli« machen zu können; sie unterziehen die Schamlippen mit Hilfe einer Handvoll Gras einem Streckverfahren, bis der »mfuli« wie der »Kamm eines Truthahns« wird. Während der Periode dürfen die Frauen weder kochen noch ihren Männern die Mahlzeiten reichen. Die Angst vor dem unheimlichen Blut erweckt sogar die Vorstellung, daß ein Mann, der in der Anwesenheit einer menstruierenden Frau esse, seine Männlichkeit verlieren müsse. Der Geschlechtsverkehr mit einer Frau während der Menstruation erzeuge unheilbares Siechtum und unverbesserliche Feigheit. Wenn Frauen ihre Tage haben, ist es ihnen verboten, das Vieh zu versorgen, Milch zu trinken oder Gefäße zu berühren, die

Mailu-Krieger aus Kerepuna (Neu-Guinea) in Festtracht. Es ist bei den Papua-Stämmen eine verbreitete Sitte, das Glied an einem Bambusstreifen anzubinden und zwischen den Beinen nach hinten durchzuziehen.

Milch enthalten sollen, da allein schon eine solche Berührung die Kühe unfruchtbar machen könnte. Wenn eine Frau »sich nicht wohl fühlt«, kann sie sicher sein, von keinem Mann belästigt zu werden, nur der »Hexenmeister« des Stammes ist vor den Folgen der Annäherung an eine Frau »in ihren Tagen« gefeit. Bei den männlichen Initiationszeremonien dürfen die Frauen nicht anwesend sein, außer wenn sie hoffnungslos unfruchtbar sind – dann mag das vergossene männliche Blut helfen. Ein junger Mann, der sich den Qualen und Lehren der Initiation ergeben hat, soll sich keinen geschlechtlichen Wunsch versagen, außer denen, die durch die besonderen Vorschriften seines Stammes verboten sind. Er darf sich wohl bei keinem Ehebruch ertappen lassen, aber unter unverheirateten Mädchen hat er freie Wahl. Wenn er allerdings ein Mädchen geschwängert hat, muß er es heiraten. Das gilt besonders bei den Stämmen, die den Mädchen alles erlauben, nur nicht die Jungfräulichkeit zu verlieren. Sie dürfen mit einem Liebhaber die Nacht verbringen, wenn er nicht ihr Verlobter ist und vor dem »Letzten« zurückscheut.

Unverletztheit des Hymens wird nur selten durch künstliche Mittel, wie durch die »Infibulation«, durch das Vernähen der großen Schamlippen, garantiert. Die Jungfräulichkeit gilt auch nur bei wenigen Stämmen als »Vorbedingung der Achtbarkeit«; bei manchen werden Mädchen, die sich jungfräulich verheiraten, als nicht begehrenswert verachtet. Wenn der Bräutigam Wert auf die Jungfräulichkeit der Braut legt, muß sie sich von ihm, ihrem Vater oder einer Großtante untersuchen lassen. Wenn festgestellt wird, daß sie nicht mehr jungfräulich ist, bedeutet das nicht immer, daß sie die ihrer Familie gebrachte Schande mit den Leben bezahlen muß. Zumeist verkauft ihr Vater sie dann als zweite oder dritte Frau an einen anderen Bewerber. Wenn ein Mädchen Jungfrau und infibuliert ist, kann der Mann die Defloration nicht ohne Messer vornehmen. Diese grausame Handlung wird in Gegenwart von vier Frauen vorgenommen, die die Braut festhalten, während eine fünfte den Zeigefinger des Mannes so lenkt, daß er das Messer richtig ansetzen kann.

Je nach der örtlichen Sitte wird der Ehebruch der Frau auf das strengste bestraft oder so weit geduldet, daß es der Frau gestattet ist, sich Liebhaber zu halten, allerdings nur, wenn diese dem Ehemann Geschenke bringen oder Arbeiten für ihn verrichten. Bei einem Stamm ist es üblich, daß Ehemänner ihren Freunden oder Verwandten geschlechtliche Gastfreundschaft einräumen. Die Frauen empfinden es nicht als beleidigend, sondern als eine Ehre, wenn sie einem Gast angeboten werden. Sie tun ihr Bestes und werden belohnt. Aber Frauen, die bei einem in ihrem Stamm verpönten Ehebruch ertappt worden sind, werden nackt zur Schau gestellt und müssen ihre Scheide einer Reinigung mit Brennesseln und durch Ameisenbisse aussetzen. Bei den meisten Stämmen muß der Ehebruch der Frau als eine wirtschaftliche Schädigung durch wirt-

Motu-Mädchen von der Insel Mailu mit kostbarem Tanzschmuck aus Muscheln und Perlenketten sowie Tätowierungen an Gesicht und Oberkörper.

schaftliche Leistungen gutgemacht werden. In manchen Gebieten wird ein Mann verlacht, wenn er auf den Geschlechtsgenuß mit einer Frau verzichtet, die er in der Verborgenheit des Dickichts unbeobachtet »nehmen« könnte. Die Bereitschaft der Frauen zum Geschlechtsverkehr wird als natürliche Gegebenheit angenommen. Viele beantworten die diesbezüglichen Fragen von Anthropologen: »Sind wir im Grunde nicht genauso wie die Ziegen? Die paaren sich überall.« Die Sodomie, die Unzucht mit Tieren, gilt bei bestimmten Stämmen nicht als verrucht, sondern wird als ritueller Brauch ausgeübt. Nicht nur Antilopen und Schafe werden beschlafen, um den Jagderfolg magisch zu sichern; an den Meeresküsten treiben die abergläubischen Fischer sogar Sodomie mit eben getöten Seekühen, um zu verhüten, daß eine lebende Meerkuh sie in die Wellen hinabzieht. Sofern der Geschlechtsverkehr mit Tieren jedoch ohne sinnbildliche Bezüglichkeit oder zu erwartende Wirksamkeit ist, gilt er als verpönt. Hirtenjungen, die sich an den Tieren der eigenen Herde vergehen, werden, wenn man sie entdeckt, gezüchtigt. Die gleichgeschlechtliche männliche Annäherung vor der Initiation ist allgemein gebräuchlich. Die Ausübung der gegenseitigen Masturbation wird als natürliche Übung hingenommen. Bei den Bewohnern einer Oase wird die Bereitschaft für den gleichgeschlechtlichen Verkehr als selbstverständlich, geradezu gesellschaftliche Verpflichtung angesehen. Väter leihen sich gegenseitig ihre Söhne aus, und wer sich dem entzieht, wird als »seltsam« bezeichnet. Viele afrikanische Frauen, die harte Gegenstände zur Erweiterung der Vagina benützen, finden nichts dabei, ihre Sinnlichkeit durch einen künstlichen Phallus zu befriedigen und sich dabei von ihren Freundinnen bedienen zu lassen, die wiederum sie gleichfalls bedienen. Aber sie dürfen sich bei der gegenseitigen Selbstbefriedigung nicht von ihren Männern ertappen lassen: Sie bekommen Schläge, nicht weil sie es tun, sondern weil dadurch der Ruf

Tuchmalerei mit erotischen Motiven von der Insel Bali, wahrscheinlich Ende des 19. Jahrhunderts. Im Museum für Völkerkunde, Staatliche Museen Berlin (Preußischer Kulturbesitz).

der Leistungsfähigkeit ihrer Männer geschädigt werden könnte.

Die völkerkundlichen und anthropologischen Untersuchungen mit dem Zweck, den Ursprung der menschlichen Sitten durch die Beobachtung der Lebensgewohnheiten und Bräuche sogenannter primitiver Völker zu klären, erbrachten kein eindeutiges Ergebnis; sie ermöglichten jedoch die Erkenntnis der wenn auch ungleichmäßigen, so doch allmählichen Entwicklung der gesamten Menschheit, die sich in den verschiedenen Gebieten aufgrund der dortigen Gegebenheiten, etwa des Klimas oder der Wirtschaftsform – Jagd, Fischerei, Landbau, Viehzucht –, unterschiedlich vollzogen hat. Die rapide Anpassung »unterentwickelter« Völker an Neuerungen, ihr Eifer, andere Lebensformen anzunehmen, ihre Willigkeit, sich neuen sittlichen Grundsätzen unterzuordnen – all das deutete darauf hin, daß sie sich lediglich aus Mangel an Gelegenheit, nicht in der gleichen Weise fortentwickelt hatten wie ihre Lehrmeister. Das ihnen an allgemein Menschlichem Zugrundeliegende war, allen Beobachtungen zufolge, das gleiche gewesen wie bei den Europäern (und Amerikanern), die bemüht sind, ihr gesellschaftliches Niveau durch Erziehung, Belehrung und wirtschaftliche Unterstützung zu heben und dem ihren anzugleichen.

Das überzeugende Beispiel für den Erfolg solcher Bemühungen liefert das Inselreich Japan, das im Jahre 1853 von einer amerikanischen Flotte erschlossen wurde und in wenigen Jahrzehnten Eisenbahn, Post, Telegraph, Heeres- und Schuleinrichtungen von Europa übernahm und sich die europäischen Lebensgewohnheiten und Bräuche zu eigen machte. Bevor amerikanische Händler das Niederlassungsrecht er-

Akt zu dritt. Bemalte Holzfiguren von der Insel Bali, Ende des 19. Jahrhunderts. Die Plastik befindet sich im Museum für Völkerkunde, Staatliche Museen Berlin (Preußischer Kulturbesitz).

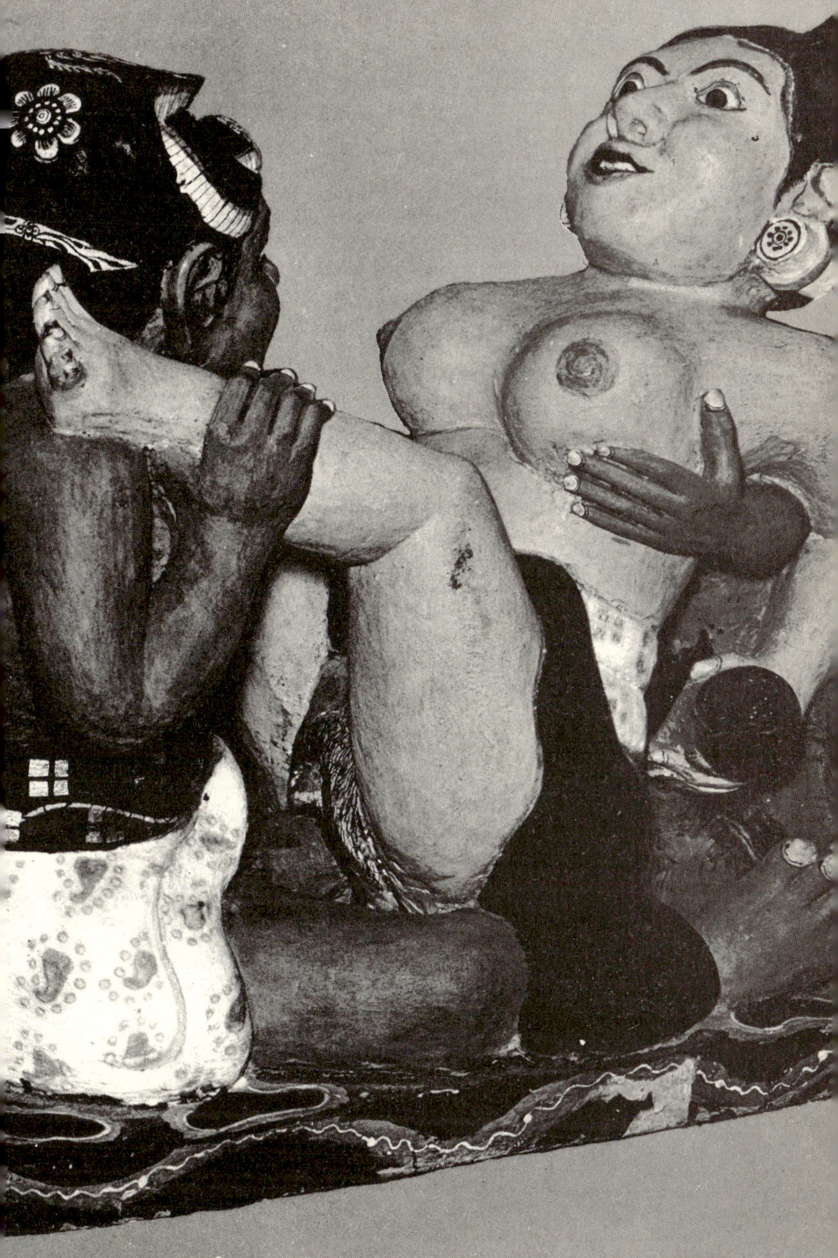

hielten und zu berichten wußten, wie ungeheuer schwierig es sei, zu erkennen und zu verstehen, was unter der Oberfläche des japanischen Lebens verborgen liege, war das Kaiserreich ein Feudalstaat ähnlich dem mittelalterlichen Europa gewesen, in dem die »Shogun«, die Generäle, die Macht innehatten. Sie stützten sich auf die Samurai, die »schwerttragenden Garden«, die im wesentlichen den europäischen Rittern gleichzusetzen sind. Das Schwert war »die Seele des Samurai«. Die oberste Verpflichtung war die Treue gegenüber ihrem Shogun. Sie waren aber auch willens, ihr Leben für eine »gerechte Sache« zu wagen, wenn es ihnen richtig erschien. Dabei handelten sie nach dem Grundsatz ihrer ritterlichen Tugend, die sie als die Fähigkeit auslegten, »sich ohne zu zögern für eine Verhaltensweise zu entscheiden, die mit der Vernunft im Einklang steht: zu sterben, wenn es recht ist zu sterben, zu schlagen, wenn es recht ist zu schlagen«. Die Samurai unterscheiden sich von den europäischen Rittern dadurch, daß sie jeglichen Luxus in ihrer Lebensführung ablehnten und alle Gefühlsregungen unterdrückten. Den Katzenjammer ihres freudlosen Daseins schliefen die Samurai selten bei Frauen aus. Das Weib war für den Samurai ein Werkzeug, die Familie fortzusetzen, ein geringgeschätzter Besitz, der »Schatten des Mannes«, die »gefällige Scheide für seinen Geschlechtsteil«, wenn es ihn danach verlangte und sein glänzendes Schwert in der mit Edelsteinen geschmückten Scheide ruhen mußte. Ob es seine eigene Frau war, die seinen Trieb befriedigte, oder eine fremde, die er für ihre Gunst bezahlen mußte, war dem Samurai einerlei, wenn ihm die Willige nur die Lust spendete, die er begehrte. Er war erzogen worden, seine Leidenschaftlichkeit zu beherrschen, Empfindungen zu unterdrücken und seinem irdischen Dasein, auf Befehl seines Herrn, oder, wenn er Schande auf sich geladen hatte, durch »Harakiri«, das Aufschlitzen des eigenen Bauches, ein Ende zu setzen. Der grausame Selbstmord, bei dem sich der Samurai mit einem dazu bestimmten Dolch den Bauch von links nach rechts und dann bis zum Becken aufriß, stand Frauen und »niedrigen Männern« nicht zu. Vornehme Frauen lernten »Jigaki« verüben. Sie durften mit ihrem Dolch die Adern des Halses mit einem einzigen Schnitt durchtrennen; allerdings wurden sie ermahnt, dazu vorher ihre Beine zusammenzubinden, damit sie nicht im Tod eine unschickliche Lage einnähmen.

Die unerbittlichen Bräuche der Samurai waren die Folge der zunehmenden Militarisierung des Kaiserreichs durch die Shogun, die ihrerseits keineswegs so enthaltsam und anspruchslos lebten wie ihre »schwerttragenden Garden«. Sie hielten hof wie der Mikado oder Tenno. Er, der Kaiser, war die »erhabene Pforte« zum »Weg der Götter«, dem »Shinto«, den die göttlichen Urväter des Kaisergeschlechts gewiesen hatten. Zum »Shintoismus«, der ohne Priester und Altäre der Verehrung des Kaisergeschlechts und der Ahnen diente, gehörte auch der Phalluskult, die Anbetung alles Schöpferischen, das symbolisiert war durch das erregte männliche, Fruchtbarkeit spendende Glied. Es gab Prozessionen, in denen ein mehrere Meter hoher Phallus aus glänzendem Lack auf einem Schrein durch die Straßen getragen wurde, zur Aufmunterung der Männer, den Geschlechtsverkehr nicht zu vernachlässigen. Den Shogun, die sich in ihren Palästen keine Lebensfreude versagten, war es darum zu tun, daß die Bevölkerung sich vermehrte. Denn je mehr Hände für sie arbeiteten, desto reicher wurden sie, desto leichter konnten sie ihren aufwendigen Lebenswandel finanzieren, das Heer der Samurai unterhalten, für das standesgemäße Dasein ihrer Familien sorgen und für den Luxus der Damen, die sie zu ihrer Lust und Belustigung, auch auf Reisen, in ihrem Gefolge hatten. Diese »Damen« waren nicht Damen im üblichen Sinn, es waren auserlesene »Geishas« – Frauen, die zu künstlerischen Leistungen befähigt waren. Sie mußten Musikinstrumente spielen, singen,

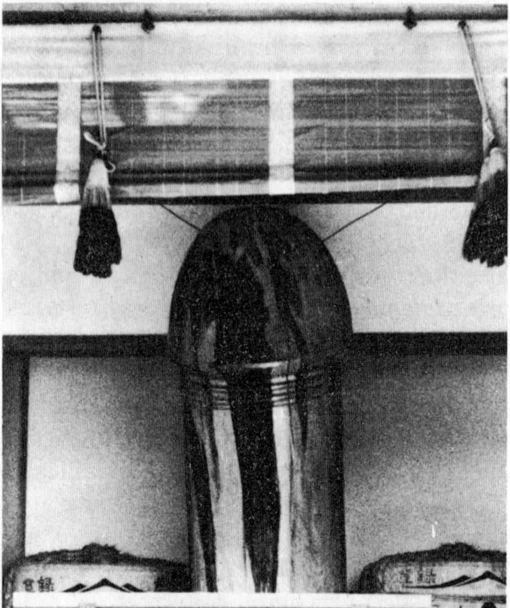

Glänzend lackierter Phallus im Schrein von Shirahama. Der Phalluskult, die Anbetung alles Schöpferischen, gehört zur Religion des Shintoismus.

tanzen und in der Literatur bewandert sein; vor allem aber mußten sie die Kunstfertigkeiten der Liebe beherrschen.

Diese Priesterinnen der berufsmäßigen Unsittlichkeit entstammten zumeist überaus sittlichen Familien, denen der Vater mit unbeschränkter Macht vorstand. Zu der gebräuchlichen Erziehung eines Mädchens gehörte der Unterricht in gutem Benehmen und die Weisung, ihrem künftigen Ehemann falls er liederlich und grob sein sollte, mit doppelter Sanftheit und Zärtlichkeit entgegenzukommen. Überrascht ein Ehemann seine Frau beim Ehebruch, gab ihm das Gesetz das Recht, sie und ihren Liebhaber unverzüglich zu töten. Der Familienvater konnte sich Nebenfrauen halten, wenn es seine Mittel erlaubten. Und wenn er in dem »Blumendistrikt«, dem »Yoshiwara«, Abwechslung suchte, traf er Tausende andere Männer, denen das Ehebett zu langweilig war und die ihre natürliche Fleischeslust genießen wollten. Jede größere Stadt hatte ihren eigenen »Blumendistrikt«. Die Freudenhäuser, in denen die keineswegs geringgeschätzten oder verachteten »gefallenen Mädchen« ihre Liebe und Geselligkeit darboten, waren freundliche Gaststätten für die nach den Freuden des Lebens sehnsüchtig Ausschau haltenden Männer. Sie liebten die Blumen mehr als die Frauen und trieben einen Kult mit Blüten, Blättern und Zweigen. Die alljährliche Kirschblüte war ein Volksfest. Die Kunst, Blumen zu ziehen und nach Farben und Formen zu ordnen, wurde ebenso hochgeschätzt wie die Tanzkunst oder die Fertigkeit, »Worte und Töne zu Dichtung und Musik zu binden«. Für jede Handlung im täglichen Leben gab es eine Vorschrift, die die allgemeinen Regeln der vollkommenen Höflichkeit gewährleisten sollte. Auch bei den Mahlzeiten einfacher Leute wurde die Einhaltung der Tischsitten sorgfältig beachtet. Das Hauptnahrungsmittel war Reis; wer es sich leisten konnte, genoß dazu Fisch, Gemüse, Seetang und Obst. Fleisch war nur eine Zutat für die Reichen. Man trank Reiswein oder in vornehmen Kreisen Tee, der, aus

Eine vornehme japanische Kurtisane mit ihrer Zofe – gleichzeitig ihr Lehrmädchen – auf dem Spaziergang. Farbholzschnitt aus der Sammlung Amon in Wien.

China nach Japan importiert, zum Lieblingsgetränk der Frauen und Männer geworden war, die einen klaren Kopf haben wollten.

Obwohl den Japanern jeder Verkehr mit dem chinesischen Festland verboten war – auch um zu verhindern, daß die »chinesische Liederlichkeit« eingeführt werde –, stand das japanische Geistesleben unter chinesischem Einfluß. Die Lehren und Anstandsregeln des Konfuzius waren vor der »Sperre« durch seine Anhänger verbreitet und durch japanische Weise den Teilen der Bevölkerung nahegebracht worden, die sich nicht bereits dem Buddhismus verschrieben hatten. In Japan veranstalteten die Buddhisten fröhliche Feste. In ihrer Vorstellung lebten Dämonen und Heilige, es gab sogar einen »Teufel«, den Repräsentanten des Bösen, der Männer und Frauen zur Unzucht an sich lockte. Die Qualen einer grausamen Hölle

Fotografie einer Geisha unserer Tage aus Kyoto.

beängstigten die Gläubigen, die um das Grauen der Seelenwanderung zu vermeiden, Buddhisten geworden waren. Aber um die Verängstigten nicht allzusehr abzuschrecken, milderten die Priester, die in ihren Klöstern wohlhabend geworden waren, die strengen Vorschriften und verschmolzen ihre Gotteslehre mit dem Shintoismus. Die Geistlichen wurden weltlich. Sie warben zum Schutz ihres wachsenden Reichtums Söldner an und machten sich zu Nutznießern des irdischen Lebens, während sie den Gläubigen das überirdische verhießen. Die Faulheit und Gefräßigkeit der Bonzen wurde sprichwörtlich. Unter dem Vorwand, Erfahrungen im Interesse der Gläubigen zu sammeln, die sie doch vor gefährlichen Lastern bewahren müßten, unterhielten sie Konkubinen und kauften Knaben, um die gleichgeschlechtliche Liebe mit ihnen zu versuchen. Dem religiösen Unfug setzten die Shogun ein Ende. Sie wurden Konfuzianer und ließen die Lehren des chinesischen Weisen für ihre Zwecke so abwandeln, wie es ihnen richtig erschien. Der Philosoph Ekiken, der, wie Konfuzius, »die Vervollkommnung des Charakters« predigte, veröffentlichte die »Große Unterweisung für Frauen«. Er verschönte ihre trübe Vorstellungswelt durch ermunternde Ratschläge und lehrte, nicht jedes Vergnügen sei Sünde. Dennoch kam es nicht zur Auflockerung der strengen Lebensgewohnheiten und Bräuche. Die Stellung der Ehefrauen verbesserte sich um so weniger, als den Männern die Aphorismen Yoshi Kenkôs gefielen. Er schrieb: »Eine Frau ist nichts, was ein Mann haben sollte. Mag eine Frau sein, wie sie will, Tag für Tag sie in der Nähe zu sehen, muß höchst unerfreulich und widerwärtig sein ... Getrennt leben und von Zeit zu Zeit auf Besuch beieinander wohnen – das dürfte viel eher zu einem guten Verhältnis führen, das die Jahre überdauert. Kommt man plötzlich daher und bleibt über eine Nacht, so ist es eine seltene Überraschung ...« Kenkôs Warnungen vor den unzulänglichen Freuden der Ehe und sein Hinweis auf die Freuden der

Gelegenheitswollust waren im Grunde eine Aufmunterung der Männer zum Besuch der Blumendistrikte. Er setzte durch seine Sprüche nicht die Frauen als solche herab, sondern die Ehefrauen und empfahl den Besuch der »Oiran«, der käuflichen Mädchen, »der verwehten Blüten des gefüllten Kirschbaums«. Sie waren zwar keine Geishas wie die »Damen« der Shogun, wohl aber nach feststehenden Regeln ausgebildete Meisterinnen der Liebe. Ihre Besucher regten sie durch Gesang und Tanz zu leidenschaftlicher Sinnlichkeit an, der sie sich zu gemeinsamem Genuß ergaben. Eine Oiran präsentierte sich dem Mann, dem sie sich hingeben sollte, nicht nackt – das wäre unschicklich gewesen. Sie legte den Kimono nicht ab, sie entblößte lediglich ihre Scham, um den Geschlechtsverkehr ausüben zu können. Es war auch für den Besucher unpassend, sich seiner Kleider zu entledigen. Die Frauen und Männer, die sich körperlich vereinigten, sollten einander nur insoweit hautnahe sein, als es nach den Anstandsregeln für das Verhalten im Freudenhaus unerläßlich war.

Die wahre Liebeskunst Japans bestand darin, den Akt durch leichte Wendungen und rhythmische Bewegungen des Körpers lustvoll zu gestalten und zu verlängern. Für »gemeine Berührungen oder Zärtlichkeiten« standen den Männern die »Kamuros« zur Verfügung, junge Gehilfinnen, die zur Liebe erzogen werden sollten. Diesen Schülerinnen oblag es, ohne daß sie freilich dazu gezwungen werden konnten, den Besuchern ihre Lippen darzubieten oder sie sogar so zu berühren, wie es die Lehrerin aus beruflicher Zurückhaltung ablehnte. In ihren Lehrjahren lernte die Kamuro nicht nur die Spiele des Geschlechts, sondern auch Blumen zu arrangieren, zu singen und zu tanzen und vor allem, sich gut zu benehmen. Wenn sie zur »Shinzo« avanciert war, weihte sie ihre Herrin in die Kunst ein, »die Maske der Schönheit« durch geschicktes Schminken herzustellen, die Haare zu türmen, und brachte

ihr die gezierten Manieren bei, die beim Empfang und der Bewirtung eines Besuchers üblich waren. Die langjährige Erziehung eines Mädchens zur Oiran war durch die feierliche Entjungferung noch nicht abgeschlossen. Seine Lehrzeit war erst zu Ende, nachdem es von seiner Herrin nun, da es die Praxis hatte, auch in den Praktiken unterrichtet worden war. Erst wenn es sich einer endgültigen Prüfung unterzogen hatte, die erwies, daß es ihre Scham schamhaft entblößen könne, daß es genau wisse, welche Handreichung es vornehmen müsse, um das erregte Glied eines Besuchers »in sich zu bergen«, und wie es sich zu wenden und zu bewegen habe, um ihm den höchsten Genuß zu gewähren, wurde das Mädchen »freigesprochen«. Es konnte sich bei den zustehenden Behörden um das Recht bewerben, sich von einem Wirt als Oiran anwerben zu lassen. Wenn das Mädchen ehrgeizig war und sich in seinem Beruf bewährte, hatte es Aussicht, als Geisha erkoren zu werden und sich selbständig machen zu können.
Der Rangunterschied unter den käuflichen Mädchen Japans ging mit der Zeit verloren: Alle Tausende und aber Tausende sittsamen Lustspenderinnen sorgten unter dem Sammelnamen »Geisha« dafür, daß der Besuch der Blumendistrikte den japanischen Männern unentbehrlich wurde. Die gebildeten Geishas aber taten sich viel darauf zugute, daß zwei Frauen die volkstümlichsten japanischen Bücher geschrieben hatten, obwohl das nahezu tausend Jahre zurücklag. Den berühmtesten Roman schrieb die kaiserliche Hofdame Murasaki. Er trug den Titel »Genji Monogatari« – Gerede um Genji – und beschrieb in allen Einzelheiten die Liebesabenteuer eines kaiserlichen Prinzen, um mit natürlicher Leichtigkeit darzutun, daß sie über die Wankelmütigkeit der Männer und die Schwäche und Stärke der Frauen Bescheid wisse. Ihre Zeitgenossin,

Heiratsfähige japanische Mädchen bekamen ein »Brautbuch« überreicht, das sie in Wort und Bild in das Geschlechtsleben einführte.

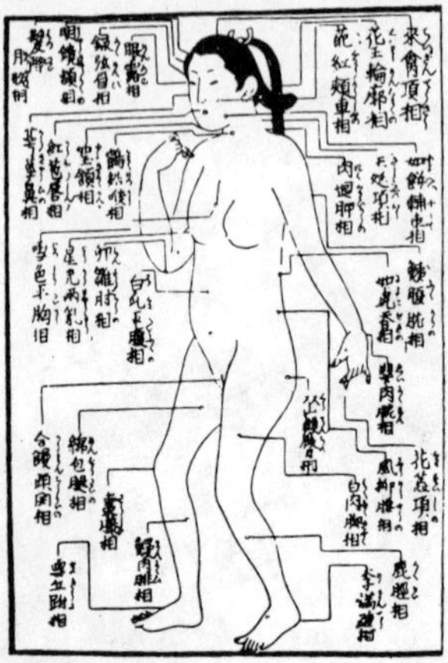

Schematische Darstellung und Erklärung aller Stellen am weiblichen Körper, nach denen die Schönheit beurteilt wird (18. Jahrhundert).

die Hofdame Shei Shonagon, verfaßte das »Skizzenbuch unterm Kopfkissen«, geistvolle Bemerkungen über die Welt und ihre Umwelt. Sie liebte die Männer, war aber keine Männerfreundin. Sie kannte ihre Fehler und bekannte es sachlich: »Man hat die Dummheit begangen und einen Mann heimlich bei sich schlafen lassen, und da fängt er an zu schnarchen. Wie

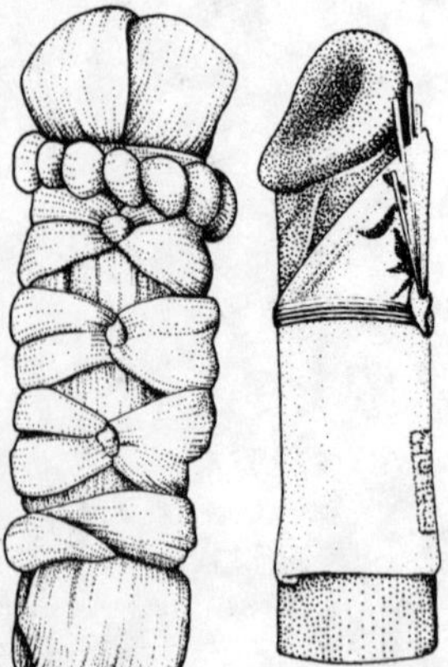

Künstliche Phallen aus dem heutigen Japan.

unangenehm ist das.« Sie fand die Männer »merkwürdig sonderbar« und klagte: »Der Mann hat für all den Jammer auf Erden kein Gefühl und keine Ahnung.« Diesen Ausspruch der eleganten Hofdame Shei Shonagon zitierten die Japanerinnen, Ehefrauen und Geishas, aus vollem Herzen, wenn sie über die Männer sprachen.

Zeittafel

1752–1796	Adolf von Knigge
1797–1888	Wilhelm I. (1871 Deutscher Kaiser)
1811–1872	Theophile Gautier
1813–1883	Richard Wagner
1815–1898	Otto von Bismarck
1821–1880	Gustave Flaubert
1821–1867	Charles Baudelaire
1822–1884	Gregor Mendel
1827–1875	Jean-Baptiste Carpeaux
1830–1903	Camille Pissarro
1831–1888	Friedrich III. (1888 Deutscher Kaiser)
1832–1867	Maximilian von Habsburg (1864 Kaiser von Mexiko)
1832–1883	Edouard Manet
1834–1917	Edgar Degas
1835–1909	Leopold II. (1865 König von Belgien)
1836–1895	Leopold von Sacher-Masoch
1837–1898	Elisabeth, Kaiserin von Österreich
1840–1884	Hans Makart
1840–1902	Émile Zola
1840–1926	Claude Monet
1841–1919	Auguste Renoir
1841–1910	Eduard VII. (1901 König von England)
1844–1900	Friedrich Nietzsche
1844–1923	Sarah Bernhardt
1849–1912	August Strindberg
1850–1893	Guy de Maupassant
1854–1900	Oscar Wilde
1858–1889	Erzherzog Rudolf, österreichischer Thronfolger
1859–1941	Wilhelm II. (1888–1918 Deutscher Kaiser)
1862–1941	Marcel Prévost
1864–1901	Henri de Toulouse-Lautrec
1870–1871	Deutsch-Französischer Krieg
um 1880	Aufkommen der Tournure (Cul de Paris)
1889	Tragödie von Mayerling

4 »Den Trieb mußt du auf Erden regeln ...«

Die Wende vom 19. zum 20. Jahrhundert

Die Maskerade der scheinheilig zur Schau getragenen Moral im Zweiten Kaiserreich ging so weit, daß die galanten Damen und Herren am Hof Napoleons III. die Nacktheit in der bildenden Kunst als unmoralisch verdammten und die Zensurbehörden des Kaisers die nackte Wahrheit in der Literatur verboten, Bücher beschlagnahmten und Schriftsteller anklagten, sich unzüchtig gegen Moral und Sitte vergangen zu haben. Der Satz: »Sie gab sich ihm hin ...« im Roman »Madame Bovary« des schon zu seiner Zeit berühmten Dichters Gustave Flaubert war Anlaß für den kaiserlichen Staatsanwalt, gegen Flaubert und seinen Verleger Anklage wegen »Vergehens gegen öffentliche und religiöse Moral« zu erheben. Der wahre Grund für die Anklage war allerdings gewichtiger: Flaubert hatte in seinem Roman das Leben, Lieben und Sterben einer in ihrer bürgerlichen Ehe unbefriedigten Frau in allen Einzelheiten dargestellt. Sein Freund, der damals ebenfalls bereits anerkannte Romanschriftsteller Émile Zola, faßte den Inhalt des inkriminierten Buches kurz wie folgt zusammen: »Das Sujet ist wenig romantisch und läßt sich in dreißig Zeilen beschreiben: Charles Bovary, mittelmäßiger Landarzt, heiratet nach erster Ehe die Pächterstocher Emma, die eine über ihren Stand hinausgehende Erziehung genossen hat. Das junge Paar lebt in Yonville nahe Rouen. Hier wird Emma von Langeweile geplagt, sieht die geistige Armseligkeit ihres Mannes, geht zugrunde am eintönigen Provinzleben. Ehebruch ist das Ende. Trotzdem kämpft sie. Zuerst liebt sie einen jungen Mann, Léon de Puis, Schreiber eines Notars, später gibt sie sich, als Léon Yonville verlassen hat, einem Grundbesitzer, Rudolf Boulanger, hin. Stolz auf ihre Tat, wird sie anspruchsvoll, herrisch, denkt an Flucht mit ihm, träumt von Abenteuern und ewiger Liebe, bis Rudolf sie sitzenläßt. Ihr Sturz ist ungeheuer. Mühsam schleppt sie sich durchs Leben, versucht es vergeblich mit der Religion, bis sie Léon in Rouen wiederfindet. Der Ehebruch beginnt von neuem. Emma macht Schulden, nimmt schließlich Arsenik, stirbt. Ihr Dummkopf von Mann beweint sie. Später erfährt er von ihren Fehltritten, beweint sie noch immer. Eines Tages trifft er Rudolf und sagt: ›Ich zürne Ihnen nicht.‹ Das ist alles. In einer Zeitung würde das zehn Zeilen Lokalnotiz abgeben, aber ... man sagt: ›Eine Bovary ...‹ Sie findet sich in Frankreich in allen Klassen, in allen Kreisen. Sie ist das Weib, das eine über ihren Stand hinausgehende Erziehung genossen hat, zum Ehebruch getrieben wird. Endlich der Ehebruch selbst ..., schüchterne ..., dann triumphierende Schuld. Flaubert hat nicht einen Zug vergessen: ihre Kindheit, ihre ersten Sinnesempfindungen, ihre Kämpfe – denn ihre Umgebung ist ebenso schuldig. Sie stirbt eigentlich an der sie einengenden Dummheit.« Die Verurteilung der bürgerlichen Moral durch Flaubert war also der eigentliche Grund für die Anklage, von der er schließlich freigesprochen wurde.

Flauberts Besorgnis über den Prozeß und »die allgemeine Dummheit« wirkte trotz des Freispruchs auf die mit ihm befreundeten Schriftsteller entmutigend. Mit Ausnahme von Émile Zola riskierten sie nicht, die Wahrheit zu schreiben und die »unreine Wirklichkeit« darzustellen, zumal Charles Baudelaire wegen seiner Gedichte »Fleurs du mal – Die Blumen des Bösen« von der »police correctionelle« zu einer Geldstrafe verurteilt wurde und Théophile Gautiers Roman »Diese und Jene« wegen der Schilderung erotischer Begebenheiten der Beschlagnahme durch die Zensur anheimfiel. Guy de Maupassant, den Flaubert entdeckt und gefördert hatte, wagte es erst später, das Geschlechtsleben zu schildern, allerdings als idealisierender Realist, der in seinen Novellen mit

Durch die plastische Gruppe »Der Tanz« des Bildhauers Jean Baptiste Carpeaux an der Fassade der Pariser Oper fühlten sich gar die Tänzerinnen des Opernballetts in ihrer Berufsehre beleidigt.

köstlicher Leichtigkeit menschliche Schwächen aufzeigte – so in der Erzählung »Am Bettrand«: Eine von ihrem Mann vernachlässigte Frau erregt ihn durch eine verführerische Entkleidungsszene so, daß er sich ihrer Bedingung fügt, mit ihr nur dann den ehelichen Beischlaf ausüben zu dürfen, wenn er sie wie seine Geliebte bezahlt. Maupassant führt seinen Lesern die Brüchigkeit und die Unzulänglichkeit des »grand monde« vor, der Herren und Damen der großen Welt, über die er ebenso Bescheid wußte wie über die Jagd der Bürger und Bürgerinnen der kleinen Welt nach Lust und Geld. Keine Unsittlichkeit, kein Verstoß gegen die landläufige Tugend war Maupassant fremd; aber es gelang ihm, die schlüpfrigsten Vorgänge lediglich anzudeuten und jede Derbheit und Obszönität zu vermeiden. Wie alle anderen Schriftsteller seiner Zeit mied Maupassant die Gefahr, verboten zu werden. Wenn es sie doch drängte, sich gegen die Zensur zu vergehen, versteckten sie sich hinter Pseudonymen und ließen ihre allzu unverhohlen deutlichen Werke im Ausland drucken. Aber das geschah nur in beschränkten Auflagen, die nur wenigen Sammlern zugänglich wurden.

Noch während des Zweiten Kaiserreiches wurden in dem eigens dazu gegründeten »Theater in der Rue de la Santé« freche, zotige Stücke zur Aufführung gebracht. Die Unternehmer versprachen sich eine Sensation mit der Ankündigung, daß die für diese Bühne arbeitenden, anonym bleibenden Schriftsteller ihrer Phantasie keine Fesseln angelegt hätten. Fünfundzwanzig junge Schriftsteller, Verleger und Künstler waren bei der Premiere anwesend. Aber die Sensation blieb aus. Die dramatisierten Zoten fanden um so weniger Beachtung, als auch in den handfesten Komödien Scribes, Sardous und anderer zeitgenössischer Theaterdichter Kurtisanen auf der Bühne standen und Ehebrüche die Handlung belebten. Das Publikum lehnte das Ordinäre ab. Es wünschte witzige Dialoge und galante Anspielungen – man zog es vor, das La-

Unverhüllte Nacktheit war im Zweiten Kaiserreich Napoleons III. auf einmal wieder sehr anstößig. So kam es, daß ein Meisterwerk wie Edouard Manets »Frühstück im Freien« nicht nur eine künstlerische Sensation, sondern auch eine moralische Provokation wurde.

ster und die Ausschweifung beschönigt mitzuerleben. Wer sich an Zoten oder unanständigen Szenen ergötzen wollte, kam in den Singspiel- und Musikhallen auf seine Kosten. Während des Zweiten Kaiserreichs wurde das Tingeltangel, der Vorläufer des Varietés, populär. Es war die Bühne des Couplets, des zweideutigen Liedes, dessen Texte nur durch die Gebärden und die Betonung bestimmter Worte und Wendungen zotenhaft wirkten, von der Zensur aber nicht beanstandet werden konnten. Die frechen Lieder wurden geschickt vertont, selbst in guter Gesellschaft gesungen und galten nur denen als unanständig, die den Doppelsinn der Pointen erkannten. Nach dem Deutsch-Französischen Krieg,

der das Ende des Napoleonischen Kaiserreichs brachte, eroberte das Tingeltangel auch Berlin. Die Pariser Leichtfertigkeit hatte den siegreichen preußischen Offizieren und Soldaten zugesagt. Das nun kaiserliche Berlin sollte dem gedemütigten Paris in keiner Weise nachstehen. Es fanden sich auch bald Unternehmer, die an der Spree die an der Seine so erfolgreichen Musikhallen kopierten, wenn auch nicht in so prunkvoller Aufmachung. Dafür fehlte das Publikum. Es gab in der neuen Reichshauptstadt noch nicht genug elegante Lebemänner und Halbweltdamen, die sich einen vergnügten, durch Champagner animierten Abend machen konnten, um frivolen Liedern zuzuhören und schamlosen Tänzen zuzusehen. Die guten Berliner Bürger hüteten sich, ihre Ehefrauen in solche verrufene Gaststätten mitzunehmen. Sie wollten es gar nicht erst darauf ankommen lassen, daß die Mütter ihrer Kinder errieten oder fragten, warum die anwesenden Männer sich vor Lachen schüttelten, wenn ein scheinbar harmloses Lied gesungen wurde. Nicht nur in Berlin, sondern in nahezu allen deutschen Städten kam das Tingeltangel in Mode und erregte Ärgernis bei den Hütern der öffentlichen Moral. Die Derbheit der Tingeltangel war jedoch für die Bürger, denen der Anstand untersagte, in den vier Wänden ihrer ehelichen Schlafzimmer geschlechtsbezügliche Worte zu gebrauchen, ein willkommenes Ventil, eine Möglichkeit, ihrer aufgestauten Sinnlichkeit Luft zu machen. War die anstößige Geselligkeit in den Bierlokalen nicht weniger gefährlich als der Besuch eines Bordells oder das Beisammensein mit einer Prostituierten, mit der man frei von der Leber weg sprechen konnte?
Die den Ehefrauen von der Sitte auferlegte Zurückhaltung im Geschlechtsleben hatte ein Aufblühen der Prostitution zur Folge. Der natürliche Trieb nach ungehemmten geschlechtlichem Verkehr bewog die Männer aller Schichten immer wieder, in öffentlichen Häusern oder bei Straßenmädchen die Befriedigung zu suchen, die sie im Ehebett nicht finden konnten.

Illustration zu Maupassants »Die Nichten der Frau Oberst« von Félicien Rops.

In Paris waren die leichten Mädchen, die, wie man in Deutschland sagte, »auf den Strich gingen« oder den »Straßenpendel machten«, zu einer nächtlichen Macht geworden. Sie, »die früher nur vor den Barrieren der eigentlichen Gesellschaft umherschweiften«, waren, wie ein Publizist schrieb, »in ihre innigste Mitte vorgedrungen, und das in einem Grad, wie es bisher noch nie der Fall gewesen«. Nur selten konnten die Straßendirnen ihr Gewerbe ohne Beschützer, ohne »Zuhälter«, ausüben. Sie brauchten die Hilfe starker Männer, um sich im Wettbewerb des schwachen Geschlechts behaupten zu können. Diese in Frankreich »Alphonse« oder »Louis«, in Deutschland »Lude« genannten »Partner« waren (und sind) zumeist Liebhaber der Mädchen, die von ihnen in jeder Hinsicht ausgenützt werden. Polizeiliche und gerichtliche Verhöre von Straßendirnen und Zuhältern ergaben immer wieder, daß die Zuhälter unbeschränkte Macht über die Mädchen hatten, obwohl sie diese bei jeder Gelegenheit unbarmherzig mißhandelten, besonders, wenn sie nicht genug Geld nach Hause brachten. Die Hörigkeit der Mädchen wurde (und wird) damit erklärt, daß ihr Zuhälter beinahe in allen Fällen der einzige Mann ist, mit dem sie im Geschlechtsverkehr Lust empfinden, mit wieviel Männern sie auch geschlafen haben mochten. Alle Befragten erklärten, daß die Ausübung ihres Berufes ein Geschäft sei, das sie völlig gefühllos absolvierten, auch wenn sie ihren Kunden manchmal das Gegenteil vortäuschten, um besser bezahlt zu werden. Ihre Sinnlichkeit werde nur durch die Berührung oder Umarmung »ihres« Mannes geweckt. Was sie mit anderen getan oder erlebt hatten, zählte nicht, er allein stille »das Menschliche in ihnen«, ihre Liebessehnsucht, ihr Anlehnungsbedürfnis.

Um der Brutalität der Zuhälter und dem so zweifelhaften Schutz der Polizei zu entgehen, gaben zahlreiche Straßenmädchen die Freiheit des »Strichs« auf und suchten Zuflucht in der »Sicherheit« des Bordells. Dort hatten sie ein Dach über dem Kopf und brauchten nicht auf den Kundenfang auszugehen. Doch sie kamen vom Regen in die Traufe. Denn schon mit dem ersten Tag ihres Aufenthalts im Bordell begann ihre vollkommene Abhängigkeit vom Bordellwirt, der sie aufgenommen hatte. Sie mußten für Wohnung und Verköstigung mit barer Münze zahlen oder die für sie erstatteten Ausgaben mit ihren Einnahmen verrechnen. Da ihnen auch die Kosten für die »Berufskleidung« – Spitzenhöschen, Hemden und Schlafröcke – sowie Kosmetika und Parfums angelastet wurden, gerieten die Bordelldirnen unweigerlich in die Schuld des Wirtes, der ihre Straßenkleidung in Verwahrung nahm, um ihnen die Flucht aus der Gefangenschaft, in die sie sich freiwillig begeben hatten, unmöglich zu machen. Wenn ein Mädchen sich dem Hausgesetz nicht fügte, wurde es kurzgehalten. Es wurde in eine Dachkammer eingeschlossen und bekam so lange Wasser statt Wein und Brot statt Fleisch, bis es in sich

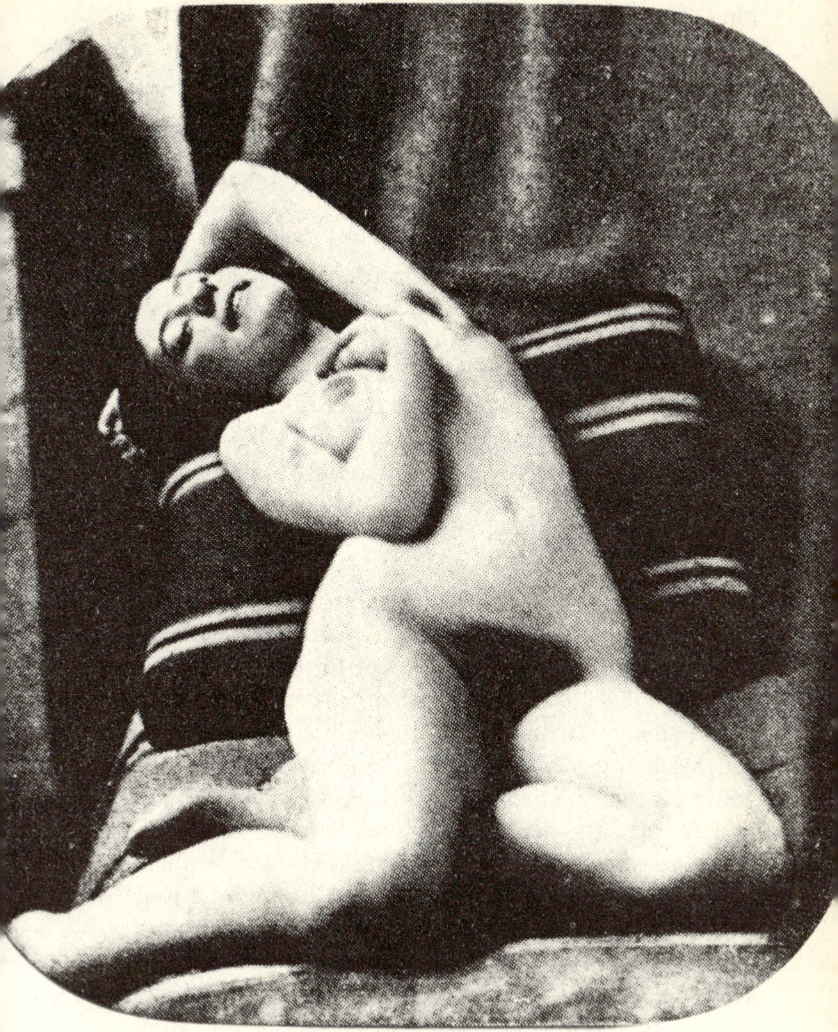

Bereits um das Jahr 1860 entstanden die ersten Aktaufnahmen.

ging und »gehorchte«. Die Wirte vergewisserten sich, daß die »Reue« auch echt war, um zu verhüten, daß die Mädchen den Kunden ihre Nöte ausplauderten und dadurch die Stimmung der Männer verdarben oder gar eine polizeiliche Kontrolle heraufbeschworen, die den Entzug der dem Bordellwirt erteilten Konzession zum »Betrieb eines Freudenhauses« hätte nach sich ziehen können. Gegen solche Kontrollen sicherten die Unternehmer sich vorsorglich durch Bestechung der Polizisten. Die in den von den Behörden geduldeten oder geförderten öffentlichen Häusern tätigen Mädchen waren rechtlose Sklavinnen, deren Behandlung von der Laune des Bordellwirts oder der Bordellmutter, der »Madame«, abhängig war. Wenn ein Mädchen bei den Kunden beliebt war und den Umsatz steigerte, geschah alles nur Mögliche, um es bei guter Laune zu halten. Seine Heiterkeit war immerhin ein Anreiz für die Kunden, es für das intime Beisammensein zu wählen. Diese Wahl fand im »Salon« statt. Dort präsentierten sich die Mädchen, meist nur mit einem durchsichtigen, mit Spitzen besetzten Hemdchen bekleidet, in Strümpfen und Pantoffeln den Gästen und machten so lange leichte Konversation, bis sie sich endlich mit dem Mann, der sie für begehrenswert befunden hatte, zurückziehen konnten. Je mehr Kunden ein Mädchen in einer Nacht »erledigen« konnte, desto höher stand es im Ansehen des Hauses. Wenn ein Gast darauf bestand, die ganze Nacht mit einer Auserkorenen zu verbringen, mußte er den Betrag, der der Durchschnittsleistung eines Mädchens während einer Nacht entsprach, für die Ausschließlichkeit bezahlen. Da es in einem gutbesuchten Bordell die Regel war, daß jedes Mädchen in jeder Nacht zwischen zehn und zwanzig Männer befriedigte, war eine solche »Beschlagnahme« selten. Häufig geschah es, daß eine Anzahl von Männern das reizvollste Mädchen gemeinsam erwarben und ihm in das »gute Zimmer mit dem großen Bett« folgten, in dem es, in bunter Reihe, einem nach dem andern »gehörte«. Perversionen aller Art waren nicht nur erlaubt, sie waren üblich, sie gehörten zum Geschäft. Besonders Männer, die der Langeweile ihrer Ehebetten entflohen waren und Abwechslung suchten, begnügten sich nicht mit dem als »natürlich« gekennzeichneten Geschlechtsverkehr. Denn »dazu geht man nicht ins Bordell«.

Je nach dem Preis der Mädchen, die angeboten, und der Getränke, die ausgeschenkt wurden, war die Einrichtung der öffentlichen Häuser luxuriös oder einfach. In den Pariser und Londoner Bordellen, die den Lebemännern oft auch nur als Stätte geselliger Zusammenkünfte dienten, gab es bequeme Sitzgelegenheiten, der Champagner wurde in geschliffenen Kristallgläsern serviert, die Wände waren mit Spiegeln ausgelegt oder mit lebensgroßen Bildern aller möglichen Stellungen des Geschlechtsverkehrs farbig bemalt – wie einst in Pompeji. Auch in den bescheideneren Etablissements waren die Salons und Zimmer mit galanten Zeichnungen geschmückt – das Milieu sollte zur Lust animieren. Für Raucher standen Aschenschalen mit sitzenden, ordentlich gekleideten Frauengestalten aus Porzellan bereit, die, wenn man sie umdrehte, das entblößte Gesäß zeigten. Es gab Zigarrenscheren, deren Griffe mit ziselierten Frauen- und Männergestalten verziert waren – sie vereinigten sich wie im Geschlechtsakt, wenn man die Schere benützte. Zigarrenanzünder waren wie ein Penis geformt. In den Zimmern lagen für die Gäste aufklappbare Stiefelknechte; wenn man die beiden Teile zusammenklappte, vollzogen die daran angebrachten Figuren den Geschlechtsakt, so wie es sich das bereitwillige Mädchen von seinem Kunden erwartete. Beliefert wurden die öffentlichen Häuser mit solchen Gegenständen zur Anregung der Triebe von den gleichen Leuten, die auch für »frische Ware« sorgten – von den Mädchenhändlern, die den »Bestand« der Bordelle ergänzten. Denn Abwechslung mußte sein. Die Stammkunden wünschten neue Gesichter und neue Körper. Der Austausch

Vornehmes »Etablissement« (Illustration aus dem Jahr 1884).

Die Tournure, auch Cul de Paris genannt, war eine der hervorstechendsten modischen Errungenschaften der siebziger Jahre (Zeichnung von Alfred Grévin).

der Mädchen zwischen den einzelnen Freudenhäusern reichte um so weniger hin, den wachsenden Bedarf zu dekken, als die anstrengende Tätigkeit die Jugendlichkeit und Anziehungskraft der Mädchen verbrauchte. Ein Bordellbesitzer, der auf den Ruf seines Hauses hielt, behielt seine »Damen« selten länger als zwei oder drei Jahre. Dann gab er sie an minderwertigere Unternehmungen weiter. Was mit ihnen nachher geschah, war ihm einerlei – er brauchte Nachschub. Diesem steigenden Bedarf konnten die Mädchenhändler, die sich zum guten Teil aus erfahrenen Zuhälterkreisen rekrutierten, nur durch Betrug und verbrecherische Täuschung nachkommen. Zumeist machten sie sich an Dienst- und Lehrmädchen heran, denen sie gutbezahlte Stellungen im Ausland versprachen, oder an Pflegeeltern, die sie für die Überlassung der heranwachsenden Mädchen bezahlten. Sie schlichen sich auch in das Vertrauen unzufriedener Frauen oder Witwen ein, verführten sie und verschleppten sie in betrunkenem Zustand. Mädchenhandel und Bordellwesen nahmen in Deutschland einen so gewaltigen Umfang an, daß

Das schwunghafte Geschäft mit der Unzucht in Paris, der »Weltstadt der Liebe« in den achtziger Jahren, karikiert diese Zeichnung von Robida aus dem Jahre 1882.

Konferenzen zur Bekämpfung des Mädchenhandels abgehalten wurden.

Die entrüstete Erklärung der inzwischen verwitweten Königin Victoria: »Es ist eine Majestätsbeleidigung, daß es Sklaven der Liebe gibt, die demselben Geschlecht angehören wie die Königin«, führte in England wohl zum Verbot des Betriebes von Bordellen, aber anstelle der öffentlichen Häuser, die geschlossen worden waren, öffneten nun private Häuser ihre geheimen Türen. In der Gaunersprache der Mädchenhändler hießen solche und ähnliche Anstalten »kaschierte« Bordelle. Es gab sie nicht nur in England. Gewissenlose Unternehmer und Unternehmerinnen, die erkannt hatten, daß »die Verwertung der blühenden Ware« ein sehr einträgliches Geschäft war, machten in beinahe allen Ländern und Städten Europas den konzessionierten Bordellen Konkurrenz: in Wohnungen, die als Schneiderinnen- und Modistinnen-Ateliers eingerichtet wurden, in Absteigequartieren, die sie für ihre »Damen« möblierten, und – mit Einverständnis der Besitzer von Restaurants – in »Chambres séparées«, die für das unbeobachtete

Beisammensein von »Damen« mit zahlungskräftigen Herren vermietet wurden. Zuhälter und berufsmäßige Kupplerinnen arrangierten und vermittelten die Geschäfte, die nach außen hin unter Wahrung des Scheins der Wohlanständigkeit abgewickelt wurden.

Während die Zahl der öffentlichen und der »kaschierten« Bordelle zunahm, während die Prostituierten der Straße von den Behörden der meisten Städte in bestimmten Stadtteilen stillschweigend geduldet wurden, entwickelte sich die Prüderie des Bürgertums zu einem scheinbar unverrückbaren Brauch. Und es mag der gewiß unbewußte Wunsch der Bürger (und Bürgerinnen), sich über die freudlose Wirklichkeit ihres Sinneslebens hinwegzutäuschen, die Veranlassung dazu gegeben haben, daß sie ihre Häuser und Wohnungen üppig herausputzten: Die in den Jahren der sogenannten »Gründerzeit« reich gewordenen Emporkömmlinge bemühten sich, den Lebensstil der Aristokraten zu kopieren. In ihren Räumen sollten wie in den Schlössern der Fürsten und Grafen, der Lords und Marquis Möbel und Zimmerschmuck aus vergangenen Epochen prunken, ihr »trautes Heim«, sollte wie der Flügel eines Palastes wirken. Ein Herren- oder Speisezimmer im Stil der Renaissance, ein Damenboudoir in Rokoko-Manier und ein orientalischer Rauchsalon gehörten zum standesgemäßen Interieur wohlhabender Bürger. Einer wollte den andern im Besitz von Prachtstücken überbieten. Da es nicht genug echte Stücke gab, den wachsenden Bedarf zu decken, stellten Kunsttischler Kopien her, und die Möbelfabriken lieferten serienweise »echten Barock«. Um der neuen Geschmacksrichtung entgegenzukommen, besorgten Antiquitätenhändler alle Arten von Dekorationsstücken, die den Glanz der mit Portieren aus Plüsch und Samt verhangenen Räume erhöhen sollten. An den mit vielfarbigen Tapeten verdeckten Wänden hingen goldgerahmte Spiegel und Etageren, vollgestellt mit venezianischen Gläsern, altdeutschen Tellern und

Krügen. Nach dem Grundsatz »Haste was, biste was« wurden die Wohnungen mit unnützen Scheußlichkeiten überladen. Wer sich den Luxus vieler Gesellschaftsräume nicht leisten konnte, hatte zumindest »die gute Stube«, mit allem nur erdenklichen Krimskrams überfüllt, mit Staubfängern aller Art, die sauberzuhalten zum Stolz der Hausfrauen zählte. Es wurde modern, in den Fenstern statt Glas Butzenscheiben zu verwenden, die das Licht so »romantisch« weiterleiteten wie in der Kemenate einer Burg.

Die durch die geltende Moral den Frauen und Männern auferlegten geschlechtlichen Hemmungen veranlaßten sie, Ersatz für das Versagte nicht nur im protzigen Makartstil ihrer Behausungen zu suchen, sondern auch im Essen und Trinken. Die Spießbürgerlichkeit führte zur Gefräßigkeit, die Völlerei zu Schwerleibigkeit, die nun auch in der Frauenmode zum Ausdruck kam. Es war nicht mehr nötig, durch den »Cul de Paris« ein abnorm entwickeltes Gesäß vorzutäuschen. Die ausladenden Hinterteile der sich der Genäschigkeit und der Völlerei hingebenden Frauen hatten sich von selbst so geformt, daß die Roßhaar-Unterlage, die in dem modernen engen Rock eingenäht wurde, sich bald als unnötig erweisen sollte. Von hinten gesehen, ähnelten die Röcke mit ihren gerafften, schweren Stoffen den Vorhängen und Portieren, die Fenster und Türen der Wohnungen verhängten. Das enggeschnürte Mieder hob den mächtig gewölbten Busen, der als würdiges Gegenstück der prall vergrößerten Hinteransicht wirken sollte. So umfangreich die Röcke um die Hüften waren, so eng waren sie um die Füße. Diese Beengung behinderte die Frauen beim Gehen um so mehr, als es nach wie vor als unschicklich galt, die Knöchel oder gar den Ansatz der Waden zu zeigen. Zwar waren Seebäder in Mode gekommen, nicht nur in Frankreich, sondern auch an der Nord- und Ostsee und den österreichischen Gebirgsseen. Aber einer anständigen Frau war es aufs strengste untersagt, anders als von Kopf bis

Eindeutig ist das Gewerbe der beiden »Freundinnen« (farbige Radierung von Félicien Rops).

Fuß bekleidet ins Wasser zu gehen, sollte sie nicht als verrucht gelten.
Die Technik ging mit Riesenschritten vorwärts: Es kam das Telephon, der »Fernhörer«, die Gas-Glühlampe und Edisons elektrisches Licht, und schon waren Fahrräder in Gebrauch. Doch die Stellung der Frauen blieb nach außen hin unverändert. Der von der bürgerlichen Moral geforderte »reservierte Abstand zwischen den Geschlechtern« verringerte sich nicht. Der Wunsch, die »guten alten Sitten« zu wahren, sich an überlieferte Regeln zu halten, führte in deutschen Landen dazu, daß der beliebteste Ratgeber für das richtige Verhalten in allen wichtigen Lebenslagen, Adolf von Knigges »Über den Umgang mit Menschen«, zum unerläßlichen Nachschlagewerk wurde, obwohl es damals schon das respektable Alter von über hundert Jahren hatte. Die ehrbaren Bürger hielten sich an seine Anweisungen und Ermahnungen, besonders im Umgang mit Frauen. Wenn Männer unter sich waren oder wenn sie sich bei gesellschaftlichen Zusammenkünften, wie es der Brauch war, nach den Mahlzeiten von den Frauen absonderten, konnte man schon gegen Knigge verstoßen, »an schmutzigen Gesprächen beifälligen Anteil nehmen, Zoten und Zweideutigkeiten austauschen«. Denn wer als »agréable debauché«, als »angenehmer Wüstling«, eine glänzende Rolle spielen und sich mit seinen Liebesabenteuern brüsten konnte, galt als »Mann von Welt«, aber eben nur unter Männern. Ganz und gar unstatthaft war es, in der Gegenwart von Frauen auch nur eine Andeutung über schlüpfrige Dinge zu machen, wie sie in Männergesprächen gang und gäbe waren. Der bedingungslose Ausschluß der Frauen von leichtfertiger Konversation war eine eiserne Regel guten Anstands und im victorianischen England so gebräuchlich, daß vorurteilsfreie Damen der guten Gesellschaft dagegen protestierten, wenn auch vergeblich. Man wies sie mit der Erklärung zurecht, daß dieser Brauch der Wunsch ihrer Majestät sei. In Deutschland

»Halb liegender weiblicher Akt auf Ottomane« ist der Titel einer Serie von Stereofotos aus den 70er Jahren des vorigen Jahrhunderts.

gab es keine regierende Herrscherin, der Respekt gezollt werden mußte, aber es gab den Knigge, der das Betragen der Männer den Frauen gegenüber vorschrieb: in der Ehe und außerhalb der Ehe.

Die Angst vor öffentlichem Ärgernis, das man ihnen, auch wenn sie unschuldig waren, zur Last legen würde, veranlaßte die meisten bürgerlichen Ehefrauen, die Seitensprünge ihrer Männer nach Tunlichkeit nicht zur Kenntnis zu nehmen, nicht aufzubegehren dagegen, daß man sie vernachlässigte. In der Mehrzahl lebten sie ja in verhältnismäßig erträglichen Ehen, nicht mit, sondern neben ihren Männern, die sich nach Knigge verhielten und der »Lust am Unechten« genügten. Den Frauen wollte man die rosarote Brille, durch die sie ins Leben schauen sollten, nicht verdunkeln. Da Frauen an Männern »keine Unsicherheit lieben«, hatten dem schwachen Geschlecht alle Schwächen verheimlicht zu werden, auch eingebildetes, unverschuldetes oder selbstgeschaffenes Unglück. Ein Mann, der die Rolle eines Hausvaters nicht gehörig zu spielen, nicht Herr in seinem Hause zu sein vermöge, tue besser, Hagestolz zu bleiben. Nichts sei erbärmlicher für einen Mann, als sich der Herrschaft einer Frau zu unterwerfen. Selbständig denkende Frauen waren Knigge und den von ihm belehrten Bürgern der Gründerzeit zuwider. Schon der Gedanke, daß ihre Frauen sich der Botmäßigkeit entziehen könnten, erschien den Männern wie die Vorstellung des Umsturzes jeder gesellschaftlichen Ordnung überhaupt, und das um so mehr, als sie in Knigge nachlesen konnten, daß jedes Weib »zu verführen« sei. Er erwähnte das zwar in dem Abschnitt »Über den Umgang mit leichtfertigen Weibern«. Aber konnte nicht jeder Mann feststellen, daß Schmeichelei, Eitelkeit, Neugier, Temperament auf die »feineren Sinne der Frauenzimmer« mächtigen Einfluß haben? Vorsicht war geboten. Und so schlossen die bürgerlichen Ehemänner ihre Frauen nach Tunlichkeit von der Außenwelt ab und schlossen sie aus der männlichen Geselligkeit aus. Sie sollten sich bei Teekränzchen, bei Kuchen und Kaffee miteinander unterhalten und sich von ernsthaften Dingen fernhalten, ansonsten aber mit anmutiger Schönheit den Mund halten. Die Kniggeschen Anstandsregeln, die zum Codex der bürgerlichen Gesellschaft erhoben wurden, ergänzten den Ehrencodex der Offiziere und den in Studentenkreisen geltenden »Komment« für das richtige Verhalten. Die auf gemeinsamem Benehmen beruhende Gemeinsamkeit der auf ihre »Erziehung und Bildung« Pochenden bestimmte die Lebensgewohnheiten und Bräuche der Gründerzeit, in der sich, von den Bürgern gar nicht oder als sehr unliebsam bemerkt, jener soziale Umschwung vorbereitete, der die Entwicklung der Sitten entscheidend beeinflussen sollte.

Der »Großmutter Europas«, wie Königin Victoria von England zärtlich oder spöttisch von den Bewunderern oder Gegnern ihrer moralischen Anschauungen genannt wurde, war es gelungen, durch geschicktes Verheiraten der Angehörigen des Hauses Coburg mit beinahe allen europäischen Herrscherfamilien verwandtschaftliche Bande zu knüpfen. Ihre Hoffnung auf die Eintracht aller gekrönten Häupter, die sie hatte erzielen wollen, erfüllte sich freilich nicht. Die Ehen, die sie gefördert hatte, brachten kein Glück. Schon mit dem Schwager ihrer Nichte Charlotte, dem Kaiser Franz Joseph von Österreich, hatte sie Ungelegenheiten gehabt, als dessen Gattin, Kaiserin Elisabeth, den Wunsch geäußert hatte, von ihrem Mann getrennt zu leben: Königin Victoria hatte ihr die eigene Yacht vermietet, damit die junge Frau sich auf hoher See besinne und zur Einsicht komme. Denn schließlich ging es darum, die beispielhafte Makellosigkeit der Lebensführung der Monarchen nicht durch einen Skandal irgendwelcher Art zu gefährden. Kaiser und Könige sollten, wenn es nicht anders ging, Kriege miteinander führen und sich in Friedensschlüssen besser oder schlechter einigen, Länder verlieren oder gewinnen, Schwierigkeiten mit ihren Untertanen oder Parlamenten haben, auch einmal klein beigeben müssen, wenn es nötig war, aber eines durften sie nicht: Unstimmigkeiten oder Zwistigkeiten in ihrem Familienleben oder peinliche Neigungen zur Ausschweifung der Öffentlichkeit preisgeben und dadurch die dynastische Würde erschüttern! Es war schon ein unverantwortlicher Verstoß gegen die geltende Moral, wenn eine unverstandene, unbefriedigte Bürgersfrau die Gesellschaft ihres Mannes mied und dem Gefängnis der Ehe entfloh, aber daß eine Kaiserin die Freiheit suchte, war ein unverzeihlicher Affront, wenn ihr auch niemand nachsagen oder nachweisen konnte, daß sie, wie Madame Bovary, Liebhaber gehabt hätte. Der Wiener Hof vertuschte Franz Josephs Ehestreit mit Elisabeth, die nach ihrer Hochzeit wegen ihrer zarten Schönheit vom Volk als »Feenkind« verehrt worden war. Offiziell hieß es, daß Ihre Majestät aus Gesundheitsgründen sich auf Reisen begeben habe. Aber die unentwegten Kritiker des Kaisers, der die übertriebene »Moralität« seines Polizeiministers gutgeheißen und einen Erlaß unterzeichnet hatte, nach dem »alle Frauenzimmer, die sich ohne entsprechende Begleitung sehen ließen, verhaftet werden sollten«, spotteten: »Warum bleibt dann die Kaiserin auf freiem Fuß?« Den der Bevölkerung auferlegten strengen Sittengesetzen, die bei »wilden Ehen« die betreffenden Partner gewaltsam trennten, hatte es freilich auch nicht entsprochen, daß sich Franz Joseph vor seiner Ehe »hygienischer« Damen bedient hatte, die ihm in die Hofburg und nach Schönbrunn zugeführt worden waren. Daß diese »kleinen Abenteuer« Seiner Majestät bekanntgeworden waren, hatte seine Ursache in der Indiskretion der nach Tausenden zählenden kaiserlichen Hofangestellten und Lakaien. Und so lästerten die Wiener, Franz Joseph habe seine junge Frau mit einer venerischen Krankheit angesteckt, und sie habe ihn deshalb mit den drei kleinen Töchtern und dem Sohn, die sie ihm geboren hatte, »sitzen«gelassen. Der wahre Grund des Zerwürfnis-

ses wurde nicht aufgedeckt. Es blieben die Gerüchte, die es unmöglich machten, die noch so sehr gewünschte Vorstellung einer mustergültigen, nur durch Krankheit geschädigten Ehe aufrechtzuerhalten. Von seiten des Kaisers war es jedenfalls eine Liebesheirat gewesen. Daß seine Cousine, die blutjunge Elisabeth, das fröhliche Naturkind, ihrerseits von Liebe verzehrt gewesen sei, wurde auch von ihren nächsten Angehörigen bezweifelt, obwohl man die Romanze der kaiserlichen Brautschau und Ehe so oft, so vielfarbig und so rührend dargestellt hatte. Die Wirklichkeit war ernüchternd.
Die im Verhalten der bürgerlichen Ehefrauen gebräuchlichen Beschränkungen – das »Man tut« oder »Man tut nicht« – waren im kaiserlichen Haushalt ins Maßlose gesteigert: Sie sollten als beispielgebende Symbole wirken. Daß Elisabeth, eine Kaiserin, dagegen aufbegehrte, wurde ebenfalls zu einer symbolischen Handlung, die zu ihrer Zeit allerdings nur von den Eingeweihten verstanden und je nach ihrer Einstellung gebilligt oder mißbilligt wurde. Entgegen der Auffassung der ebenfalls von Knigge beeinflußten Hofgesellschaft, daß eine Ehefrau sich nicht mit Politik befassen oder gar in Staatsgeschäfte einmengen dürfe, vermittelte Elisabeth überdies nach ihrer Flucht und vorübergehenden Rückkehr zwischen dem Kaiser und ungarischen Aristokraten, als der Verlust der Krone Ungarns drohte. Die liebenswürdige, gebildete Frau bewegte den Wortführer des ungarischen Adels, Graf Julius Andrassy, dazu, einen Ausgleich zwischen dem Kaiser und den Ungarn herbeizuführen: die Anerkennung Ungarns als selbständiges Königreich unter der Doppelkrone, die der Kaiser von Österreich als König von Ungarn trug. So entstand die »Österreichisch-Ungarische Monarchie«, in der sich die eigenartige Verschmelzung der Sitten vieler Völker vollzog, wie sie in den als »österreichisch« gekennzeichneten, widerspruchsvollen Lebensgewohnheiten und Bräuchen fortlebten. Elisabeth aber, die so mutig aus der Ehe ausgebrochen war und getrennt

von ihrem Ehemann lebte, wurde von den Ungarn »das edelste Wesen der Erde« genannt. Mit Vorliebe lebte sie in ihrem ungarischen Schloß Gödöllö; sie verließ es immer wieder nur, um »die Erziehung ihres Sohnes Rudolf wenigstens vorübergehend in die Hand zu bekommen«. Sie wollte den Kronprinzen auflockern, menschlich machen, zu einem wirklichen Mann erziehen. Das war nicht leicht, denn Franz Joseph gab zwar, durch die Umstände gezwungen, in politischen und staatsmännischen Fragen nach, wich aber nicht um Haaresbreite von seiner Lebensauffassung ab, die im wesentlichen darin bestand, daß er, sowie er sich dem Volk und auch seiner nächsten Umgebung zeigte, eben »jeder Zoll ein Kaiser« war – wie aus der Antwort hervorgeht, die seine jüngste Tochter, Erzherzogin Valerie, ihrer Erzieherin gab, als diese fragte, warum sie sich ihrem Vater gegenüber nicht herzlicher und zärtlicher verhalte: »Wie kann ich das, da ich doch an ihn immer als Seine Majestät denke!« Und doch wurde der Kaiser auch das Symbol der Vaterschaft: das respektheischende Sinnbild des bürgerlichen Familienvaters, der erhaben und unnahbar war. Die Fassade vollkommener Makellosigkeit der Moral Franz Josephs I. und seiner Epoche erlitt allerdings einen empfindlichen Sprung, als es stadtbekannt wurde, daß er Katharina Schratt, eine Schauspielerin, die zum Ensemble des Burgtheaters gehörte und ein Liebling der Wiener war, mit seiner besonderen Aufmerksamkeit auszeichnete und mit großzügigen Geschenken überhäufte. Eine Schauspielerin!

Hinter der Fassade von Moral und Anstand aber wurden die strengen Sitten in Wien und in den österreichisch-ungarischen Provinzstädten lockerer, vorerst zwar nicht im Bürgertum, wohl aber in der Aristokratie und im »Allerhöchsten Kaiserhaus«. Die Liebesabenteuer der jungen Erzherzöge, vor denen keine Frau sicher war, konnten nicht immer verheimlicht werden. Wenn sie Militärdienst versahen, wurden sie schnell Stammgäste in den Bordellen der Provinzstädte, in denen sie

stationiert waren. Sie veranstalteten Festlichkeiten, die in Ausschweifungen ausarteten. Im Übermut ihrer Unantastbarkeit versäumten sie keine Gelegenheit, jeder Laune nachzugeben und, wie es hieß, »mit schlechtem Beispiel voranzugehen«. Wie seine hohen Vettern wurde auch der inzwischen herangewachsene Kronprinz Rudolf, der einzige Sohn des Kaisers, der ihn anläßlich seiner Geburt zum Oberst und zum Ritter des Ordens vom Goldenen Vließ ernannt hatte, von berufsmäßigen Kupplerinnen mit »Amouren« versorgt. Nach seinem tragischen Tod erfuhren die Eingeweihten, daß Rudolf über seine Liebschaften genau Buch geführt hatte: Die Namen, Eigenschaften und Eigenarten der Frauen, die er besessen hatte, waren in seiner Liebesbuchhaltung vermerkt; wenn die Gewährende eine Jungfrau gewesen war, hatte er die Eintragung mit roter Tinte vorgenommen – so auch die Notiz über die Entjungferung seiner eigenen Ehefrau.
Als Ehemann änderte Rudolf sein leichtfertiges Leben nicht. Zu alledem brachte Prinzessin Stephanie, die Tochter Leopolds II. von Belgien, nur eine Tochter zur Welt, und die Ärzte erklärten, daß sie kein Kind mehr bekommen könne. Die Prinzessin hatte als »kaiserliche Zuchtstute« versagt, und die Ehe, die Rudolf, dem künftigen Kaiser und König der Österreich-Ungarischen Monarchie, keinen Thronerben bescheren konnte, wurde ihm lästig. Obwohl niemand es mit Gewißheit behaupten konnte, wurde in Hofkreisen darüber gesprochen, daß der Bruder der von Rudolf verführten Prinzessin von Auersperg beim Kaiser Klage geführt und Rechenschaft für die Schändung der Familienehre gefordert habe. Ein Zweikampf des so empfindlich Beleidigten mit dem Thronfolger kam nicht in Frage. Denn wie immer ein solches Duell ausging, mußte es für die Monarchie untragbaren Schaden anrichten – schließlich stand der gute Ruf des »Allerhöchsten Kaiserhauses« auf dem Spiel. Daraufhin habe, so hieß es, Fürst Auersperg ein »amerikanisches Duell« vorgeschlagen und Franz

Joseph angeblich zugestimmt: Nicht ein Kugelwechsel sollte über Tod und Leben des Kronprinzen und des Oberhauptes der beleidigten Familie entscheiden, sondern der blinde Zufall, der den einen der beiden eine schwarze, den andern eine weiße Kugel ziehen lasse. Wer die schwarze ziehe, müsse innerhalb von sechs Monaten sein Leben durch Selbstmord beenden. Man wollte in Hofkreisen wissen, daß Rudolf die schwarze Kugel gezogen habe.
War Rudolf tatsächlich ein Selbstmordkandidat, durch die Ehre gezwungen, sich zu töten? Es scheint undenkbar, daß Kaiser Franz Joseph mit einer solchen Erledigung der überaus peinlichen Affäre einverstanden gewesen sein sollte. Aber da der Kaiser nach dem Tod des Kronprinzen alle Dokumente, die sich auf seinen Sohn bezogen, persönlich beanspruchte oder beschlagnahmen ließ, ist niemals ganz eindeutig festgestellt worden, warum Rudolf seinem Leben ein Ende setzte, wenn er tatsächlich Hand an sich gelegt hatte, was schließlich die offizielle Erklärung seines Todes war. Später angestellte Untersuchungen ergaben, daß Rudolf ein Doppelleben geführt hatte: Als Lebemann ergab er sich alkoholischen und geschlechtlichen Ausschweifungen derart maßlos, daß er selbst fürchtete, impotent zu werden. Im nüchternen Zustand hingegen stillte er mit der gleichen Leidenschaft seinen Wissensdurst und umgab sich – der steifen Hofetikette überdrüssig – mit bürgerlichen Freunden. Diese liberale Gesinnung seines Sohnes war dem Kaiser wohl bekannt; sie erschien ihm bedenklicher als dessen libertinistische Neigungen. Denn Franz Joseph hatte Angst um die Zukunft der Monarchie. Vor allem fürchtete der Kaiser die beiden neuen Mächte, die sich in seinen Kronländern regten: die in der Sozialdemokratie sich zusammenschließende Arbeiterschaft, die nichts mehr wissen wollte von Kaisern, Erzherzögen und Adligen, und die unabhängige Presse. Am unerfreulichsten jedoch, ja geradezu widerwärtig war ihm die Tatsache, daß sein einziger Sohn sich

nicht nur mit Journalisten umgab, sondern sogar mit ihnen befreundet war. Die Namen Moriz Szeps und Berthold Frischauer – zwei Journalisten, die Kronprinz Rudolf nahestanden und ihn mit dem französischen Politiker Clemenceau in Verbindung brachten – waren Franz Joseph geradezu verhaßt. Die beiden bemühten sich im Auftrag des Thronerben um die Vorbereitung einer Allianz Österreichs mit Frankreich und Rußland anstelle des vom Kaiser geschmiedeten »gepanzerten Bündnisses« mit Deutschland und Italien. Wie konnte sein eigener Sohn es wagen, seine »allerhöchste« Weisheit als Staatenlenker zu bezweifeln? Er, der Kaiser, hatte Preußens militärische Überlegenheit erfahren müssen, es war ein deutscher Fürst gewesen. Warum sollte er sich mit dem neuen deutschen Kaiser nicht auf Tod und Leben verbünden? Riet die Kirche nicht zur Versöhnlichkeit? So war es kein Wunder, daß die Beziehungen zwischen Vater und Sohn immer gespannter wurden. Es gab sogar Gerüchte, daß Kronprinz Rudolf den Kaiser zur Abdankung zwingen wolle oder zumindest zu der Zusage, daß er, Rudolf, unabhängiger König von Ungarn werde. So lag es auch im Interesse des Kaisers und der ihm nahestehenden politischen Kreise, wenn nach dem Ende des Thronfolgers verbreitet wurde, der Tod des Kronprinzen habe keine politischen Hintergründe, sondern sei einzig und allein zurückzuführen auf seinen Lebenswandel. Was wurde nicht alles von Berufenen und Unberufenen erzählt! Rudolf habe den Papst insgeheim gebeten, seine Ehe mit Stephanie zu annullieren, damit er die von ihm geschändete Prinzessin Aglaja von Auersperg heiraten und dadurch dem amerikanischen Duell entgehen könne. Andere wollten wissen, die Gräfin Larisch-Wallersee, eine Nichte der Kaiserin (also Rudolfs Cousine), habe ihn mit einem siebzehnjährigen Mädchen, der Baronesse Marie Vetsera, bekannt gemacht, um ihm seine verzweifelte Todesangst zu erleichtern. Rudolf begann eine Liebschaft mit der Vetsera. Wiederholt wurde sie durch eine

Geheimtür in die Hofburg geführt. Entgegen dem Brauch verschwieg sie ihre Liebesbeziehung zum Kronprinzen nicht. Aber sie war keineswegs die einzige Frau, die Rudolf in diesen Monaten zu sich kommen ließ. Dafür, daß die galanten Besucherinnen des hohen Herrn ungehindert in die Hofburg gelangten, sorgte der Fiakerkutscher Bratfisch, dessen Gefährt Rudolf für derlei Zwecke und zu eigenen diskreten Fahrten benützte, um nicht in seiner Hofkutsche erkannt zu werden. Bratfisch stand auch am Morgen des 28. Januar 1889, am Tag vor der »Tragödie von Mayerling«, an vereinbarter Stelle bereit, um die Schauspielerin Mitzi Kaspar, eine Geliebte des Kronprinzen, nach Mayerling in Rudolfs Jagdschloß zu bringen. Erst während der Fahrt, so sagte Bratfisch später aus, habe er entdeckt, daß statt der Kaspar die Baronesse Vetsera in seinen Wagen geschlüpft war.
In Mayerling traf erst der Kronprinz in seinem eigenen Wagen ein, einige Stunden später Bratfisch mit der Vetsera. Der Fiakerkutscher, der nicht nur seine zwei »harben Rappen«, wie man die Fiakerpferde in Wien zärtlich nannte, besser als jeder andere kutschierte, sondern auch Volkslieder singen und Melodien kunstvoll pfeifen konnte, unterhielt den Kronprinzen und die Baronesse beim Abendessen mit seinen »Gstanzln«. Er wußte nichts davon, daß Rudolf, wie später behauptet wurde, »jedem Menschen seiner Umgebung gegenüber« Selbstmordabsichten geäußert hätte – auch der Kaspar gegenüber, mit der er die Nacht vor der Fahrt nach Mayerling verbracht und der er einen namhaften Geldbetrag geschenkt hatte. Was die Gedanken an Selbstmord betraf, so erklärte später der Polizeipräsident von Wien, Mitzi habe ihn aufgesucht, um ihm zu sagen, daß der Kronprinz sie gebeten habe, mit ihm gemeinsam zu sterben. Warum hat dann aber Rudolf, den man nach seinem Tode als Selbstmordkandidaten bezeichnete, nicht getan, wozu er wiederholt Gelegenheit hatte, nämlich die Kaspar mit seinem Dienstrevolver erschossen, so,

wie er es, der offiziellen Verlautbarung zufolge, mit Marie Vetsera getan hat? Warum hatte er es nicht vorgezogen, mit der Frau zu sterben, die er lieber hatte als jeden anderen Menschen auf dieser Welt, anstatt mit der Gelegenheitsgeliebten, die er, trotz der Intimität, nur flüchtig kannte? Da es aber keine Möglichkeit gab, das tödliche Ende Rudolfs und der Vetsera in einem Schlafzimmer anders zu erklären als mit gemeinsamem Selbstmord, brachte man das Gerücht von der schon seit langem vorhandenen Selbstmordabsicht »unter die Leute«. Von einem möglichen Unfall oder von einem Mord von dritter Hand sprachen nur die Zweifler, denen die politischen Pläne und Absichten des Kronprinzen bekannt waren. Sie waren es auch, die entschieden abstritten, daß er Grund und Anlaß gehabt habe, seine Geliebte und sich selbst zu töten.

Anfangs hieß es in den offiziellen Mitteilungen, Kronprinz Rudolf sei einem Herzschlag erlegen, dann, er habe einen Jagdunfall erlitten. Als es nicht mehr möglich war, den gewaltsamen Tod zu bemänteln, wurde die Bevölkerung davon in Kenntnis gesetzt, daß der Kronprinz Selbstmord begangen habe. Die tote Geliebte wurde verschwiegen. Damit Rudolf in der Kapuzinergruft neben seinen Vorfahren beigesetzt werden konnte, mußten Ärzte sein Gehirn untersuchen, die Spuren einer Geisteskrankheit feststellen und erklären, er habe sich in einem Zustand der Verwirrung getötet. Der Heilige Vater in Rom gab sich mit dieser Erklärung zufrieden und gestattete das feierliche Begräbnis des Sohnes Seiner Apostolischen Majestät des Kaisers, der erklärt haben soll: »Mein Sohn starb wie ein Schneidergeselle.« Die Leiche der unglücklichen Baronesse Vetsera aber wurde auf dem Friedhof des nahen Stiftes Heiligenkreuz in Eile heimlich begraben. Ihre Mutter verbannte man. Es war verboten, den Namen Vetsera in der Österreichisch-Ungarischen Monarchie öffentlich zu nennen. In und von der gleichen männlichen Welt, in der Marie Vetsera – bewußt oder unbewußt – als Lockvogel mißbraucht

worden war, wurde sie verurteilt: Sie hatte sich gegen die geltenden Sitten vergangen, indem sie einen verheirateten Mann verführte oder sich von ihm verführen ließ, der noch dazu der einzige Sohn des Kaisers gewesen war.
Auch die aristokratischen Damen verziehen der Vetsera ihre »Entgleisung« nicht. Die Baronesse, die sich in die höchste Gesellschaftsschicht Wiens eingeschlichen hatte, war den Anforderungen, die sie an sich selbst gestellt hatte, nicht gewachsen gewesen. Sie hatte sich als schwach erwiesen und den Kronprinzen, dessen Schwäche Frauen gegenüber doch notorisch gewesen war, nicht beherrscht. Wäre sie eine echte Frau ihrer Zeit gewesen, hätte er sich nicht seinen Launen ergeben, sondern ihren Launen gefügt, er wäre ihr Sklave geworden – und am Leben geblieben. Die selbstbewußten österreichisch-ungarischen Fürstinnen, Gräfinnen und Baroninnen stützten diese ihre Meinung auf die eigenen Erfahrungen mit ihren Ehemännern (denen sie die Erfüllung der ehelichen Pflichten nicht ohne weiteres gewährten) oder mit den Männern, die sie umwarben (und denen sie ihre Gunst nicht ohne weiteres schenkten) – und auf die Lektüre der Bücher Leopolds von Sacher-Masoch. Die meisten von ihnen hatten mit bewundernder Anerkennung die »Venus im Pelz« gelesen, den Roman von der Frau Wanda von Dunajew, die ihren Liebhaber mit bestrickender Herzlosigkeit nicht nur an sich zu fesseln vermocht, sondern ihn auch dazu gebracht hatte, sich tatsächlich von ihr fesseln zu lassen, um ihr völlig ausgeliefert zu sein. Diese Frau hatte – zumindest im Roman – die natürliche weibliche Herrschsucht, die durch die Jahrtausende von den Männern geknebelt worden war, endlich Wirklichkeit werden lassen und bewiesen, daß die Frau im Kampf der Geschlechter die Herrin war. Nicht das Weib, so legte der Roman dar, ist gefügiges Wachs in den Händen des Mannes, sondern der Mann ein willenloses Spielzeug, wenn das Weib ihn durch die Macht der Weiblichkeit dazu zwinge. Er kann zu ihrem Kör-

per und ihrem Herzen nur gelangen, wenn er sich seiner selbst in jeder Hinsicht entäußert. Auch dann, wenn er seine Bereitschaft, sich zu ergeben und alles zu geben, vollkommen bekundet hat, darf er nicht gewiß sein, daß er auch genommen wird. Das schmerzliche Verlangen, die quälende Unsicherheit, trotz der erduldeten Leiden nicht zur ersehnten geschlechtlichen Vereinigung gelangen zu können, müssen sein ganzes Sein erfüllen. Die Erniedrigung muß das Lustbegehren erhöhen.

Die in allen erdenklichen Einzelheiten dargestellte Unterwerfung des Mannes unter die Frau war in Sacher-Masochs Roman übertrieben ausgemalt. Aber die innere Wahrheit kam trotz der Übertreibungen zur Geltung. Gewiß – die »Venus im Pelz« war ein Phantasiegebilde ebenso wie ihre und Severins Erlebnisse. Gewiß – man hat später Sacher-Masochs Bücher als Machwerke bezeichnet. Und doch führte das Irreale, das er erzählte, zu der Erkenntnis, daß es in der Realität des täglichen Lebens tatsächlich Männer und Frauen der Art und mit den Neigungen gab, wie er sie geschildert hatte. Seine eigenen Erfahrungen hatten Sacher-Masoch »die Lust der Qual« empfinden und an anderen Menschen beobachten gelehrt. Er verwertete diese Erfahrungen in seinen Romanen – und er wünschte mit Leidenschaft, die Lust der Qual am eigenen Leib zu erleben. Wie er sich den Wunsch tatsächlich erfüllen konnte, hat seine erste Frau in ihrer »Lebensbeichte« beschrieben. Sie war in Wirklichkeit Wanda, die er anbettelte, sie solle ihn peitschen. Erst ließ sie ihn – so wie später im Roman »Venus im Pelz« Wanda ihren Severin von ihrer Negerin peitschen läßt – durch ihr Dienstmädchen schlagen, dann tat sie es selbst. Und er wollte immer mehr und mehr Qualen erleiden. Aber er begehrte nicht nur die körperliche Züchtigung, er wünschte auch seelisch bis zum äußersten erniedrigt zu werden. Seine Frau sollte ihn betrügen, einerlei, mit wem, er wollte sich selbst als Zuschauer des von ihm inszenierten

Karikatur auf Sacher-Masoch von Carl von Stur im »Wiener Figaro«, 1879. Der Titel: »Seine Muse«.

Ehebruchs entwürdigen und in demütiger Eifersucht vergehen.

Die Motive des Masochismus, wie man die von Sacher-Masoch beschriebene sexuelle Abirrung von nun an nannte, sind von zeitgenössischen und späteren Psychologen ebenso untersucht worden wie der nach dem Marquis de Sade benannte Sadismus. Das Ergebnis der Analysen war, daß die »Lust zu leiden« und die »Lust des Zufügens von Schmerzen« in stärkerem oder geringerem Ausmaß ein Bestandteil der menschlichen Natur seien wie auch alle anderen krankhaften Abweichungen von der als »normal« gekennzeichneten »natürlichen« Veranlagung der Mehrzahl von Männern und Frauen. So war und blieb es in England Brauch, daß in den Schulen die Knaben und Mädchen bei jeder Gelegenheit mit Ruten gezüchtigt wurden. Auch in den vornehmen Privatschulen Englands war es Brauch, daß der Stubenälteste das Züchtigungsrecht hatte und »neue« Zöglinge mit dem Stock bestrafen durfte. Die meisten willkürlich wegen kleiner Vergehen zu Prügeln Verurteilten mußten ihr Gesäß entblößen und die Schläge »auf den nackten Hintern« in Anwesenheit ihrer Stubengenossen hinnehmen. Wer dabei schrie, wurde als »unmännlich« verachtet und in kurzen Abständen so lange aufs neue gezüchtigt, bis er den Schmerz »verbeißen« konnte. Durch diese auch in anderen Ländern üblichen Schul- und Schulungspraktiken wurde der Flagellantismus, die Lust zu schlagen oder geschlagen zu werden, zu einer so verbreiteten Passion, daß es z. B. in London zahlreiche als Massage-Institute getarnte Unternehmen gab, in denen man sich gegen entsprechende Bezahlung nach Belieben auspeitschen lassen oder andere schlagen konnte. Viele der dieser sexuellen Abirrung Verfallenen hatten ihre ersten sinnlichen Erregungen während der Züchtigung durch Angehörige des eigenen Geschlechts erfahren. Sie verknüpften in ihrer Vorstellung die empfangene Lust mit dem gleichen Geschlecht, auch wenn ihre gleichgeschlechtliche Veranlagung nicht durch gegenseitiges Onanieren (was in Schulen Englands ebenso Gepflogenheit war wie an den Internaten des Kontinents) geweckt oder gefördert worden war. Die Homosexualität war im England des victorianischen Zeitalters so verbreitet, daß die sittenstrenge Regierung gegen die »grobe Indezenz« der widernatürlichen Unzucht mit aller Schärfe vorging, um »Wüstlinge« abzuschrecken: Wenn es den Gesetzgebern auch unmöglich schien, »das Laster« auszurotten, so sollte es doch gezwungen werden, sich nicht öffentlich ruchbar zu machen.

Zeitkritiker begründeten das Umsichgreifen der Homosexualität im Jahrzehnt um die Wende vom 19. zum 20. Jahrhundert als Folge der Entwertung der Ehefrau, die nicht als ebenbürtige geschlechtliche Partnerin galt, oder als Folge einer Idealisierung der Frauen, in deren Gegenwart geschlechtliche Regungen nicht gezeigt oder erwähnt werden durften. Unter sich waren die Männer ungebunden, sie brauchten sich keinen Zwang aufzuerlegen, sie konnten sich gehenlassen, ihren Neigungen nachgeben, miteinander gegen den Anstand verstoßen, wenn sie die Lust dazu ankam. Gewiß – die Gesellschaft verurteilte die als widernatürlich gebrandmarkten Handlungen. Aber wenn die Anhänger der gleichgeschlechtlichen Liebe in Gesellschaft Gleichgesinnter unter sich blieben und sich nicht auffällig machten, war man bereit, über ihre geheimen Beziehungen ebenso hinwegzusehen wie über die Ehebrüche der Männer, die fremde Betten ihren Ehebetten, fremde Frauen ihren Ehefrauen vorzogen.

In Frankreich gab es überhaupt kein Gesetz, das die strafrechtliche Verfolgung der Homosexualität forderte, außer bei einem »outrage public à la pudeur«, einem groben öffentlichen Verstoß gegen die Schamhaftigkeit. Das Liebesleben beider Geschlechter in der französischen Republik war nun zum größten Teil von den so widerspruchsvollen gesellschaftlichen Beschränkungen des zugleich prüden und liederlichen

Frontispiz zum ersten Band »Weiberherrschaft« von Julian Robinson. Privatdruck 1909, Leipzig.

Kaiserreichs befreit worden. Man vergnügte sich in Paris wieder so hemmungslos wie eh und je. Es gab mehr Tanzcafés als zuvor, das Tingeltangel war vom Varieté abgelöst worden, in dem zwar noch nicht völlige Nacktheit der Tänzerinnen, Sängerinnen und Schauspielerinnen zulässig war, aber Entkleidungsszenen bis aufs Hemd mit der Hilfe des Gatten oder Freundes in der Rolle des Kammerdieners – nicht der Kammerfrau – waren »en vogue«. Die Darstellerinnen auf den Bühnen verbargen ihre Reize nicht mehr, sie stellten sie zur Schau, um das Publikum zur Sinnlichkeit aufzureizen. Die »Folies Bergères«, in deren Revuen nur mit Schleiern bekleidete Mädchen tanzten und Posen stellten, waren so lange das beliebteste Varieté, bis das »Moulin Rouge« eröffnet wurde und das aufreizende Plakat von Toulouse-Lautrec die Massen anregte und anzog. Der kleine verkrüppelte Maler aus dem vornehmen Grafengeschlecht vertrank seine Nächte mit den freundlichen Mädchen der Pariser Bordelle, deren zutunliche Gesellschaft er der lieblosen Einsamkeit vorzog. Er und die anderen Maler der »belle époque«: Degas, der die graziösen Bewegungen und Gesten der Pariser Tänzerinnen verewigte, Vincent van Gogh, Gauguin, Seurrat, Renoir, Monet und Pissaro waren Stammgäste der munteren Cafés und des Moulin Rouge, in dem der Cancan seine ungehemmte Wiedergeburt feierte. Die schöne Rigoleboche, die Meisterin des »wildesten und schamlosesten« Tanzes, hatte in der La Goule eine begeisterte Nachfolgerin gefunden, die mit ihrem ungezügelten Temperament Männer und Frauen hinriß. Das Nachtleben war so anziehend und aufregend, daß Paris zum unvergleichlichen Mittelpunkt der großen Welt des Vergnügens wurde.
Der populärste Besucher der »einzigen zivilisierten Stadt der Erde« war der Prinz von Wales, ältester Sohn der Königin Victoria, die das vergnügungssüchtige »enfant terrible« ihres Hofes, den schon in die Jahre gekommenen, dickleibigen Erben ihrer Krone, zwar in England am Gängelband ihrer Mo-

»Die Blutgräfin«: Vision eines anonymen Künstlers über seine masochistischen Wunschträume, der erwählten »Herrin« gewidmet.

Unter den vielerlei Lusttempeln und Amüsierstätten des Pariser Fin de Siècle hatten die »Folies Bergères« und das »Moulin Rouge« eine unbestrittene Spitzenstellung. Und natürlich war Toulouse-Lautrec hier wie dort Stammgast. Wenige Striche genügten ihm, um die charakteristische Atmosphäre – hier »In den Kulissen der Folies Bergères« – einzufangen.

ral halten, ihn aber nicht hindern konnte, sich in Paris für die Langeweile daheim zu entschädigen. In allen bekannten Nachtlokalen, eleganten Bordellen und »Spelunken à la mode« war der spätere König Eduard VII. ein gerngesehener, freigebiger Gast, den die zeitgenössischen Karikaturisten mit einer enormen Zigarre im Mund und mit einer enormen

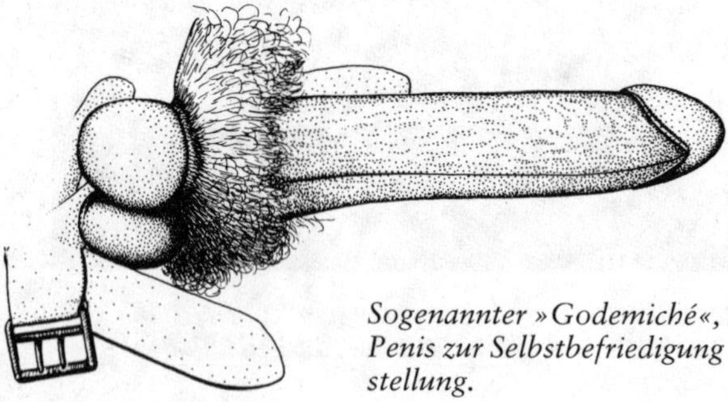

Sogenannter »Godemiché«, künstlicher Penis zur Selbstbefriedigung oder Schaustellung.

Blume im Knopfloch als heiteren Genießer darstellten. Obwohl in England keine Zeile über sein munteres Treiben in Paris veröffentlicht werden durfte, kopierten es die Lords und Gentlemen, denen einige Nächte in Paris die kostspielige Reise wert waren. Es galt als »fashionable«, sich zu Hause steif, förmlich und zurückhaltend zu benehmen, aber in Paris über die Stränge zu schlagen, sich zu betrinken, am besten mit Champagner, und »in der Gosse« zu lieben. Die »nostalgie de la boue«, die Sehnsucht nach dem Schmutz und der Ausschweifung – als Reaktion auf die erzwungene Sittlichkeit – erfaßte immer weitere Kreise. Das Gegensätzliche zog die zur Demonstration des Anstands Genötigten an. Sittliche Verirrungen und Zuchtlosigkeit wurden geradezu populär. Wer in zynischer Konversation brillierte, wurde als »Salonlöwe« bewundert. Prototyp dieser »Lieblinge der Gesellschaft« war der Dichter Oscar Wilde, der, als junger Mann aus Irland nach London gekommen, sich durch sein exzentrisches Auftreten in kurzer Zeit eine überragende Stellung in der »society« geschaffen hatte. Noch bevor er durch seinen Roman »Das Bildnis des Dorian Gray« berühmt geworden war, nahm ihn die Pariser Nobel-Bohème in ihre exklusive Gesellschaft auf. Toulouse-Lautrec porträtierte ihn, die große Tragödin Sarah Bernhardt lud ihn ein. Niemand ahnte, daß er gleichgeschlechtliche Neigungen hatte. Seine Freundschaft mit dem schönen Lord Alfred Douglas war unverdächtig, denn Wilde hatte eine reiche Erbin geheiratet und war Vater zweier Söhne geworden. Lord Alfred Douglas, den Wilde zärtlich »Bosie« nannte, hatte schriftstellerische Interessen – das erklärte den Neugierigen die magische Anziehungskraft, die Wilde auf den ehrgeizigen jungen Lord ausübte. Als der Dichter in Paris seine »Salome« auf französisch schrieb, war Sarah Bernhardt von der Rolle der »perversen Prinzessin« so entzückt, daß sie die Salome zu spielen wünschte, und zwar in der Comédie Française. Aber die Direktion des ehrwürdigen

Theaters lehnte das Stück als zu gewagt ab. Das Palace Theatre in London war bereit, es mit der Sarah Bernhardt in der Hauptrolle und in französischer Sprache herauszubringen. Doch obwohl (oder gerade weil) sich Wilde mit leichten gesellschaftskritischen Stücken einen Namen gemacht hatte, verbot der Lordkämmerer als oberster Zensor die Aufführung mit der Begründung, in der »Salome« würden biblische Gestalten verunglimpft. Wenn Oscar Wilde oder Lord Alfred Douglas sich gefügt und nicht eine englische Buchausgabe der »Salome«, illustriert von Aubrey Beardsley, hätten erscheinen lassen, wäre die peinliche Angelegenheit vergessen worden, obwohl ein bedeutender englischer Kritiker geklagt hatte: »Ein ernsthaftes Kunstwerk, das die größte Schauspielerin unserer Zeit annahm, wird diktatorisch unterdrückt.« Doch das Interesse, das die Buchausgabe in der Übersetzung aus dem Französischen ins Englische von Lord Alfred Douglas fand, wurde der mittelbare Anlaß zu einem Skandal, der sich bald nicht mehr auf die »Salome« bezog, sondern auf den Dichter und seinen Übersetzer. Die intime Freundschaft zwischen Wilde und seinem »Bosie« erregte den Unwillen der Familie des jungen Lords. Sein Vater, der Marquis of Queensburry, dem man Berichte über Ausschweifungen Wildes mit Matrosen und Hotelboys zugetragen hatte, erklärte erst in Clubs und dann öffentlich, daß Oscar Wilde ein »Päderast« sei. Wilde war auf Reisen. Er traf in Algier den französischen Dichter André Gide, der sich zu seinen homosexuellen Neigungen bekannte und ihn warnte, nach London zurückzukehren. Wilde schlug die Warnung in den Wind; er war entschlossen, den Marquis of Queensburry wegen Verleumdung zu verklagen. In einem sensationellen Prozeß wurde die Beleidigungsklage abgewiesen. Und Wilde, der erklärt hatte, daß der Zensor der »Salome« vor der Vulgarität und Scheinheiligkeit des englischen Volkes schimpflich kapituliert habe, stand auf der Abschußliste der Moralisten. Die Polizei fand Strichjun-

Oscar Wilde und sein jugendlicher Freund Lord Alfred Douglas, nach einer Aufnahme aus dem Jahr 1894.

gen, die gegen ihn, der nun als »der Homosexualität verdächtig« angeklagt wurde, vor Gericht aussagten. Lord Alfred Douglas hatte sich allen möglichen Peinlichkeiten durch die Flucht entzogen; aber Wildes eindeutige Liebessonette an »Bosie« wurden den Geschworenen vorgelesen. Das Gericht verurteilte den Dichter wegen widernatürlicher Unzucht zu zwei Jahren Zwangsarbeit; schon im Gerichtssaal wurde Wilde verhaftet. Er war nicht geflohen, obwohl er die Möglichkeit dazu gehabt hätte. Wilde war in England verfemt. Seine Frau und seine Söhne nahmen den Namen Holland an, sein Name war verflucht, nichts sollte an ihn erinnern. Seine Frau setzte ihm eine Rente aus, die nur so lange gezahlt werden sollte, als er Lord Alfred Douglas nicht mehr sah. Wilde übersiedelte unter dem Namen Sebastian Melmoth nach Frankreich und lebte dort wieder einige Zeit mit seinem »Bosie« zusammen. Daraufhin lehnte Mrs. Wilde alias Mrs. Holland es ab, die Rente weiter zu bezahlen. Der bedeutende

»Der König von Thule in Paris«, Karikatur des Prinzen von Wales, gezeichnet von Alexander Wilke.

Dichter, dessen Theaterstücke in England nicht mehr aufgeführt, dessen Bücher nicht mehr verkauft wurden, lebte kärglich von Unterstützungen und starb im Elend.
Während in England der »Sieg der Moral über die Unsittlichkeit« gefeiert wurde und die Scheinheiligkeit triumphierte, machte sich in Frankreich die Lockerung der Sitten nicht nur im Nachtleben bemerkbar, sondern auch im alltäglichen Leben. Die französischen Ehefrauen, auf deren zunehmende Auflehnung gegen die aufgezwungene Sittlichkeit schon Maupassant hingewiesen hatte, waren nicht mehr geneigt, auf die geschlechtlichen Freuden zu verzichten, die von ihren Männern außerhalb der Ehebetten genossen wurden. Und die Ehefrauen, die »unwissend« in die Ehe getreten waren, wollten nicht mehr unwissend bleiben. Sie waren entschlossen, das, was sie nicht von ihren Ehemännern erlernen würden, von Liebhabern zu erlernen. Die Männer glaubten sich der Treue ihrer Frauen versichern zu können, wenn sie die vor Jahrzehnten noch zögernd gestellte Frage: »Darf man seine eigene Frau im Bett wie eine Mätresse behandeln?« nun energisch bejahten.
Die Prüderie, »die zum Krankhaften gesteigerte Empfindlichkeit des weiblichen Schamgefühls«, kritisierte der deutsche Rechtsgelehrte Rudolf von Ihering in seinem Werk »Der Zweck im Recht«. Obwohl er »die Verpönung des Indezenten« gut hieß, erklärte er: »Die Abneigung des Weibes gegenüber dem Obszönen beruht nicht auf einem angeborenen Instinkt oder Widerwillen, sondern auf der ihr durch die Erziehung zugute gekommenen Übertragung der Erfahrungen des ganzen Geschlechts. Das Schamgefühl des Weibes ist anerzogen ... Es ist das Weib, um das es sich beim Indezenten handelt. Nur das Weib ist gefährdet, nicht der Mann, das Weib ist der angegriffene, der Mann der angreifende Teil ...«
Die Verteidigung der Frauen gegen ordinäre Worte und ungebührliche Ausdrücke, ihre Ablehnung obszöner Geschlechts-

bezüglichkeiten im Gespräch war nur eine zeitgebundene Einstellung, die mit den Grundsätzen der bürgerlichen Moral im Einklang stand. In der »gesitteten« Gesellschaft blieb man dabei, daß derbe Redensarten und Anspielungen auf unkeusche Handlungen nicht in der Gegenwart von Frauen geäußert werden durften, und schon gar nicht im Familienkreis. Die geschlechtliche Aufklärung der Mädchen sollte nach wie vor den Ehemännern überlassen sein. Aber was die Eltern und sonstigen Erziehungsberechtigten verabsäumten, ersetzte nur allzuoft die Unterhaltung der Mädchen unter sich, der Freundinnen, die insgeheim »davon« erfahren oder »es« selbst beobachtet hatten. Die erlauschten, als »unanständig« gekennzeichneten Worte gingen von Mund zu Mund, der im eigenen Haus oder im Nachbarhaus zufällig oder absichtlich erspähte Vollzug des Geschlechtsverkehrs oder des zärtlichen Vorspiels wurde in allen Einzelheiten kommentiert. Dinge des Geschlechtlichen vor heranwachsenden Frauen verschweigen und geheimhalten zu wollen wurde zudem dadurch schwieriger, daß man nun Wert auf »gebildete« junge Mädchen legte. Es genügte nicht mehr, daß sie Klavier spielten und ein Liedchen trällerten, um Anklang bei Männern zu finden. Sie mußten nicht nur – im zunehmenden Konkurrenzkampf um den Mann – gefällig aussehen und sich graziös bewegen, sie mußten auch belesen sein, um im geselligen Beisammensein Rede und Antwort stehen zu können. Durch die modische Lektüre französischer Romane, deren Inhalt der wachsenden Freizügigkeit in der Liebe gewidmet war, lernten die jungen Mädchen der europäischen Länder die Liebe kennen, noch bevor sie selbst sie kannten. Ihre Phantasie war angeregt, sie waren in Gedanken unkeusch, noch bevor sie Gelegenheit hatten, in Wirklichkeit unkeusch zu sein.

Die Verführung, eines der beliebtesten Motive der Literatur und der erotischen Kunst, ist in dieser anonymen französischen Lithographie jeglicher Romantik entkleidet.

Die Lüsternheit der Bürgermädchen war offenkundig. Sie blieb weder den Studenten noch den Offizieren verborgen, die als Schürzenjäger auf Mädchenfang aus waren. Dennoch wagten sie sich in der Mehrzahl nicht an das »Freiwild« heran. Immer noch war die Jungfräulichkeit ein unverletzliches Tabu. Einerseits setzte die Entjungferung das Mädchen der Schande aus und hatte unweigerlich die Rache der betroffenen Familie zur Folge, andererseits verpflichtete sie den Mann zur Liebe, zumindest aber, um der Rache zu entgehen, zur ehelichen Verbindung. Der Verführer eines anständigen Bürgermädchens war ehrlos, wenn er sich nicht zum Duell stellte, mit dem er sein Leben als Lohn für die genossene Liebe riskierte. So war der Zwang zur Erhaltung der Jungfräulichkeit der Mädchen eine Garantie gegen den vorehelichen Geschlechtsverkehr, der überdies die Gefahr barg, daß ein uneheliches Kind gezeugt werden konnte. Junggesellen und solche, die es bleiben wollten, halfen sich deshalb in ihren geschlechtlichen Nöten nach wie vor mit dem Besuch von Bordellen oder unterhielten Liebesbeziehungen mit erwerbstätigen Frauen, mit Dienstmädchen, Verkäuferinnen oder Fabrikarbeiterinnen, die man den Prostituierten vorzog. Die Hoffnung auf eine ständige Bindung, das Verlangen nach Erlebnis und Liebe bewog die meisten dieser aus ärmlichen Verhältnissen kommenden Mädchen, keine Umstände zu machen, wenn die Sinnlichkeit sie trieb. Sie gaben sich ohne Widerstand und bedingungslos hin, um Freude und Lust zu genießen. Die freie Liebe galt ihnen nicht als Sünde. Auch für diejenigen Mädchen aus sogenannten »einfachen« oder »niedrigeren« Ständen, die später eine Ehe schließen wollten, war der voreheliche Geschlechtsverkehr eine Selbstverständlichkeit. Ihre Eltern oder sie selbst waren vom Lande in die Stadt zugewandert. Auf dem Lande nahmen weder Mädchen noch Burschen ein Blatt vor den Mund, wenn es sich um den Geschlechtsverkehr handelte. Kein Bauernmädchen nahm

ihrem Burschen übel, wenn er seine frechen, schamlosen Lieder sang. Sie sangen mit: »Der Vater, der schickt mich ins Heu, juhe, die Mutter, die schickt mich in' Klee, da kommen die lustigen Jagersbuam, Jagersbuam, heb'n ma die Kittel in d'Höh. Der erste, der hat ja kein Pulver net, der zweite, der hat ja kein Blei, der dritte, dem steht seine Nudel net, leckt's mi am Arsch alle drei.« Mädchen und Burschen stimmten in den Chor ein: »Mei' Vater is' a Stieglitz, mei' Mutter is a Zeisl, mei Vater springt eini, pledert d'Mutter im Häusl.« Es gab kein Versteckspiel des Geschlechts auf dem Land. Man sagte, was man dachte, und man machte keine Sprüch' um die Dinge. Es war so, wie es im Volkslied hieß – und die Mädchen wußten, daß die Burschen, die so sangen, genau das meinten, was sie sangen: »Und willst mir's nicht leihn und willst mich nicht hörn, dort drunt' unsere Nachbarin, die leiht mir's recht gern.« Oder: ». . . Unterhalb 'm Nabel, da geht der Bauch aus, da sitzt a schwarz' Katzerl und paßt auf a Maus . . .« Die Mädchen wollten das gleiche wie die Burschen. Sie taten sich keinen Zwang an, wenn es ihnen beiden behagte. Die einzigen, die gelegentlich gegen das allzu muntere Treiben im Dorf Einspruch erhoben, waren der Pfarrer und im sonst durchaus sinnenfrohen bäuerlichen Oberbayern die sogenannten Haberer, die zumeist aus Hetz', Tollerei und Eifersucht allzu schamlos hurende Burschen und Mädchen anstänkerten.
Ungeschlacht roher, bäuerlicher Ausdrücke bedienten sich gern auch die Offiziere auf den Exerzierplätzen und beim Reitunterricht, um sich, wie sie vorgaben, den Rekruten in ihrer Sprache verständlich zu machen. Der Kasernenhof wurde in Deutschland und Österreich geradezu eine Schule für den Gebrauch von unflätigen Worten und Obszönitäten. Es galt als »schneidig« oder »fesch«, sich in gemeinen Redensarten zu überbieten und seine Kenntnisse des Geschlechtlichen durch schlüpfrige Hinweise bei der körperlichen Ausbildung der Rekruten darzutun. Die dem Drill ausgelieferten

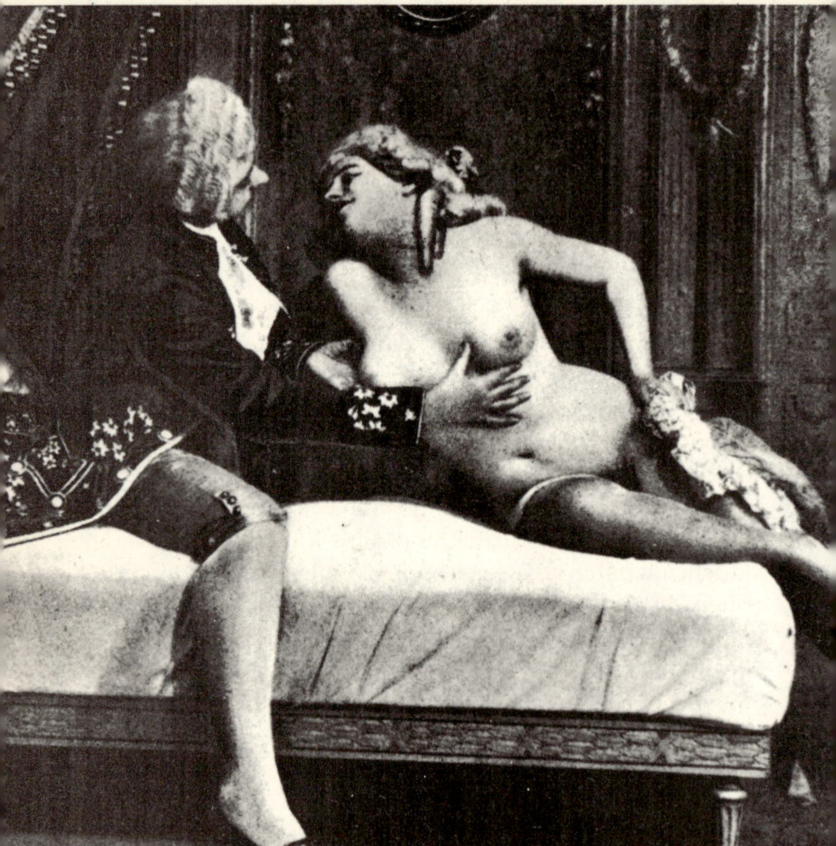

»Liebhaberfoto« aus der Zeit um 1890.

Männer wurden barsch angefahren, sich beim Reiten rascher zu bewegen, so wie zu Hause beim Coitus, und beim Traben hieß es, sie sollten vor- und zurückschwingen, wie sie es bei ihren Mädchen gewohnt seien – ohne »vorne anzustoßen«, sonst »beschädigten sie ihr bestes Stück« –, und sich nicht in den Sattel fallen lassen, damit sie »ihre künftigen Kinder nicht zertrümmerten«. Und wie die Bauern gaben auch die Studenten und Offiziere ihrer Lust nach, schamlose Lieder zu singen. Wenn sie genügend angetrunken waren und ihre Hemmungen verloren hatten, variierten sie die Gesänge, die, wie sie einander prahlerisch gestanden, »schweinischen« Inhalts waren. In der übermütigen Freude an der »Sauerei«, im Bewußtsein, gröblich gegen die kurz vorher noch in feierlicher Rede auf dem Kommers oder im Kasino gepriesene Zucht und Sitte zu verstoßen, grölten sie mit Vorliebe die unzähligen Verse und Versionen des Liedes von der »Wirtin an der Lahn«, dessen Texte von saufenden Dichtern immer wieder abgewandelt wurden. Für besonders vergnüglich hielt man die Fassungen, in der die Sittsamkeit oder Keuschheit der Frauen verunglimpft wurde. Denn die Frauen und Mädchen, davon war man überzeugt, wußten schon, worauf es ankam. Wenn die jungen Offiziere und Studenten das zum Ausdruck bringen wollten, sangen sie: »Frau Wirtin hat auch eine Bas', die hat ein gutes Augenmaß, die sagt auf tausend Meter mit kolossaler Sicherheit: ›Dem, der da kommt, dem steht er.‹«
Die ebenso unbefriedigte wie ungesunde Sinnlichkeit der bürgerlichen Jugend beunruhigte die Mädchen und brachte die Männer gegen die Moralheuchelei ihres Zeitalters auf. Sie wurden voreinander und miteinander blasphemisch, sie lästerten Gott, in dessen Namen die Kirche die Unzucht als unverzeihliche Sünde brandmarkten. Sie spotteten über den Himmel, in dem es keine Orgien gab. In verwegener Ketzerei erfanden sie die Gestalt des unverschämten Bonifazius Kiesewetter, der weder Anstand noch Moral hatte und sich hem-

mungslos schlecht benahm, wenn ihn sein grillenhaftes Wesen dazu anregte. Beinahe jeder junge Offizier, beinahe jeder Student hielt sich insgeheim für einen Bonifazius Kiesewetter (der, wenn man der Fama glauben darf, ein Breslauer Corpsstudent und dann ein Amtsrichter gewesen ist), für einen Verächter des Hergebrachten, einen zynischen Spötter, dem nichts heilig war und der seinen Trieben freien Lauf ließ, einerlei, wo er sich befand. Kiesewetters realistische Erkenntnis, daß das Geschlechtsleben von den geltenden Beschränkungen befreit werden müsse, war niedergelegt in den gotteslästerlichen Versen, die man in allen Offizierskasinos und Studentenkneipen rezitierte: »Bonifaz kam in den Himmel, Petrus kannte ihn bereits, und so war denn die Begrüßung äußerst förmlich beiderseits. Als er dann im Himmelssaale sich ein wenig umgetan, fragt er gleich den nächsten Engel: ›Wo fickt hier der feine Mann?‹ Jäh verstummten die Choräle, alle Lichter gingen aus, Bonifazius aber warf man unsanft aus dem Himmel 'raus. Moral und schöne Nutzanwendung: Den Trieb mußt du auf Erden regeln, im Himmel gibt es nichts zu vögeln.«

Den Trieb auf Erden regelten um die Wende des Jahrhunderts die Pariser Bürgermädchen auf ihre eigene Art – und sie fanden Nachahmerinnen in allen Städten und Ländern der Erde. Mit weiblicher Beharrlichkeit hielten sie an den ihnen von der Moral und der Gesellschaft vorgeschriebenen Grundsätzen fest: Sie bewahrten ihre Jungfernschaft. Aber sie gingen doch voreheliche Geschlechtsbeziehungen ein. Wenn das Hymen dabei unversehrt blieb, konnte kein künftiger Ehemann sie einer vorehelichen Verfehlung überführen – sie waren Jungfrauen geblieben, auch wenn sie das Bett mit Männern geteilt und die Freuden der Liebe genossen hatten. Zärtliche Berührungen, die die Lust auslösten, galten bei den »Demivierges«, den Halb-Jungfrauen, deren eingeschränkte Hingabe Marcel Prévost in seinem gleichnamigen Roman geschildert hatte, nicht als unerlaubt. Ihre Ausschweifungen waren in der Tat umgesetzte Phantasien, die ihre durch die Enthaltsamkeit erregten Sinne doch viel natürlicher befriedigten als die Selbstbefriedigung, der sie sich in der Mehrzahl ergeben hatten. Die Demivierges brachten weder Schande über sich noch über ihre Familien, sie fügten sich der Vorschrift, bis zur Ehe unberührt zu bleiben, wenn sie ihren Liebhabern zugestanden: »Alles kannst du von mir haben, nur das Eine nicht . . .«

Zeittafel

1847–1921	Fürst Philipp zu Eulenburg
1849–1926	Ellen Key
1854–1902	Friedrich Alfred Krupp
1856–1939	Sigmund Freud
1858–1929	Heinrich Zille
1859–1941	Wilhelm II. (1888–1918 Deutscher Kaiser)
1861–1927	Maximilian Harden
1862–1931	Arthur Schnitzler
1865	Gründung des »Allgemeinen deutschen Frauenvereins« in Leipzig
1868–1935	Magnus Hirschfeld
1869–1945	Felix Salten
1870–1937	Alfred Adler
1872–1898	Aubrey Beardsley
1874–1929	Hugo von Hofmannsthal
1875–1961	Carl Gustav Jung
1900	Freud: Die Traumdeutung
1903–1914	Englische Frauenwahlrechtsbewegung unter Sylvia Pankhurst (Suffragetten)
1905	Freud: Drei Abhandlungen zur Sexualtheorie
1906	Wassermannsche Reaktion (Serumdiagnose der Syphilis)
1906–1907	»Hofkamarilla«-Prozesse (Maximilian Harden – Fürst Eulenburg)
1909	Paul Ehrlich erfindet das Salvarsan
1909–1912	Eduard Fuchs: Illustrierte Sittengeschichte vom Mittelalter bis zur Gegenwart
1912–1913	Balkankriege
1914–1918	Erster Weltkrieg
1917	Oktober-Revolution in Rußland
1918	Waffenstillstand; November-Revolution in Deutschland

5 »Krieg und Liebe passen nicht zueinander«

Von 1890 bis 1918

Schon ausgangs des 18. Jahrhunderts war in Frankreich mit einer »Erklärung der Frauenrechte«, in England mit einer »Verteidigung der Rechte der Frauen« und in Deutschland mit einem Buch »Über die bürgerliche Verbesserung der Weiber« der Versuch unternommen worden, der Frau zur freien Entfaltung ihrer Persönlichkeit und ihrer gesellschaftlichen und politischen Rechte zu verhelfen. Seit der Mitte des 19. Jahrhunderts hatten die »Frauenrechtlerinnen« ihre Forderungen mit wachsendem Nachdruck verkündet, und nun, um die Jahrhundertwende, verlangten in England die zum Äußersten entschlossenen »Suffragetten« mit lautstarken Reden, radikalen Petitionen und militanten Demonstrationen die politische Gleichberechtigung. In Frankreich hingegen (und nicht nur dort) waren die Ehemänner und die Väter unverheirateter Töchter nach wie vor in Sorge, wie sie Frauen und Jungfrauen vor unkeuschen Fehltritten bewahren könnten. Ein Pariser Unternehmer machte sich die Kümmernis seiner Mitbürger zunutze. Indem er sich als Beschützer der guten Sitten aufspielte, bot er Ehemännern und Vätern eine »Erfindung« an, die, so schrieb er, »in einer Zeit der Unordnung, wie die, in der wir leben, in der es so viele betrogene Gatten und so viele hintergangene Mütter gibt«, unvergleichliche Dienste leisten werde. Die »neue« Erfindung war nichts anderes als ein nach altem Muster in Silber oder Gold hergestellter Keuschheitsgürtel, ein »Schutz-Apparat für die Treue«. Alle Fährnisse der Geschlechtlichkeit seien durch diesen Apparat um so mehr ausgeschlossen, als er nicht nur zum Schutz der Scheide hergestellt werden könne, sondern auch – unabhängig davon – zum Schutze des Anus vor perversem Mißbrauch.

Die Pariser Industrie zur mechanischen Verhinderung des außer- und vorehelichen Geschlechtsverkehrs war nur kurzlebig. Weltweit aber und gewaltig war der Aufschwung der Industrie zur Förderung des Geschlechtsverkehrs durch die Erzeugung von empfängnisverhütenden Mitteln. Das Kondom, auch »Präservativ« genannt, eine Schutzhülle des männlichen Gliedes, wurde als das beste und zuverlässigste künstliche Verhütungsmittel angepriesen. Es war keine neue Erfindung. Schon im 16. Jahrhundert waren Schutzhüllen von dem italienischen Arzt Gabriele Falloppio als Vorbeugung gegen die Ansteckung mit der grassierenden Syphilis empfohlen worden. Statt der Leinensäckchen, die man damals verwendet hatte, waren später Kondome aus den Därmen von Ziegen in Gebrauch gekommen. Die »französischen Blasen«, aus den Blinddärmen junger Schafe gefertigt, waren bis zur Herstellung der Kondome aus Gummi die beliebtesten. Die Reklame, die ursprünglich den Hauptwert auf den Schutz vor Geschlechtskrankheiten gelegt hatte, pries nun ihre elastische Nützlichkeit zur Verhütung von ehelicher und außerehelicher Schwangerschaft an. Wer aber kein Kondom benützen konnte oder wollte und unerwünschten Nachwuchs zu vermeiden wünschte, mußte sich auf den »Coitus interruptus« verlassen, den vor der Ejakulation des Samens unterbrochenen Beischlaf. Doch galt diese Methode als ungesund und schädlich. Die Angst der Männer vor den »nervösen« Folgen des »Zurückziehens« und die der Frauen vor der Unzuverlässigkeit der Männer konnte allerdings beschwichtigt werden, durch Schutzhüllen nämlich, die von den Frauen getragen wurden, um den Eintritt der Samenfäden in die Gebärmutter zu blockieren und so eine Befruchtung zu verhindern. Der Flensburger Arzt Dr. Mensinga erfand unter dem Pseudonym C. Hasse das sogenannte Okklusiv-Pessar, eine von einem Stahlring umfaßte Halbkugel aus Gummi, die vor dem Koitus eingeführt wurde und die Öffnung des Muttermundes verschloß. Es wurden auch Pessare aus Silber verwendet. Die Unbequemlichkeit des Einführens, die Furcht vor dem Verschieben des Pessars während des Geschlechtsverkehrs und das Auftreten von Entzündungen – all das verminderte freilich die Lust der Frauen, sich dieses Verhütungsmittels zu bedienen. Die Mehrzahl zog es vor, daß die Männer sie und sich vor den Folgen des Verkehrs durch Kondome schützten.

Kinderreichtum bedeutete für Ehepaare, die in beschränkten Verhältnissen lebten, Armut, für Bessersituierte Einschränkung. Aber auch Wohlhabende, die sich den Luxus von Kindern leisten konnten, hielten es in den meisten Fällen für geraten, ihr Familienleben nicht durch eine Überzahl von Kindern zu belasten. Zuerst in Frankreich kam es durch den systematischen Gebrauch von empfängnisverhütenden Mitteln zu einer Geburtenbeschränkung, die man als »Zwei-Kinder-System« bezeichnete. Nicht so sehr die französischen Männer als vielmehr ihre Frauen bestanden auf dieser Regelung des Nachwuchses. Sie wehrten sich dagegen, »Gebärmaschinen« zu sein und sich die Freude an der Geschlechtslust durch unaufhörlich aufeinanderfolgende Schwangerschaften und Geburten vergällen zu lassen. Auch in anderen europäischen Ländern und in Amerika stieg die Tendenz zur Geburtenbeschränkung nicht nur durch Verhütungsmittel, sondern auch durch künstlich herbeigeführte Abortionen, durch Abtreibungen. Derlei Eingriffe waren nach wie vor gesetzlich verboten und wurden auf das strengste bestraft, wenn sie zur Anzeige kamen. Aber die Frauen, die sich der in den ersten Monaten der Schwangerschaft verhältnismäßig ungefährlichen Operation unterzogen, bewerteten die Folgen der Entdeckung und Verfolgung geringer als die Peinlichkeiten, die das Austragen der Leibesfrucht und die Geburt mit sich bringen würden. Gewissenlose Hebammen, die man zynisch als »Engelmacherinnen« bezeichnete, da sie dem keimenden Leben ein Ende setzten, spezialisierten sich in beinahe allen grö-

»Der gefesselte Storch«, Reklamezeichnung für eine Wiener Präservativ-Marke.

ßeren Städten auf Abtreibungen, die in der Mehrzahl glimpflich verliefen. Ihre Kundinnen waren zum größten Teil unverheiratete oder erwerbstätige Frauen, für die das Gebären eines Kindes den Ruin ihrer gesellschaftlichen oder wirtschaftlichen Existenz bedeutet hätte.

Die zunehmende Freizügigkeit des außer- und vorehelichen Geschlechtsverkehrs in Europa wurde keineswegs durch das Gewissen beschränkt, auch nicht durch den Verfall der bürgerlichen Moral des Victorianischen und Wilhelminischen Zeitalters, sondern durch die Angst vor den Geschlechtskrankheiten, die sich geradezu besorgniserregend ausgebreitet hatten. Der deutsche Sexualforscher Iwan Bloch, einer der ersten Vorkämpfer gegen die Tabus des Geschlechtlichen, veröffentlichte in seinem volkstümlichen Werk »Das Sexualleben unserer Zeit« erschreckende Zahlen über die Verbreitung der venerischen Krankheiten aufgrund einer am 30. April 1900 in Preußen erhobenen Statistik. Danach wurden an diesem Tag allein in Preußen 41 000 Geschlechtskranke, darunter 11 000 mit frischer Syphilis behandelt, in Berlin

Wie der vierte Stand, das Proletariat, lebte und liebte, wußte niemand besser als das Proletarierkind Heinrich Zille, der unübertroffene Meister des Berliner Arbeiter-»Milljöhs« (Zeichnung aus dem Werk »Hurengespräche«).

11 600, darunter 3000 frische Syphilitische. Bloch stützte sich auch auf die Angaben von A. Blaschko, der es unternommen hatte, die Ausbreitung der Lustseuchen zu untersuchen. In der männlichen Bevölkerung Preußens waren 28 vom Tausend geschlechtskrank, in Berlin 142 vom Tausend, in Städten über 100 000 Einwohner 100 vom Tausend, in Städten über 30 000 Einwohner 58 vom Tausend, in Städten unter 30 000 Einwohnern 45 vom Tausend, in der Armee 15 vom Tausend. Von den Erkrankten gehörten 30 % der geheimen Prostitution an, 25 % waren Studenten, 16 % Kaufleute, 9 % Arbeiter, 4 % Soldaten.

Solche Zahlen waren alarmierend für alle Frauen, am meisten aber für die bürgerlichen Ehefrauen, die den Anstand wahrten – hatten die Zählungen doch ergeben, daß von 106 Ehemännern nur 7 die Erkrankung sich von ihren Gattinnen zugezogen hatten, die anderen 99 durch außerehelichen Geschlechtsverkehr vor und nach der Verheiratung. Iwan Bloch, der auch ein grundlegendes Werk über den »Ursprung der Syphilis« verfaßt hat, berichtete: »Es gibt in Europa sicher keinen Menschen, von dessen Ahnen, die er innerhalb der vier Jahrhunderte« (seit der Entdeckung Amerikas, von wo, Bloch zufolge, die Syphilis eingeschleppt worden war*) »gehabt hat, nicht zahlreiche mit dieser Erkrankung zu kämpfen gehabt haben, so sehr sich auch das Gefühl mancher gegen diese ihm unangenehme, aber ganz zweifellose Tatsache sträuben mag.« Entgegen den Urteilen zeitgenössischer Fachleute behauptete Bloch, daß die Syphilis heilbar sei durch gründliche Behand-

* Die Ansicht des Sexualwissenschaftlers Bloch, daß die Syphilis aus Amerika eingeschleppt worden war, wird heute stark angezweifelt. Es ist durchaus möglich, daß die neue Mobilität des 16. Jhd. eine alte, aber lokal eingeschränkte Seuche nun zu der verheerenden Geißel werden ließ, welche die Syphilis von da ab bis zum Aufkommen der modernen Antibiotika wurde. Das Salvarsan Ehrlichs war nur unsicher wirksam. [G. L.]

lung mit Quecksilber, die jedoch mehrere Jahre in Anspruch nehme. Er behauptete auch, daß die Gonorrhöe, der infektiöse, durch Gonokokken hervorgerufene Harnröhren-Tripper, erfolgreich bekämpft werden könne. Sein Zeitgenosse Professor Finger, ein bedeutender Wiener Facharzt für Geschlechtskrankheiten, formulierte allerdings die Aussichten einer Heilung des Trippers in seinen Vorlesungen anders. Er nämlich erklärte: »Jeder Tripper ist heilbar, nur der erste nicht.«

Den ersten Sieg im Kampf gegen die Syphilis errang der Zoologe Fritz Schaudinn: Er fand unter dem Mikroskop die »Spirochaeta pallida«, eine blasse, wie ein Korkenzieher gewundene Mikrobe, die nur bei Lueskranken festzustellen war. Dann arbeitete der Bakteriologe August Wassermann eine Methode zur Blutuntersuchung aus, die als »Wassermannsche Reaktion« in die Geschichte der Medizin einging; war die Reaktion »positiv«, so erwies dies das Vorhandensein einer Syphilis. Und durch die Erfindung des Salvarsans schuf schließlich Paul Ehrlich das erste voll wirksame Heilmittel gegen die Lustseuche.* 606 Versuche hatte er anstellen müssen, um zum Ziel zu kommen. So hieß das Ergebnis seiner Bemühungen zunächst »Ehrlich 606«, bis es als Salvarsan weltweit bekannt wurde.

Nicht nur Geschlechtskrankheiten bedrohten die Menschheit, sondern auch »Krankheiten des Geschlechts«, wie Richard von Krafft-Ebing in seiner grundlegenden »Psychopathia sexualis« und in weiteren Schriften, die nicht nur von

* Wirklich »besiegt« war die Syphilis erst nach Einführung von Penicillin und Tetrazyclin. In die kurze Spanne zwischen diesem Triumph der Medizin und dem Aufkommen von AIDS (und einer erneuten Virulenz der Syphilis durch Resistenzbildung und neue Armut) fallen die Jahre der »sexuellen Revolution«. Zufall oder Kausalität – mit dieser Frage beschäftigt sich die moderne Sexualwissenschaft vehement. [G. L.]

Ärzten, sondern auch von Laien gelesen wurden, die Abweichungen von dem als normal geltenden Geschlechtsempfinden bezeichnete. Seine Gutachten, die er über die vom Gesetz und von der Gesellschaft verurteilten »Abirrungen« verfaßte, beruhten auf Krankheitsgeschichten, die er zu dem Zweck gesammelt hatte, den Geisteszustand seiner freiwilligen oder unfreiwilligen Patienten zu untersuchen. Daß eine ständig wachsende Zahl von psychisch Erkrankten die menschliche Ordnung mit »abnormen« geschlechtlichen Handlungen gefährdete, erschreckte die Öffentlichkeit. Gewiß – die meisten solcher Vergehen waren in den Strafgesetzbüchern verzeichnet. Die Fragen aber, die sich jetzt stellten, waren, ob diese Akte »Zwangshandlungen« seien, die Täter daher nicht »zurechnungsfähig«, und in welcher Form man die so Erkrankten behandeln und heilen könne oder aber verurteilen müsse. Die Liste der von Krafft-Ebing angeführten und kommentierten »Abirrungen« erstreckte sich von der »Verletzung der Sittlichkeit in Form des Exhibitionierens« (also der Entblößung und Zurschaustellung der Genitalien vor Personen des anderen Geschlechts) über »Notzucht und Lustmord«, »Körperverletzung, Sachbeschädigung, Tierquälerei aufgrund von Sadismus«, »Unzucht wider die Natur durch Tierschändung und mit Personen des gleichen Geschlechts« bis zu »Nekrophilie« (die Perversion, an der sexuellen Vermischung mit einem Kadaver Gefallen zu finden) und »Inzest« (den Geschlechtsverkehr zwischen Mitgliedern der engeren Familie). Krafft-Ebings Ausführungen über die Homosexuellen, die er (nach den Schriften des von ihm zitierten Assessors Ulrich, der unter dem Pseudonym Numa Numantius geschrieben hatte) »Urninge« nannte, erregten im Hinblick auf die gerade in Berlin deutlich erkennbare Verbreitung der gleichgeschlechtlichen Liebe besonderes Aufsehen. Es hatten sich, über die Männerbälle hinaus, in Cafés, Konditoreien und Kneipen gesellige Vereinigungen gebildet, in denen sich ohne Scham und

Scheu Urninge und »Uranierinnen« (weibliche Homosexuelle) versammelten. Es gab Klubs, wie die nur aus Frauen bestehende »Gesellschaft der Eigenen«. Die Homosexuellen trafen einander bei Hausbällen und Sommerfesten und unterhielten »Jours fixes«. Es gab einen »Männerstrich«, auf dem es ähnlich zuging wie auf dem Strich der Prostituierten. »Berlins drittes Geschlecht«, wie der Sexualforscher Magnus Hirschfeld die von der übrigen Gesellschaft äußerst abfällig beurteilten gleichgeschlechtlichen Männer bezeichnete, ließ sich durch den berüchtigten Paragraphen 175, in dem stand, daß die widernatürliche Unzucht, welche von Personen männlichen Geschlechts oder von Menschen mit Tieren begangen wird, mit Gefängnis zu bestrafen sei und den Verlust der bürgerlichen Ehrenrechte mit sich ziehen könne, nicht einschüchtern – und das um so weniger, als in der Berliner Zeitschrift »Die Zukunft« behauptet wurde, daß es am Hof Wilhelms II. eine Kamarilla gebe, eine einflußreiche Gruppe von Homosexuellen, die als »Nebenregierung« zu beurteilen sei, da der Kaiser diesen Urningen mehr Vertrauen schenke als seinen Ministern.

In der öffentlichen Meinung Berlins kam es zu heftigen Auseinandersetzungen, als der Herausgeber der Zeitschrift »Die Zukunft«, Maximilian Harden, in einem erneuten Angriff auf die angeblich homosexuelle Hof-Kamarilla sich gerade auf die »schwärmerisch brünstige« gleichgeschlechtliche Liebe bezog und eine Gefahr darin erkennen wollte, daß die Männerfreundschaft stärker sein könne als der Patriotismus und daß die von den Franzosen als »le vice allemand – das deutsche Laster« gebrandmarkte Homosexualität keine Grenzen des Vaterlandes kenne. Auf Hardens Abschußliste stand Fürst Philipp zu Eulenburg und Hertefeld, der deutscher Botschafter in Wien gewesen war und als guter Freund der Katharina Schratt, der »Freundin« Kaiser Franz Josephs, gegolten hatte. Eulenburg stand in dem Ruf, gleichgeschlechtlichen Neigun-

»Das Windspiel« heißt eine charakteristische Federzeichnung von Max Frölich im beliebten Jugendstil.

gen zu frönen. Er genoß aber das unbedingte Vertrauen Wilhelms II. so sehr, daß der Kaiser sich von ihm auch auf seinen Reisen nicht trennte. Waren die Angriffe Hardens gegen Wilhem II. gerichtet, dessen Politik er verurteilte? Die prominentesten Namen auf Hardens Liste, die später auch der Öffentlichkeit bekannt wurden, waren Prinz Friedrich Heinrich von Braunschweig, die Grafen Wilhelm und Fritz von Hohenau, Kuno von Moltke, der Berliner Stadtkommandant und, nebst anderen bei Hofe ein und aus gehenden Persönlichkeiten, der Waffenkönig Krupp.
Als Maximilian Harden in der »Zukunft« Eulenburg offen beschuldigte, sich homosexuell betätigt zu haben, klagte der Fürst und leugnete unter Eid jegliches Vergehen gegen den Paragraphen 175. Harden wurde wegen Verleumdung zu vier Monaten Gefängnis verurteilt. Erst als ihn eine Münchner Zeitung angriff, konnte er zurückschlagen. Ein bayerischer Milchmann hatte dem Verteidiger Hardens freiwillig mitgeteilt, daß Eulenburg mit ihm gleichgeschlechtliche Beziehun-

gen unterhalten habe. Dieser Mann erklärte: »Mit mir hat er ja die Kramilla gemacht«; vor Gericht gab er an, daß er mit dem Wort »Kramilla« nicht eine »einflußreiche Hofpartei« gemeint habe, sondern ein geschlechtliches Erlebnis aus seiner Jugend, als ein feiner Herr ihn »mißbraucht habe«. Der feine Herr, Fürst Eulenburg, habe ihn mit 1500 Mark entlohnt und auf seinem Schloß »fürstlich« bewirtet. Ein anderer Mann, der als Fischer am Starnberger See tätig war, bezeugte ähnliche Vorgänge. Fürst Eulenburg wurde wegen Meineids angeklagt, jedoch erklärten ihn drei medizinische Sachverständige für »verhandlungsunfähig«. Er leistete eine Kaution von 500 000 Mark und blieb bis zu seinem Tod auf Schloß Liebenberg, von Berliner Polizeibeamten bewacht, unter Hausarrest. Als im sozialdemokratischen »Vorwärts« ein Artikel mit dem Titel »Krupp auf Capri« erschien, in dem die homosexuellen Neigungen des Großindustriellen offen dargelegt wurden, strengte Krupp, der gerade im engsten Kreis um Wilhelm II. an der Segelregatta der Kieler Woche teilnahm, keine Beleidigungsklage an. Nach seiner Rückkehr in die Villa Hügel aber nahm er eine Überdosis von Schlafmitteln. Er wurde mit den höchsten Ehren zu Grabe getragen. Der Kaiser folgte seinem Sarg.

Vielleicht wegen dieser Skandale lehnte ein großer Teil der Bevölkerung die Homosexuellen noch stärker ab als zuvor. Gleichzeitig aber wurden immer mehr Stimmen laut, die forderten, daß man die Gleichgeschlechtlichen nicht wie Verbrecher verfolgen sollte. Es war dies die Folge der Tatsache, daß jetzt Fachgelehrte wie Iwan Bloch und Magnus Hirschfeld sich mit allgemeinverständlichen Schriften an die Öffentlichkeit wandten und immer weitere Kreise mit den natürlichen, bis dahin so sorglich geheimgehaltenen Gegebenheiten ebenso wie mit den unterschiedlichen Möglichkeiten und Abarten des Geschlechtslebens bekanntmachten. Aber die allgemeine Aufmerksamkeit wandte sich doch jener gefährlichen

Der Text zu dieser Illustration von Choisy Le Conin (Pseudonym für Franz von Bayros) mit dem Titel »Im Atelier« lautet: »Oh, Darling, mir ist, als ob sich deine Zunge und der Griff meines Regenschirms in meinem Körper treffen – ach, ich versinke!« (1907)

Krise zu, in welche die in allen zivilisierten Ländern anerkannte Institution der Ehe geraten war. Hatte die mehr oder weniger offene Revolte der Frauen gegen die doppelte Moral den Anlaß gegeben für die Schwierigkeiten im ehelichen Zusammenleben, die so unüberwindbar schienen, daß man in Frankreich ein »Komitee für Ehereform« bildete, dem nicht nur für ihre Rechte eintretende Frauen angehörten, sondern auch angesehene Juristen und Publizisten. Zu den Persönlichkeiten, die eine Änderung der bestehenden Ehegesetze forderten, zählte auch Marcel Prévost, dessen Roman »Les Demi-vierges« die liebeslustigen Jungfrauen von Paris aufgerührt und die Ehemänner in Angst und Bange versetzt hatte. Sein gesellschaftskritisches Buch beeinflußte die Sitten ganz erheblich, denn nicht nur die Mädchen, die ihre Jungfernschaft trotz aller Ausschweifungen zu bewahren wußten, sondern auch die von ihren Männern vernachlässigten Ehefrauen suchten die Gelegenheit nach außerehelicher Liebe – die unbefriedigten Gattinnen natürlich, um dem »Grünzeug« nicht das Feld räumen zu müssen. Der Ehebruch wurde zur gesellschaftlichen Zerstreuung, die allen Männern, mit Ausnahme der gehörnten (die freilich ihrerseits auch jede Möglichkeit eines Seitensprungs wahrnahmen), als Selbstverständlichkeit galt. In der Petition, die der französischen Deputiertenkammer und dem Senat von dem Komitee überreicht werden sollte, hieß es: »Es wäre kindisch, verhehlen zu wollen, daß die Einrichtung der Ehe in eine kritische Phase getreten ist. Philosophen und Romanciers verkünden um die Wette den Zusammenbruch dieser Institution.« Sie sei vielleicht zu retten, wenn den Gatten gleiche Rechte, gleiche Pflichten, gleiche Verantwortlichkeit bewilligt würden. Die Ehe könne dadurch praktischer und weniger unmoralisch gestaltet werden, »als sie es jetzt ist«. Es erscheine als angemessen, die Scheidung zu erleichtern, »denn selbst die unlösliche Ehe ist kein Band für die, die es zerreißen wollen, deren Sitten liederlich geworden sind«. Die Scheidung sei zwar kein Glück, sondern nur ein Hilfsmittel, »aber das Zusammenleben zweier Menschen, die sich hassen, ist ein größeres Übel als die Scheidung«. Die bürgerliche Gleichheit der beiden Geschlechter müsse ein Grundgesetz des modernen Rechts bilden. »Wir fordern die Abschaffung der Strafen für Ehebruch.« Der Ehebruch dürfe nur als Scheidungsgrund angesehen, nicht aber strafrechtlich verfolgt werden.

»Freundinnen«, Federzeichnung von Gustav Klimt.

Auch die schwedische Schriftstellerin Ellen Key forderte in ihrem Buch »Über Liebe und Ehe« die freie Scheidung. Sie nannte die Anhänger der freien Liebe, die sie bevorzugte, »Eheprotestanten«. Sie befürwortete die Bestätigung einer in Schweden damals erwogenen gesetzlichen Bestimmung: »Wenn ein Mann seine Verlobte schwängert, dann ist das eine Ehe . . . Entzieht er sich der Trauung und beharrt er auf seiner Weigerung, dann sei sie als seine Ehefrau erklärt und genieße volle eheliche Rechte in seinem Haus.« Und Ellen Key forderte außerdem, daß die ökonomisch und rechtlich untergeordnete Stellung der Frau nicht nur in förmlichen Ehen, sondern auch in freien »Gewissensehen« beseitigt werde; über den Vater hinaus müsse die Gesellschaft durch Mutterschaftsunterstützungen für den Unterhalt der Kinder sorgen. Der »unsittlichen« Unterscheidung zwischen legitimen und illegitimen Kindern sei ein Ende zu setzen. Ellen Keys Erklärung, daß die Liebe »immer mehr eine Privatsache der Menschen, die Kinder dagegen immer mehr eine Lebensfrage der Gesell-

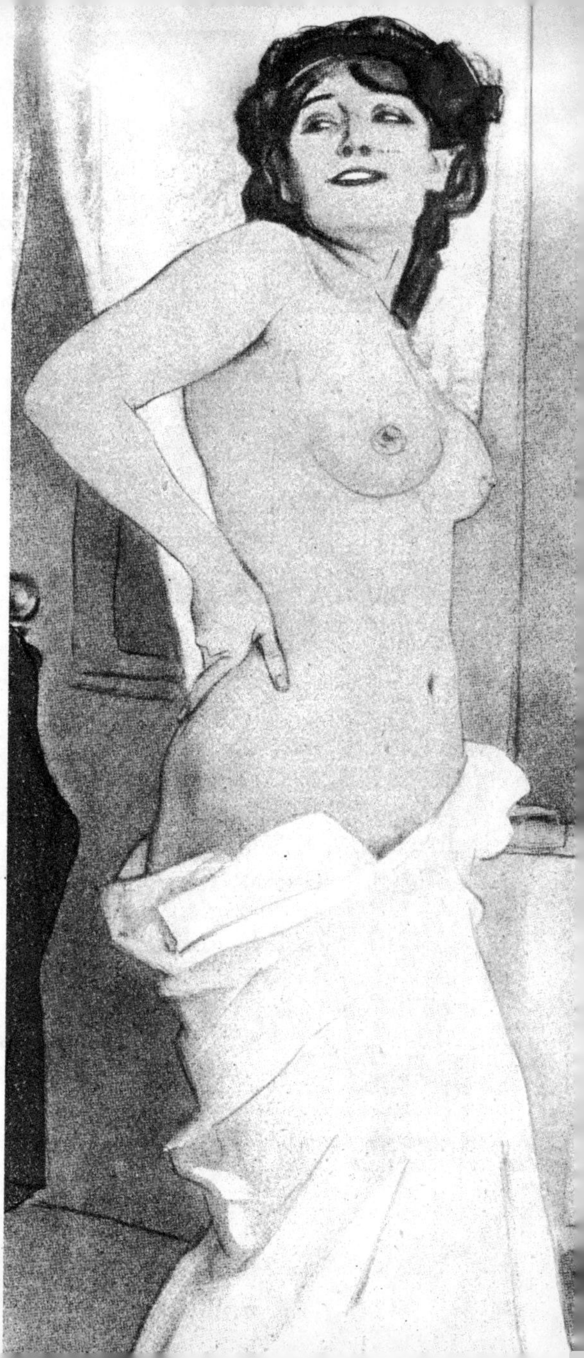

Eine Gegnerin der Frauenbewegung: »Wenn man eine gute Figur hat, denkt man gar nicht an das Stimmrecht. Und wenn man eine schlechte hat, ist ein Korsett entschieden nützlicher.«

Eines Geschlechtes und doch durch Welten getrennt: Wer im Luxus lebt, kann sich die extravagantesten Allüren leisten (»Die Marquise«, Federzeichnung von Max Frölich), wer aber arm zur Welt gekommen ist, kann nur sich selbst verkaufen und bleibt doch immer unten (rechts: »Kupplerin und jugendliche Dirne«, Radierung von Félicien Rops).

schaft« seien, gab in Deutschland die Anregung zur Gründung eines »Bundes für Mutterschutz«, der den Zweck hatte, den einhundertachtzigtausend unehelichen Kindern, die alljährlich in Deutschland geboren wurden, Hilfe zu spenden. Vor allem müsse man die Mütter dadurch absichern, daß sie zu wirtschaftlicher Selbständigkeit gelangen könnten, und es sei Schluß zu machen mit der »sittlichen Verfemung« der ledigen Mütter: Es gehe nicht an, daß »die unverehelichte Frau, die einem Kind das Leben gibt, als verworfen gleich dem niedrigsten Verbrecher aus der Gesellschaft ausgestoßen und der Verzweiflung preisgegeben wird«. Der Bund schlug die Schaffung einer »allgemeinen Mutterschafts-Versicherung« vor, deren Kosten durch Beiträge beider Geschlechter sowie durch Zuschüsse aus öffentlichen Mitteln aufzubringen seien.
Das Problem der »freien Liebe« wurde bald auch Gegenstand politischer Erörterungen. In Frankreich propagierte Charles

Albert die freie Liebe vom sozialistisch-kommunistischen Standpunkt aus. Er erklärte, daß die bürgerliche Gesellschaft einen Kampf gegen die Liebe führe, da lediglich das Geld ihr Denken und Fühlen beherrsche und die »soziale Ökonomie« nur Geschlechtsbeziehungen kenne, aber kein höheres Liebesgefühl. Nicht nur die Prostitution, auch die meisten Ehen seien nichts als »sexuelle Märkte«. Charles Albert proklamierte die völlige Gleichstellung von Mann und Frau als die Vorbedingung freier Liebe. Die ökonomische Umwälzung als der einzige Weg zur »höheren Liebe zwischen den Geschlechtern« war ein politisches Postulat. Es versprach den damals wirkenden Sexualforschern, die nach einer Festigung der erschütterten Geschlechtsmoral und deshalb nach den Gründen für diese Erschütterung suchten, keine Lösung. Würde die völlige Gleichstellung von Mann und Frau das Gleichgewicht wiederherstellen? Gegen die nun auch schon von fortschrittlichen Männern (unter dem Einfluß von Frauen) ungestüm verfochtene Gleichberechtigung der Frauen sprach sich der als führender Fachgelehrter anerkannte Havelock Ellis in seinem Werk »Mann und Weib«, das als Grundlage für alle weiteren Forschungen diente, wenn auch indirekt aus. Er schrieb: »So lange die Frauen sich durch primär sexuelle Charaktere und dadurch, daß sie empfangen und gebären, vom Mann unterscheiden, so lange werden sie ihm in den höchsten psychischen Prozessen niemals gleich sein.« Aber war diese Einschätzung nicht ein Vorurteil? Havelock Ellis hatte eine Bestandsaufnahme der psychischen Unterschiede zwischen Mann und Frau vorgenommen, soweit dies mit den damaligen Methoden möglich war, und seine Schlüsse aus anthropologischen Untersuchungen gezogen, dabei aber nicht an die Möglichkeiten einer künftigen Erziehung gedacht. Immerhin war er schon auf die Idee gekommen, die Fähigkeiten der in jener Zeit noch verhältnismäßig wenigen berufstätigen Frauen durch Umfragen zu überprüfen. Im Gegensatz zu

Havelock Ellis stellten jedoch andere zeitgenössische Forscher fest, daß Frauen rascher zu lesen und besser über das Gelesene zu berichten vermögen als Männer und wenn Kinder beider Geschlechter gemeinsam erzogen wurden, die Mädchen »durch die Lebhaftigkeit ihrer Eindrücke und ihr Gedächtnis ihre männliche Umgebung in den Schatten stellen«. Auch die großartigen Entdeckungen der Madame Curie, die Nachfolgerin ihres Mannes auf dem Lehrstuhl der Sorbonne wurde, widersprachen der Ansicht von Havelock Ellis, der dennoch auf seinem Standpunkt verharrte; immerhin schränkte er seine Thesen dadurch ein, daß er sagte, die Entwicklung einer gleichen Freiheit für Mann und Frau (die noch lange Zeit unter dem schädlichen Einfluß der Jahrtausende währenden Unterdrückung des weiblichen Geschlechts leiden würde) könne erst die Qualifikation des weiblichen Geschlechts für alle Arbeitsgebiete erbringen. Im ersten Jahrzehnt des zwanzigsten Jahrhunderts hatte es den Anschein, als ob die Mehrzahl der Frauen sich weniger um ihre völlige Gleichberechtigung kümmerte, als die Männer es taten. Die Frauen beschäftigten sich wohl voller Eifer mit ihrer gesellschaftlichen Gleichstellung, nicht aber, von wenigen Ausnahmen abgesehen, mit politischen oder ökonomischen Problemen. Sofern die wirtschaftliche Abhängigkeit sie nicht empfindlich bedrückte, genossen sie die Tatsache, daß ihre Ehemänner für sie sorgten, und wenn sie in ihren Zerstreuungen und ihrem außerehelichen Zeitvertreib nicht gehemmt wurden, verlangte es sie nicht nach einer Unabhängigkeit, die Verantwortung mit sich brachte. Sie erfreuten sich der neuen Mode der »Reformkleider«, die sie von dem Panzer des Korsetts befreiten und nicht mehr zur »engen Taille« zwangen. Sie waren nicht von sportlichen Spielen ausgeschlossen. Auf den Tennisplätzen durften sie nun schon eine Handbreit kürzere Röcke tragen, und es galt nicht mehr als ungehörig, die Knöchel zu zeigen. Die »Dame der Gesellschaft«, die Pferderennen besuchte, trug ein locker sitzendes zweiteiliges Kleid mit einer Pelzstola, einen Hut mit Federn, eine Handtasche, um so ihre Selbständigkeit kundzutun, und einen Sonnenschirm. Wenn sie im Seebad ins Wasser stieg, war dies freilich immer noch nur dann schicklich, wenn es im hochgeschlossenen Badekostüm geschah mit Ärmeln, die an den Handgelenken, und mit Pluderhosen, die unter den Knöcheln zugebunden waren. Im Ballsaal aber und bei Empfängen waren das einladende Dekolleté, das die Fülle der Brüste umrandete, und kurze Ärmel modern, doch gehörte es sich, die Arme durch hochreichende Handschuhe zu kaschieren. Das Leben der wohlhabenden Frauen in den europäischen Großstädten war von einem einzigen Zweck geleitet: Sie wollten schön sein und sich schön erhalten. Aber sie fühlten sich unfrei, da sie gezwungen waren, den Anstand zu wahren, und den einzigen Vergnügungen, die sie interessierten, nur im geheimen nachgehen konnten. Nur eine berufstätige Frau konnte unabhängig sein. Aber es gehörte nun einmal nicht zum guten Ton der guten Gesellschaft, daß eine Dame eine praktische Tätigkeit ausübte. Hingegen machten immer mehr Mädchen aus bürgerlichen Familien von der Möglichkeit Gebrauch, zu studieren und sich für Berufe auszubilden, die bisher nur Männern zugänglich gewesen waren. Diese künftigen Lehrerinnen, Ärztinnen und Rechtsanwältinnen wurden von ihren männlichen Kollegen mit mißtrauischem Spott verfolgt. Nur selten fanden sie in höheren Schulen, Krankenhäusern und Anwaltskanzleien entsprechende Stellungen. Das Vorurteil, die Frauen seien in geistiger Hinsicht minderwertig, hielt sich auch noch über den Ersten Weltkrieg hinaus, der dann allerdings die Stellung der bürgerlichen Frauen auch vom sittengeschichtlichen Standpunkt aus entscheidend beeinflussen sollte.

Schon in den letzten Jahrzehnten des neunzehnten Jahrhunderts hatte sich infolge der gewaltig zunehmenden Industrialisierung und der enormen Ausweitung des Handels, die Hand

Plädoyer des ersten weiblichen Advokaten: »Und nun zum Schluß, meine Herren Geschworenen, hier meine letzten und besten Beweise!« (Federzeichnung von Adolphe Willette).

in Hand gingen mit dem rapiden Wachstum der Städte und der Schaffung von immer mehr Arbeitsplätzen, eine neue Schicht von Frauen gebildet: Diese unabhängigen, berufstätigen Mädchen hatten, auch wenn sie unverheiratet waren, keinerlei Bedenken, geschlechtlichen Verkehr zu haben und in freier Liebe zu leben. Die freie Liebe war mit den Mädchen vom Lande in die übervölkerten Städte eingewandert. Die uralten Bräuche geschlechtlicher Freiheit, die sie im Dorf genossen hatten, wollten sie in den Mietskasernen nicht missen. Daß es in der Stadt Gaslicht gab oder gar die neue Erfindung der Elektrizität, daß sie das Wasser nicht in Eimern vom Brunnen holen mußten – all das bedeutete für sie keinen Ersatz für die unbeschwerte Geselligkeit zwischen Mann und Frau, an die sie gewöhnt gewesen waren.

Die geschlechtliche Freizügigkeit der Bauernburschen und Bauernmädchen verursachte besonders jetzt, da die sexuelle Aufklärung immer weitere Kreise zog, den kirchlichen Behörden Sorge. Protestantische Pastoren ebenso wie katholische Pfarrer waren bemüht, der Hemmungslosigkeit durch erzie-

Auf einer Landpartie darf man mancherlei Abwechslung und Vergnügungen erwarten. Für den kleinen Schmetterlingsfänger sehen diese offenbar anders aus als für die großen Leute. (Illustration von Heinrich Zille)

herische Maßnahmen entgegenzuwirken. In einer Arbeit über »die geschlechtlichen sittlichen Verhältnissen der evangelischen Landbewohner im Deutschen Reich« prangerte ein Pastor die unbezähmbare Sinnlichkeit der Landmädchen an. Im Bericht eines englischen Polizeibeamten über die Mädchen seines Heimatdorfes stand: »Ihre grobe Immoralität im frühen Alter, ihre Frechheit und Schamlosigkeit habe ich niemals während meines Polizistenlebens in den schlechtesten Teilen von London erreicht gesehen. Sie leben wie die Schweine, große Jungen und Mädchen, Mütter und Väter, alles schläft zusammen.« Und in Wien machte ein von der Zensur verbotenes Buch »Josefine Mutzenbacher, die Geschichte einer wienerischen Dirne, von ihr selbst erzählt« die Runde. Es wurde, trotz des Verbots, unter dem Ladentisch verkauft, ging von Hand zu Hand und fand in allen deutschsprachigen Ländern weite Verbreitung, obwohl oder weil es in dem Text von unzüchtigen Worten wimmelte und schamlose Situationen ohne Scheu vor den schlüpfrigsten Details dargestellt waren. War das Buch ein pornographisches Machwerk oder eine auf Tatsachen beruhende Dokumentation? Handelte es sich hier vielleicht um die echten Erinnerungen einer Dirne, die auch im Leben und in der Ausübung ihres Berufs kein Blatt vor den Mund genommen hatte? Die meisten Männer, die es lasen, wußten schließlich, daß die Prostituierten weder von den Vorgängen der fleischlichen Lust noch von den für den Geschlechtsverkehr unentbehrlichen Körperstellen und Körperteilen in medizinischen Fachausdrücken sprachen. Die unflätigen Worte gehörten zum gebräuchlichen Hurenjargon. Wer daran Anstoß nahm, durfte sich weder mit Prostituierten ungeniert unterhalten noch dieses Buch lesen. Trotz der rückhaltlosen Aufrichtigkeit, mit der es geschrieben war, trotz der bekenntnishaften Offenheit, die bestrebt zu sein schien, nichts, auch das Übelste nicht, zu verheimlichen, entstanden Zweifel an der Urheberschaft. Die Schreibweise war – abgesehen von dem unglaublich ordinären Wortschatz – zu kunstvoll, als daß ein ungebildetes Mädchen von der Straße sie hätte beherrschen können. Neugierige Leser und sittenpolizeiliche Behörden versuchten, den Autor zu ermitteln. Der Verdacht (der übrigens nie offiziell bestätigt wurde) fiel schließlich auf den durch sein Tierbuch »Bambi« berühmt gewordenen Wiener Schriftsteller Felix Salten, der zum engsten Freundeskreis Hugo von Hofmannsthals und Arthur Schnitzlers gehörte. Es hieß, er habe die »Josefine Mutzenbacher« für einen unternehmungslustigen Verleger, der ein deutsches Gegenstück zur »Fanny Hill« herausbringen wollte, aus »künstlerischem Spaß« verfaßt, aber keine Mühe gescheut, den Ablauf der Handlungen und die Einzelheiten zu verifizieren. Das Buch sollte eine Urkunde sein, sollte glaubwürdig darstellen, wie die armen Leute seiner Zeit lebten und liebten – von Kind-

Die anschwellende erotische Literatur, die in diesen Jahren ihr Publikum suchte und fand, führte auch zur Entwicklung einer speziellen Gestaltung von Exlibris, mit denen die Sammler ihre Liebhaber-Ausgaben kennzeichneten.

heit an. Die Josefine Mutzenbacher, die ihre Erinnerungen selbst schrieb oder für sich schreiben ließ, starb, wie der Herausgeber ihrer Geschichte in einer Vorbemerkung erklärte, als wohlhabende Frau in einem Sanatorium.

Die Mutzenbacher erzählt von ihrem Vater, einem Sattlergehilfen, der mit seiner Familie in einer Zinskaserne wohnte, »die von oben bis unten mit armen Leuten angefüllt war. Diese Leute hatten viele Kinder.« Die Kinder spielten miteinander und mit den Nachbarskindern »Vater und Mutter«. Sie taten »es« genauso wie die Erwachsenen, denen sie »es« abgeguckt hatten, sie lehrten einander den Geschlechtsverkehr und übten das lustvolle Spiel, noch vor der Pubertät, mit Erwachsenen. Sie waren Zeugen der geschlechtlichen Fehltritte ihrer Eltern und Nachbarn. Schon als junges Mädchen wurde Josefine Mutzenbacher eine gelehrige Schülerin und Praktikantin der geschlechtlichen Lust in allen Formen und Abarten. Sie empfand Vergnügen an der Unzucht und tat, was sie tat, mit unbeschwertem Gewissen und mit um so weniger Vorbehalten, als sie im Grunde nur nachahmte, was sie in ihrer engsten Umgebung sah. Nachdem die Mutter frühzeitig gestorben war, mißbrauchte der Vater Josefine im ehemaligen Ehebett. Wo immer er ihrer habhaft wurde, mußte sie ihm »aus Respekt vor dem Herrn Vater« willens sein, zu jeder Perversion, die er begehrte. Sie wäre vielleicht nicht Straßenhure geworden, sondern nur ein sündhaftes Mädchen geblieben und eine unverbesserlich verworfene Frau geworden, wenn nicht Herr Rudolf, der neue Untermieter, ihre Blutschande mit dem Vater beobachtet hätte. Rudolfs Beruf war Zuhälter. Er erpreßte den Sattlergehilfen und Josefine: Sie sollte für ihn auf den Strich gehen. Aber vorher probierte er ihre Fähigkeiten im Geschlechtsverkehr aus und belehrte sie mit einem anderen Mädchen, das für ihn »lief«, wie sie die »Hurenbeutel« am vorteilhaftesten ausbeuten müsse. Männer erniedrigten sich, um lustvoll zu leiden, sie fügten ihr Schmerzen zu, um sich Freude zu bereiten, sie waren unfähig im Ehebett, stellten jedoch ihren Mann in der Gosse des Hurenviertels. Große Herren und arme Teufel waren in der Intimität des Bettes einander erbärmlich ähnlich. Sie hatten alle die gleichen Gelüste, die sie ein wenig variierten, die gleichen Begierden, deren sie sich schämten und für deren Erfüllung sie es vorzogen, mit barer Münze zu bezahlen.

Die Triebe und die Denkart der Josefine Mutzenbacher – einerlei, ob sie eine dem Leben abgelauschte Romanfigur ist oder ob sie tatsächlich gelebt hat – waren typisch für die Tausende und aber Tausende von Prostituierten, die auf den nächtlichen Gehsteigen der europäischen Großstädte auf Männerfang aus waren. Ebenso typisch war das Milieu der Mietskasernen und die frühreife Unzucht der verwahrlosten Kinder in den dunklen Lichthöfen, Kellern und Speichern und in den winkeligen, unhygienischen Wohnräumen, in denen die Angehörigen männlichen und weiblichen Geschlechts, eng zusammengepfercht, lebten. So hielt man es in der katholischen Kirche für unerläßlich, seelsorgerisch einzugreifen.

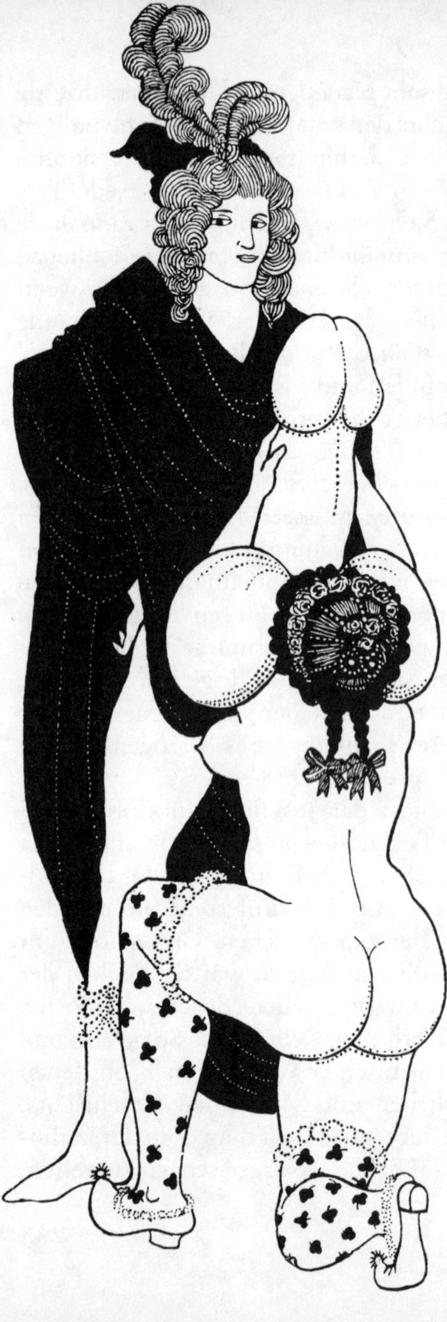

Aubrey Beardsley, ein Freund Oscar Wildes, war vielleicht der größte Erotiker seiner Zeit. Er war besessen von der Sexualität als dem Zentrum aller Dinge. (Illustration zu Aristophanes' Komödie »Lysistrata«)

Um das Ärgernis der Sünde gegen das sechste Gebot ausrotten zu können, mußte bei den Kindern begonnen werden. Die Aus- und Zusprache im Beichtstuhl erschien als das zuverlässigste Mittel. Zur unmißverständlichen Instruktion wurde ein Handbuch herausgegeben, in dem die Beichtväter die Fragen finden sollten, mit denen sie die Jugendlichen zum Geständnis ihrer sinnlichen Vergehen bringen und ihnen dann die Sündhaftigkeit klarmachen konnten. Wer viel fragt, kriegt viel Antwort – die katholische Kirche wußte sich keinen Rat, wie sie dem offenbar mit dem Wechsel des Jahrhunderts ausgebrochenen »Sodom und Gomorra« begegnen könnte. Die immer deutlicher erkennbare Lockerung der Moral in geschlechtlichen Dingen hing mit dem sozialen und wirtschaftlichen Umbruch zusammen, der die Lebensformen veränderte. Nach außen hin schien, vom Standpunkt der Religion aus gesehen, alles beim alten geblieben zu sein. Die Neugeborenen wurden getauft, die Heranwachsenden gefirmt, die Erwachsenen gingen zur Beichte und zur Kommunion. Es war gewiß zu bedauern, daß die Zahl der kirchlich Getrauten abnahm und sich schon viele Ehepaare mit der standesamtlichen Trauung begnügten. Aber die meisten, auch solche, deren Glaube brüchig geworden war, wurden mit der Letzten Ölung versehen und waren besorgt, in geweihten Gräbern die letzte Ruhe zu finden. Die äußeren Formen wurden wohl eingehalten, aber der Sittenverfall breitete sich weiter und weiter aus.

Die junge Sexualforschung unternahm es zu beweisen, daß der Geschlechtstrieb, und zwar seine Grundlagen und seine Ausübung, nicht vom Willen des Individuums und der ihm auferlegten Zucht abhängig sei, und trat dadurch in Widerspruch zu den Kirchen, die diese neue Wissenschaft ächteten und schon im Keime zu unterdrücken versuchten. Die Lehre des in Wien tätigen Nervenarztes Dr. Sigmund Freud, daß der Sexualtrieb den Werdegang und das Verlangen nach Geschlechtsverkehr und über diesen selbst hinaus nicht nur beeinflusse, sondern entscheidend bestimme, bot den Rückschrittlichen eine willkommene Angriffsfläche. Sie protestierten gegen Freuds Ausführungen in seinen »Drei Abhandlungen zur Sexualtheorie«, in deren erster, »Die sexuellen Verirrungen«, er sich auf die »nun erkannte große Verbreitung der Perversionsneigungen« bezog und die Ansicht vertrat, »daß die Anlage zu den Perversionen die ursprünglich allgemeine Anlage des menschlichen Geschlechtstriebes sei, aus welcher das normale Sexualverhalten infolge organischer Veränderungen und psychischer Hemmungen im Laufe der Reifung entwickelt werde«. Die Empörung, die diese Theorie hervorrief, war, wenn sie auch damals noch nicht so weite Kreise zog, ähnlich der Entrüstung, die sich an Darwins Abstammungslehre entzündet hatte. Wie die Laien-Gegner der inzwischen anerkannten Evolutionslehre die Zumutung, daß auch sie von Ahnen aus dem Tierreich abstammen sollten, unwillig zurückgewiesen hatten, so wehrten sich nun die Gegner Freuds gegen die Zumutung, auch in ihnen sei die Wahrscheinlichkeit oder die Möglichkeit gleichgeschlechtlicher Neigungen, inzestuöser Gefühle und abartiger oder widernatürlicher Wünsche zumindest von der Anlage her gegeben. Der von Freud aus dem Lateinischen übernommene Begriff »libido«, die Lustbegierde des Geschlechtstriebs, der allem menschlichen Streben zugrunde liege, wurde als »absonderliche Formulierung« verspottet. Man beschimpfte ihn als »Lustlümmel«, die »seriösen« Kollegen mieden ihn. Verschüttete sexuelle Kindheitserlebnisse für Krankheiten verantwortlich zu machen, das erschien den frühen Gegnern Freuds als »spiegelfechterische Phantasterei«: Mit Wissenschaft habe so etwas nichts gemeinsam. Derlei Ansichten

Die graphische Vision »Phallus« von Otto Greiner, bereits im Jahr 1900 entstanden, könnte als künstlerische Vorwegnahme der erst später veröffentlichten wissenschaftlichen Erkenntnisse Sigmund Freuds verstanden werden.

seien bestenfalls geistige Spielereien, die man unter Gelehrten um so eher abtun müsse, als niemand daran zweifeln könne, daß das Sexualleben von Männern und Frauen erst mit der Geschlechtsreife einsetze. Wie sollte der Geschlechtstrieb von Mädchen vor der Menstruation und von Knaben vor der Fähigkeit zur Erektion erwacht sein können? Wenn die körperlichen Voraussetzungen fehlten, könne von seelischer Auswirkung keine Rede sein. Freud habe sich, so hieß es, in einem unlogischen und unwissenschaftlichen Gedankengang festgefahren.

Freud jedoch gab nicht auf. Hatte er seine von der offiziellen Wissenschaft bestrittene Theorie zunächst auf die Auslegung von Kindheitserinnerungen Kranker gestützt, so ließ er sich nun die Erinnerungen von Gesunden berichten, ihre frühen Vorstellungen und Träume. Er erforschte nicht nur andere Menschen, sondern auch sich selbst und entdeckte, daß das Geschlechtliche im Bewußtsein oder Unterbewußtsein aller Befragten und seiner selbst eine entscheidende, zumeist verwirrende Rolle gespielt habe und spiele. Aus Erinnerungen, Träumen und Gedankenverbindungen legte er verborgene seelische Zusammenhänge und ins Unterbewußtsein verdrängte seelische Erlebnisse bloß, die er »Komplexe« nannte. Die von ihm angewandte Methode nannte Freud »Psychoanalyse« und bezeichnete sie als »Naturwissenschaft vom Seelischen«. Die vom Psychoanalytiker gelenkte Feststellung von Tatsachen, zu der die von Neurosen Belasteten gelangten, führe durch das Aussprechen und die Selbsterkenntnis zur Entlastung, zur Läuterung und sei die Voraussetzung der Heilung.

Mit seiner Abhandlung »Die infantile Sexualität« schuf Freud wissenschaftliches Neuland. Vor dieser Veröffentlichung, die leidenschaftlichen Widerspruch hervorrief, war die »geschlechtliche Betätigung von Kindern«, das Spielen schon von Säuglingen mit ihrem Penis und von Mädchen an ihrer Clitoris, als »bedenkliche Unart« diagnostiziert worden. Ärzte oder Hebammen hatten die Eltern angewiesen, die Kinder an solchen Manipulationen zu hindern, damit eine »gesundheitsschädliche Frühreife« vermieden werde. Freud hingegen stellte fest, daß solche kindliche Erregungen »normal« seien. Das Bedürfnis nach »Lustgewinn«, die »Libido«, der Sexualtrieb, wohne dem Menschen schon von Geburt an inne. Die infantile Sexualität suche nicht nur in der Berührung der Geschlechtsteile Genuß. Der Mund, die Lippen und die Zunge seien, ebenso wie der After des Kindes, »erogene Zonen«, die Lust vermitteln könnten. Die Brustwarzen der Mutter oder der Amme, der Sauger der Milchflasche, sie seien die begehrten Ziele des Lustverlangens der Säuglinge in der von Freud als »oral«, den Mund betreffend, gekennzeichneten frühesten Phase. Wenn das Nahrungsverlangen nach dem Absetzen von der Brust oder Flasche nicht mehr die Lust am Saugen anrege, werde das Vergnügen, das Säuglinge am Lutschen der Daumen zeigten, offenkundig: Es sei ein geschlechtliches Vergnügen.*

* Die Liebestheorie der Psychoanalyse wurde zur einflußreichsten des 20. Jhd. Mit großer Radikalität hatte Freud die Kindersexualität thematisiert und – wie Frischauer völlig zu Recht vermerkt – in den Perversionen das allgemein Menschliche erkannt. Freud hat, gestützt auf reichhaltiges klinisches Material, die Liebesbedingungen des Mannes beschrieben, die Sexualität des Weibes aber war ihm ein »dunkler Kontinent« geblieben. Allerdings haben »geschäftstüchtige Revisionisten« (Adorno) wie Fromm, Erikson und andere die Psychoanalyse um ihre wichtigsten Erkenntnisse verkürzt, um sie dem zahlungsfähigen Bürgertum besser verkaufen zu können. Schon Freud selbst konnte die lustfeindliche Ideologie nicht ganz abstreifen – darin liegt nach Th. W. Adorno, dem kenntnisreichsten Kritiker Freuds, die eigentliche Schwäche der Psychoanalyse. Adorno schreibt dazu: »Vielleicht liegt das Fatale darin, daß er, gegen die bürgerliche Ideologie, materialistisch das bewußte Handeln hinab auf seinen unbewußten Triebgrund verfolgte, zugleich aber in die bürgerliche Betrachtung des Triebes einstimmte ... Die Vernunft ist ihm ein bloßer Überbau ... weil er den bedeutungsfernen, vernunftlosen Zweck verwirft,

Mit noch anderen Thesen schockierte Freud seine Umwelt und seine Zeitgenossen: Kinder fixieren schon frühe leidenschaftliche Zuneigung zu Personen ihrer Umgebung. Die häufigsten Fixationen sind der »Ödipuskomplex«, die sinnliche Liebe des Sohnes zu seiner Mutter, und der »Elektrakom-

an dem allein das Mittel der Vernunft als vernünftig sich erweisen könnte, die LUST.« Gerade weil die Psychoanalyse gründlicher und vorurteilsloser als alle anderen wissenschaftlichen Richtungen das Liebesstreben untersucht hat – hierin nur der darwinistischen Soziobiologie vergleichbar –, ist erstaunlich, wie stark selbst bei Freud die lustfeindlichen Tendenzen unserer Kultur durchschlagen. Die Lust wird zum Vehikel der Fortpflanzung, eine Denkfigur, die sich auch in gewissen unaufgeklärten und wenig konsequenten evolutionsbiologischen Lehren findet. Richtig gesehen ist auch darwinistisch die Lust nicht die Ursache der Fortpflanzung, sondern die Fortpflanzung ergibt sich aus bio-ökologischen Konstellationen, die selegiert werden – die Lust ist ein »proximates«, kein kausales Phänomen. Weil die scharfsinnige Kritik Adornos an der Psychoanalyse ebenso die Liebestheorie mancher Soziobiologen betrifft, sei hier weiter zitiert: »Sobald diese (die Lust) geringschätzig unter die Tricks der Arterhaltung eingereiht, selber gleichsam in schlaue Vernunft aufgelöst wird, ... kommt die ratio auf die Rationalisierung herunter. Nur wer es vermöchte, in der blinden, somatischen Lust, die keine Intention hat und die letzte stillt, in Utopie zu bestimmen, wäre einer Idee von Wahrheit fähig, die standhielte. In Freuds Werk aber reproduziert sich wider Willen die Doppelfeindschaft gegen Geist und Lust, deren gemeinsame Wurzel zu erkennen er gerade das Mittel geliefert hat ... Denen Lust und Himmel gleichermaßen verekelt wird, die taugen in der Tat am besten zu Objekten, das Leere und Mechanisierte, das an erfolgreich Analysierten so oft sich beobachten läßt, kommt nicht nur aufs Konto ihrer Krankheit, sondern auch auf das ihrer Heilung, die bricht, was sie befreit.« Die Psychoanalyse war angetreten, die Liebesfähigkeit der Menschen zu verbessern. Freud scheute sich nicht, diesem Ziele manches Tabu zu opfern. Aber er blieb gefangen in einer die Lust desavouierenden Gedankenwelt, die befreiende Utopie einer Versöhnung von Lust und Vernunft gelang ihm nicht. Was blieb, war das Hinausführen des Patienten aus dem privaten Unglück ins allgemeine Elend – das allerdings war schon sehr viel unter den obwaltenden Bedingungen. [G. L.]

plex«, die geschlechtlich betonte Beziehung der Tochter zu ihrem Vater. In beiden Komplexen komme es zu Eifersucht, wobei das männliche Kind den Vater der Mutter fernzuhalten wünsche, das weibliche die Mutter beim Vater zu ersetzen und seine Annäherung an die Mutter zu verhindern sucht. Mädchen wollen »vom Vater ein Kind als Geschenk erhalten, ihm ein Kind gebären, Knaben ihre Mutter geschlechtlich besitzen«. In der zumeist von der Realität des Geschlechtsaktes unbeschwerten Vorstellung von Kindern spiele das Liebesleben mit Eltern und Geschwistern eine bedeutende Rolle, deren Auswirkungen Neurosen hervorrufen könne.

Anfänglich konnte Sigmund Freud sich nur auf wenige Beobachtungen und Krankheitsgeschichten als Beweismaterial stützen – Grund genug, ihn heftig zu attackieren. Die Tatsache gar, daß er die »kindliche Unschuld« verneinte und die Kindesliebe in Beziehung zur verpönten Geschlechtlichkeit brachte, wurde von seinen konservativen Fachgenossen geradezu wütend bestritten. Man sprach von ihm als einem Scharlatan, der wissenschaftlich nicht ernstgenommen werden könne, denn wo seien die physiologischen Beweise für seine psychologischen Thesen? Freud erwiderte, er könne nicht darauf warten, daß die Wissenschaft die Wechselbeziehung zwischen Körper und Seele ergründe, die Psychoanalyse »müsse sich von jeder ihr fremden Voraussetzung anatomischer, chemischer und physiologischer Natur freihalten«.

Die Bemühungen der Psychologen und Psychiater, das von der geltenden Moral und von der angeblichen Norm so augenfällig abweichende geschlechtliche Verhalten der Menschen zu ergründen, wurden durch Soziologen unterstützt, die ihrerseits in den gesellschaftlichen Zuständen und Wandlungen nach Erklärungen für die Umwälzungen in den sittlichen Anschauungen suchten. Die Lebensgewohnheiten und Bräuche in Europa, aber auch in Amerika, begannen sich immer schneller zu ändern. Erfindungen, die als utopisch gegol-

Sex und Crime, wie wir heute sagen würden, waren wirksame Motive der gegenseitigen Greuelpropaganda.

ten hatten, waren verwirklicht worden. Das Zeitalter des Flugzeugs hatte begonnen, der überlieferte Respekt vor Kaisern und Königen wurde brüchig, der Wunsch nach Geld nicht allein zur Sicherung des Wohlstands, sondern darüber hinaus auch als Garantie für ein Wohlleben neuer Art hatte immer weitere Kreise erfaßt, während sozialistisch-kommunistische Agitatoren das unmittelbar bevorstehende Ende des Kapitalismus prophezeiten. Gleichzeitig aber hatte ein Wettbewerb der europäischen Nationen eingesetzt – ein Machtkampf, der den Ersten Weltkrieg auslösen sollte.
Der großen Katastrophe gingen, auf einem verhältnismäßig kleinen Kriegsschauplatz, die Balkankriege voran, deren Greuel zwar in allen zivilisierten Ländern der Erde bekannt wurden, die Herrscher und Staatsmänner der europäischen Länder jedoch nicht so berührten, daß sie das Wettrüsten aufgegeben und sich zu friedlichen Verhandlungen bereit erklärt hätten. Sie behielten nur ihre unmittelbaren Machtziele vor

Augen in der Annahme, daß Grausamkeiten, wie sie während des Balkankrieges verübt worden waren, bei ihren Nationen selbstverständlich niemals vorkommen könnten. Doch gerade im Ersten Weltkrieg wurden mit Morden, Schänden, Brandstiften und hemmungslosem Plündern all die eben noch friedlichen Gegenden, die nun zum Kriegsschauplatz geworden waren, heimgesucht. Was die Menschen, die in ihrem zivilen Leben sich den Zehn Geboten Gottes oder den gesellschaftlichen Anstandsregeln ohne weiteres fügten, von einem Tag zum nächsten, von einer Stunde zur nächsten – von dem Moment an nämlich, in dem sie Uniform trugen – veranlaßt haben konnte, eine ihnen selbst zuvor gar nicht vorstellbare Brutalität hemmungslos auszuleben, erklärte Sigmund Freud so: »Der Krieg streift uns die späteren Kultur-Auflagerungen ab und läßt den Urmenschen in uns wieder zum Vorschein kommen.« Der Krieg sei, in psychoanalytischer Formulierung, eine Regression, »ein unbarmherziges Zurückgleiten in eine unendlich lange Generationsreihe von Mördern, denen die Mordlust, wie vielleicht noch uns selbst, im Blut lag. Die ethischen Strebungen der Menschheit, an deren Stärke und Bedeutsamkeit man nicht zu nörgeln braucht, sind ein Erwerb der Menschheitsgeschichte.«* Diesen »Erwerb« warfen Millionen von Menschen in beiden Kriegslagern bedenkenlos

* Frischauer zitiert die Ansicht Freuds, daß der Krieg ein regressives Phänomen sei. Der Soldat darf, was den Menschen sonst von der Kultur verboten ist: Töten und Zerstören. Ganz ähnliche Erkenntnisse liefert die darwinistische Soziobiologie. (Vor allem der deutsche Biologe Christian Vogel hat die Ergebnisse in seinem Buch *Vom Töten zum Mord* zusammengefaßt.) Menschen sind offensichtlich – zumindest zeitweise – in der Lage, ihre archaischen Tötungstriebe zu beherrschen. Die Struktur des Großhirns erlaubt diese kulturelle Leistung. Die Anonymisierung durch die Uniform, die Propaganda u.a. aber bewirken im Kriege die Aufhebung dieser Hemmung. Der Soldat verhält sich wieder wie unsere Vorfahren im Pleistozän. Er ist nicht mehr an das »fundamentale Sittengesetz der Zivilisation« gebunden. [G. L.]

Die Möglichkeiten zur Befriedigung des Geschlechtstriebs in der Etappe waren durch umsichtige Militärbehörden präzis und erschöpfend reglementiert. Amtlicher Anschlag der deutschen Sittenpolizei in einem Bordell in Lodz.

PREIS-VERZEICHNIS.

A. Getränke:

Sekt Henkell Trocken . . . à Flasche	18,—	Mark
Bordeaux Château Lafitte . „ „	6,—	„
Ungarwein . . . . „ „	8,—	„
Bier, eine große Flasche	1,50	„
Kaffee, Tasse	1,—	„
„ ein kleiner Krug, 6 Tassen . .	6,—	„
„ ein großer Krug, 12 Tassen .	12,—	„
Tee, ein Glas	0,60	„
Selter, kleine Flasche	0,30	„

B. Beischlaf:

für die ganze Nacht	30,—	Mark
für 2 bis 3 Std. zur Abend- u. Nachtzeit	20,—	„
für 1 Stunde	10,—	„
für jede beliebige Zeit von 9 Uhr vorm. bis 6 Uhr nachm.	10,—	„

Lodz, im März 1917.

Die Sittenpolizei.

über Bord, als sie zu den Waffen gerufen wurden. Sie zogen zum großen Teil begeistert in den Krieg, um zu töten, obwohl sie sich dadurch gegen das fundamentale Sittengesetz der Zivilisation vergingen.

Die unverkennbare Verrohung der Männer in Uniform während des Ersten Weltkriegs wurde auch als »Empörung der Triebe gegen die Zucht der Gesittung« bezeichnet. Es war nicht nur eine Verrohung, die sich in brutalen Handlungen auswirkte, sondern auch eine seelische Verrohung, ein umstürzlerisches Aufbegehren gegen die überlieferte alltägliche Ordnung, die aufgehört hatte, verbindlich zu sein, und eine Revolte gegen die ohnehin aus den Fugen geratene Moral, deren grundsätzliche Geltung mehr denn je in Frage gestellt wer-

Vorschriften für das Bordell.

1. Französischen Personen ist das Betreten der Bordelle nach 12 Uhr mittags verboten.
2. Trunkenen ist der Eintritt in das Bordell untersagt.
3. Nach 8 3/4 Uhr abends im Winter und 9 3/4 Uhr abends im Sommer dürfen sich Soldaten und Unteroffiziere ohne Portepee in den Bordellen nicht mehr aufhalten.
4. Die Insassinnen des Bordells dürfen sich außerhalb desselben nur von 8 12 Uhr morgens aufhalten. An 8 Tagen im Monat, die die Besitzerin bestimmt, müssen sie im Bordell bleiben.
5. Für den Geschlechtsverkehr sind zu zahlen:

   Im Mannschaftsbordell

   der Insassin . . . 2 Mark (2,50 Francs)

   der Bordellwirtin 1 Mark (1,25 Francs)

   im Offiziersbordell

   der Insassin . . . 4 Mark (5 Francs)

   der Bordellwirtin 2 Mark (2.50 Francs)

6. Alles eingenommene Geld haben die Insassinnen gegen Stadtscheine einzuwechseln zum Kurse, der in der Wechselstube gezahlt wird. Zu diesem Zwecke wird von der Hauptwechselstube an jedem Mittwoch zwischen 12 und 1 Uhr mittags ein Beamter sich im Bordell einfinden, der an Ort und Stelle die Einwechslung vollzieht. Die Insassinnen haben sämtlich zugegen zu sein.
7. Bordell-Insassinnen ist das Verweilen vor den Bordellen oder in den Türen untersagt; desgleichen jedes Anlocken von Personen.
8. Die von der Bordellbesitzerin im Interesse der Aufrechterhaltung der Ordnung getroffenen Anordnungen sind zu befolgen.

Sedan, den 1. März 1917.

Die Etappen-Kommandantur.

Amtlicher Anschlag der Etappen-Kommandantur im besetzten Frankreich.

den mußte. Die jungen und bald auch die älteren Männer, die Elternhaus und Familien hatten verlassen müssen, lebten jahrelang in einer uniformierten Gemeinschaft, die jedem – je nach Rang – ihre Gesetze aufzwang und genauestens vorschrieb, was er zu tun oder zu lassen hatte. Der Druck, dem sie alle ausgesetzt waren, vergewaltigte oder unterdrückte ihr persönliches Gefühlsleben und nötigte sie so, auch mit ihrem Geschlechtsleben fertig zu werden, jeder auf seine Art. Die Mehrzahl der Männer, die bald in den Schützengräben des Stellungskrieges ein erbärmliches Dasein führten und nicht mehr durch die abenteuerlich-gefährliche Triumphstimmung eines Vormarsches oder die Niedergeschlagenheit eines Rückzuges von ihren Trieben abgelenkt wurden, mußte sich mit der Selbstbefriedigung begnügen. Die hohen Militärbehörden, die sich bald nicht nur mit Fragen von Strategie, Taktik, Nachschub und Verpflegung zu befassen hatten, sondern auch mit dem Problem des Geschlechtlichen bei ihren Soldaten, empfahlen anfangs die Enthaltsamkeit der Männer als »gesunde Lebensführung«: Der Krieg werde ja nicht lange dauern. Dann hieß es, es gebe doch Urlaub, in dem der »Bedarf« aufgeholt werden könne. Erst als es sich erwies, daß das kurze Glück des Urlaubs die Männer noch unglücklicher werden ließ, wurde die Einrichtung von Kriegsbordellen ins Auge gefaßt. Diese »Aushilfsstationen des Geschlechtlichen« wurden allerdings von eingefleischten Militärbürokraten als widersinnig abgelehnt: »Krieg und Liebe passen nicht zueinander«, hieß es, und zudem sei es auch nur möglich, der Verbreitung von Geschlechtserkrankungen vorzubeugen, wenn man den Mannschaften nahelege, daß sie die »Entbehrungsmaßregel der Enthaltsamkeit« mitsamt den übrigen Entbehrungen hinzunehmen hätten, da es sich ja doch um ihr eigenes persönliches Wohl handele. Wenn nicht andere ärztliche Gutachten die »Etablierung mobiler Freudenhäuser«, ähnlich denen in den französischen und englischen Armeen, befürwortet hätten, da man ja die Gesundheit und Kriegsmoral der Offiziere und Mannschaften berücksichtigen müsse, wäre die Eröffnung von Feldbordellen für die österreichisch-ungarischen und deutschen Heere unterblieben. Die deutschen und die österreichischen Soldaten nannten die Feldbordelle »Feldpuffs«. Über die strengen Bestimmungen, die den militärisch geregelten Geschlechtsverkehr in diesen Etablissements betrafen, machten sich einige Witzbolde mit bitterem Humor lustig, indem sie »Organische Bestimmungen über die Aufstellung, Organisation, den Betrieb und militärische Leitung, Unterstellung und Verwaltung von mobilen Feld- und Reserve-Freudenhäusern (Feldbordellen resp. Feldpuffs)« verfaßten. Diese von Magnus Hirschfeld in seiner »Sittengeschichte des Weltkriegs« veröffentlichten »Bestimmungen« waren »in unzähligen Maschinenabschriften bei allen Truppen der österreichisch-ungarischen Armee verbreitet«. Mit grimmigem Lachen wurde hier die so traurig-ernste Geschlechtsnot der »Schützengrabenschweine« überspielt. Die Bestimmung für den »Betrieb des Feldpuffs« lautete: »Als Grundsatz hat zu gelten, daß ein Offiziers-Mädchen innerhalb vierundzwanzig Stunden durchschnittlich sechs-, eine Mannschafts-Hure zwölfmal zur Ausgabe behufs Füllung an die Bezugsberechtigten zu gelangen hat. Die zulässige Benützungsdauer wird für Mannschaftspersonen mit fünfzehn Minuten, für Ober-Offiziere mit dreißig Minuten, für Stabs-Offiziere mit sechzig Minuten und für Generäle mit hundertzwanzig Minuten normiert. Bei Benützung ist das hechtgraue Feld-Präservativ M 14–15, Marke Neo-Salvarsan unzerreißbar, zu benützen . . . Bemerkt wird, daß infolge des übermäßig starken Verbrauchs der genannten Marke und der derzeitigen Unmöglichkeit, einen ähnlichen Artikel aus Paris zu erhalten, die größte Sparsamkeit geboten erscheint, da sonst der Nachschub dieses Artikels, welcher auch im Hinterlande einer erhöhten Nachfrage unterliegt, bald überhaupt unmöglich werden könnte.«

Aus dem übermütig-gehässigen Spaß der in der Öde und im Dreck des Stellungskrieges demoralisierten Männer sprach nicht nur ihr Zynismus, sondern auch die Zersetzung des Respekts vor der militärischen Obrigkeit, die Verachtung der Generäle und die Verdammung des Krieges, der die Menschen physisch und moralisch zugrunde richtete. Im übrigen entsprachen die satirischen »Bestimmungen« weitgehend den solchermaßen persiflierten tatsächlichen Anordnungen, die das »Feldbordellwesen« regelten. Es ging den Militärbehörden aller Heere in erste Linie darum, der Verbreitung von Geschlechtskrankheiten durch hygienische Maßnahmen entgegenzuwirken. Die Militärpolizei agierte in den öffentlichen

Die frustrierten Sehnsüchte und Träume der Soldaten im Schützengraben kreisten mehr oder weniger um das »Thema Eins«. Die ernüchternde Wirklichkeit, wie sie die Landser bei einem kurzen Fronturlaub im besetzten Land erwartete, zeigte Otto Dix in seinem Zyklus »Der Krieg«: »Besuch bei Madame Germaine in Mericourt«.

Häusern als Sittenpolizei. Die Prostituierten mußten sich ärztlichen Untersuchungen unterziehen und die militärischen Vorschriften beachten. In Bordellen waren Verordnungen angeschlagen, die den Prostituierten und den sie besuchenden Soldaten ihre Handlungsweise genauestens vorschrieben. Da standen nun die Männer, in Reihen angestellt, um die militärisch genehmigte gewerbsmäßige Unzucht zu »genießen«. Ob es verheiratete oder ledige Männer waren, tat nichts zur Sache. Die Moral des organisierten Geschlechtsverkehrs war nicht das Problem. Die Männer sollten ihren Trieb stillen, damit sie ihren Dienst nicht vernachlässigten, indem sie »auf Gedanken« kamen und unruhig wurden. Bei den Einheiten nahmen Sanitätssoldaten oder Sanitätsunteroffiziere sogenannte »Schwanzparaden« vor, um festzustellen, ob sich an den Gliedern der Männer Merkmale venerischer Krankheiten zeigten. Erkrankten wurde der Besuch der Bordelle verboten. Die demütigende Herabwürdigung des Geschlechtlichen erzeugte in sensibleren Männern schwere Neurosen. In vielen Fällen war Impotenz die Folge.

Viele Frauen von Urlaubern, die aus dem Feld geschrieben hatten, wie sehr sie sich nach der ehelichen Umarmung sehnten, waren überrascht und verzweifelt, wenn ihre Männer nach langer Abwesenheit im Bett versagten. Diejenigen, die den Abwesenden die Treue in der Hoffnung auf das Wiedersehen gehalten hatten, wurden unsicher und gaben der ersten sich bietenden Versuchung nach. Sie wurden ihren Männern untreu, wie so viele der Nachbarinnen, denen die geschlechtliche Enthaltsamkeit unerträglich geworden war. Wie an der Front und in der Etappe bei den Männern, so wirkte sich auch in der Heimat bei den Frauen der Krieg verheerend aus. Der Taumel der Begeisterung, der zu Beginn des Krieges in allen kriegführenden Ländern nahezu alle Frauen erfaßt hatte, war nach wenigen Monaten einer Niedergeschlagenheit gewichen. Die Steigerung des Lustempfindens der Frauen beim

Kriegsgewinnler und Schieber, ähnliche Typen im gleichen Milieu – ob gegen Kriegsende oder in den zwanziger Jahren (»Schieber-Orgie«, Zeichnung von A. Székely).

Abschied der Männer, ihre durch die Kriegspropaganda geweckte patriotische Befriedigung, dem Vaterland ihr Liebstes gegeben zu haben, der Stolz auf die Uniform, der sich die Männer als »Helden« würdig erweisen würden – all das hatte eine Hochstimmung entstehen lassen, die in sich zusammenbrach, als die Verlustlisten immer länger wurden und sich in den Feldpostbriefen der gedrückte Gemütszustand der Männer kundtat. Die Angst vor der eigenen Zukunft und die Angst um das Leben der an den Fronten in jedem Augenblick tödlichen Gefahren ausgesetzten Männer verbanden sich mit der beängstigenden Einsamkeit der Frauen, die ihre Lebensgefährten vermißten, auch wenn sie zuvor ihre Nähe als belästigend und störend empfunden hatten. Die Gewöhnung an die Lebensgemeinschaft in Liebe, Haß oder Gleichgültigkeit hatte die Schicksale so eng aneinandergeknüpft, daß sie die unfreiwillige Trennung unerträglich erscheinen ließ. Der Zwang zur Verantwortlichkeit, die der Mehrzahl der bürgerlichen Frauen durch ihre Männer abgenommen worden war, wirkte sich bedrückend aus. Sie waren bemüht, den Haushalt mit beschränkten Mitteln möglichst unverändert aufrechtzuerhalten, den Kindern den Vater zu ersetzen und gute Miene zum bösen Spiel zu machen, wenn sie nicht als »unpatriotisch« verschrien werden wollten. Denn es galt als unabweisliche Pflicht der Frauen, die körperlichen und seelischen Entbehrungen des Krieges gelassen auf sich zu nehmen: In allen Ländern schrieb ihnen die Propaganda in gleicher Weise vor, sich zum Wohle des Vaterlands zu jedem Opfer bereitzuhalten. Bald erwies es sich auch als nötig, daß sich Frauen in männlichen Berufen betätigten, um die Lücken in der Industrie, in Handel und Gewerbe und in den öffentlichen Dienststellen zu füllen, die durch die jäh anwachsenden Einberufungen von Männern entstanden. Die wirtschaftliche Unabhängigkeit, die nicht wenige Frauen dadurch gewannen, gab ihnen zwar die Genugtuung, selbständig zu sein, ihren Mann stellen zu können – aber es fehlte ihnen die Möglichkeit, sich weiblich zu betätigen: Die Lebensmittel und Genußgüter wurden mit dem Fortschreiten des Krieges immer knapper, die Kosmetika zur Seltenheit. Gute Kleiderstoffe gab es nicht mehr, denn die Textilindustrie hatte ja Uniformtuch zu fabrizieren. Und im blockierten Mitteleuropa trat infolge des Mangels an Rohstoffen allenthalben »Ersatz« an die Stelle des Altgewohnten. Doch auch in den anderen Ländern fehlten den Frauen die kleinen Freuden, die Möglichkeit, sich zu verschönern. Sie vermännlichten sich nicht nur durch die männlichen Berufe, die sie versahen, sondern auch im Aussehen – eine Entwicklung, die dann nach dem Ersten Weltkrieg rapide weiterging: Die Frauen schnitten die langen Haare ab und trugen »Tituskopf«- oder »Bubikopf«-Frisuren –, und die Röcke wurden immer kürzer.

Noch aber war Krieg, und von Tag zu Tag wuchs die Geschlechtsnot, bei den Männern »draußen« und bei den Frauen in der Heimat. Zeitgenössische Berichte aus allen europäischen Ländern stimmten darin überein, daß die Fälle von Ehebruch seitens der Frauen geradezu bestürzende Ausmaße annahmen. Auffallend dagegen sind die verhältnismäßig seltenen Berichte über Selbstmorde von Frauen während des Krieges: Nur vereinzelte machten ihrer Verzweiflung über Einsamkeit und Geschlechtsnot ein Ende, indem sie sich das Leben nahmen. Wohl aber haben die Sexualforscher bei ihren Untersuchungen über die »völlige Umwälzung, die der Krieg auf geschlechtlichem Gebiet hervorrief«, festgestellt, daß sich viele Frauen der Selbstbefriedigung ergaben, »mit ihren nervösen Folgezuständen, bisweilen auch Perversionen, unter denen der ›amor lesbicus‹ wohl die Hauptrolle spielt«. Die vermännlichte Frau, die keinen Liebhaber fand oder finden wollte, suchte eine Geliebte, um sich selbst und ihr den fehlenden Mann körperlich oder seelisch zu ersetzen. Solche gleichgeschlechtlichen Beziehungen der Frauen zueinander waren ein Gegenstück zu der Homosexualität der Männer im Felde, die nicht nur bei den deutschen, sondern auch bei den französischen und englischen Einheiten so gebräuchlich war, daß an die Soldaten Flugzettel mit der Warnung vor der »Schandbarkeit widernatürlicher Unzucht« verteilt wurden. Schon engere Freundschaften unter Offizieren oder Mannschaften galten nicht selten als verdächtig. Und wer sich nicht zur »natürlichen Befriedigung« im Feldbordell meldete, konnte in den Ruf kommen, »pervers« zu sein. Gab es nicht für jeden »gesunden Bock eine Ziege«? Die als »Ehe-Piraten« bezeichneten Urlauber, die sich brüsteten, mit wie vielen Frauen sie außer der eigenen Geschlechtsverkehr gehabt hätten, standen hoch im Ansehen; besorgte Kameraden hüteten sich allerdings, ihnen beim nächsten Urlaub Nachrichten für die Ehefrauen oder Bräute mitzugeben: Prahlereien von Urlaubern und vielerlei Gerüchte hatte die Soldaten hinsichtlich der weiblichen Treue sehr mißtrauisch werden lassen. Verstärkt wurde solches Mißtrauen noch durch den Einsatz von »Stoßtrupp-Mädels«, wie man in der deutschen Armee die in der Etappe zur Dienstleistung verpflichteten Frauen wegen ihres oft genug sehr lockeren Lebenswandels nannte. In Paris hatten sich mehr als hunderttausend Ehefrauen aus der Provinz angesiedelt, von denen viele sich der Prostitution ergaben, um sich und ihre Kinder ernähren zu können. Während die allgemeine Not immer größer wurde, entstanden Hunderte von Klubs, in denen, möglichst geheimgehalten, ein wüstes nächtliches Treiben herrschte. In Frankreich hatte, wie überall, der Krieg zur Verarmung der Massen geführt, aber auch eine maßlose Bereicherung von Kriegslieferanten und Spekulanten mit sich gebracht, die willige Soldatenfrauen an ihren Kriegsgewinnen teilnehmen ließen. Bei den Festen, die sie feierten, wurde so schamlos geliebt, so hemmungslos gespielt und getrunken, daß die Sittenpolizei wiederholt einschritt – freilich ohne Erfolg, denn der Klub, der in dem einen Haus geschlossen worden war, eröffnete in der nächsten Nacht in einem anderen Haus. Magnus Hirschfeld berichtet, daß ähnliche Orgien wie in Paris zur gleichen Zeit auch in London und Berlin stattgefunden haben, und zitiert in diesem Zusammenhang die Untersuchung eines Dr. Huot über die »durch den Krieg hervorgerufene soziale Umwälzung, die in allen Geistern erregte Verwirrung und auch die vollkommene Unabhängigkeit, die infolge der langen Abwesenheit der Männer in gewissen Frauenkreisen eine Art Aufhebung der sittlichen Verpflichtungen und einen Zustand wahrhaft sittlicher Anarchie zur Folge gehabt hat«.

Es nützte nichts, daß in London ein »Kontrollrat für die öffentlichen Sitten«, geschaffen wurde, um die »sexuelle Mißwirtschaft« zu bekämpfen und eine wirksame Überwachung jener Stätten zu erreichen, an denen die »Einleitung des wahllosen Geschlechtsverkehrs und die Anbahnung wilder Beziehungen« erfolgten, »wo Liebe verkauft und verschenkt wird«. In den Zeitungen stand: »Die Unsittlichkeit in London ist einfach haarsträubend geworden.« Es wurde während des Ersten Weltkriegs in London und St. Petersburg, in Paris, Berlin und Wien in gleicher Weise gehurt und getrunken, während der »Kriegsrausch« der Fronttruppen sich in einen verzweifelten Katzenjammer verwandelte.

Zeittafel

1918–1921 Bürgerkrieg in Rußland, endet mit dem Sieg der Bolschewisten unter Lenin und Trotzki

1918 November-Revolution in Deutschland, Abdankung Wilhelms II. und aller regierenden Fürsten

1918 Abdankung Kaiser Karls I. von Österreich

1919 Bei den Wahlen zur Nationalversammlung haben in Deutschland die Frauen zum erstenmal Stimmrecht

1919–1933 Weimarer Republik

1919–1933 Prohibition in den USA

1922 »Marsch auf Rom«: Machtübernahme Mussolinis (*1883) in Italien

1922 Wladimir Iljitsch Lenin (*1870) erster Regierungschef der Sowjetunion (bis 1924)

1923 Besetzung des Ruhrgebiets durch die Franzosen

1923 Höhepunkt der Inflation in Deutschland

1924 Jossif Wissarionowitsch Stalin (*1879) wird Nachfolger Lenins

1924–1929 »Die goldenen Zwanziger Jahre« in Deutschland

1925 Paul von Hindenburg (*1847) wird deutscher Reichspräsident (bis 1934)

1926 Theodor Hendrik van de Velde: Die vollkommene Ehe

1926 Tod Rudolf Valentinos, des berühmtesten Filmschauspielers seiner Zeit

1927 Charles A. Lindbergh überfliegt den Nordatlantik

1927 Die ersten erfolgreichen Tonfilme kommen aus Hollywood

1927 Josephine Bakers sensationelle Auftritte in Paris

1928 Uraufführung von Bert Brechts »Dreigroschenoper« in Berlin

1929 Beginn der Weltwirtschaftskrise

1929 Die Lateranverträge zwischen dem italienischen Staat und dem Heiligen Stuhl sichern die Unauflösbarkeit der Ehe

1932 Höhepunkt der Arbeitslosigkeit in Deutschland: Über 6 Millionen Arbeitslose

1933–1945 »Drittes Reich« unter der Herrschaft Adolf Hitlers (*1889) und der Nationalsozialisten

1933–1945 Franklin D. Roosevelt (*1882) Präsident der USA

1936 Gründung des »Lebensborn« durch Heinrich Himmler

1936–1939 Spanischer Bürgerkrieg, endet mit dem Sieg der Falange unter Franco

1939–1945 Zweiter Weltkrieg

1945 Zusammenbruch des »Dritten Reiches«, Selbstmord Hitlers

6 »Vermehret euch!«

Von 1918 bis 1945

Die Friedensverträge, die das Ende des Blutvergießens besiegeln sollten, brachten weder den ersehnten Frieden noch die erhoffte Stabilisierung der erschütterten Moral – den Siegermächten ebensowenig wie den Besiegten. Das sittliche Verhalten der Männer und der Frauen wurde in den schnelllebigen Zeitläuften bis in unsere Gegenwart entweder von diktatorischen Machthabern den jeweiligen Bedürfnissen ihrer politischen Systeme zwangsläufig angepaßt oder aber von jener individuellen, oft geradezu anarchischen Selbstbestimmung gelenkt, die sich schon während des Weltkriegs angekündigt hatte. Die einzige Gemeinsamkeit in beinahe allen europäischen Staaten (und in Amerika) war die allmähliche Anerkennung der Gleichberechtigung der Frauen.

In Rußland erhielten sie unverzüglich das Stimmrecht nach dem Ausbruch der Revolution, die einen vollkommenen Umsturz der bestehenden Gesellschaftsordnung bezweckte und erreichte. Da nun nicht mehr die Kirche, sondern der Staat auch die äußeren Formen des menschlichen Zusammenlebens regeln sollte, wurde die kirchliche Trauung, ohne die bisher eine Eheschließung unmöglich gewesen war, abgeschafft; die standesamtliche Eintragung der Ehewilligen genügte, und Eheschließungen wurden als gültig anerkannt, sobald Mann und Frau sie gemeinsam registrieren ließen; auch wenn sich einer der beiden nunmehr gleichberechtigten Ehepartner gegen die Scheidung stellte, sprachen die angerufenen Gerichte sie mit seltenen Ausnahmen aus. Diese gesetzlichen Bestimmungen, die zwar die Bindung wie die Lösung des ehelichen Zusammenlebens erleichterten, erkannten jedoch die Institution der Ehe als die natürliche Lebensgemeinschaft beider Ge-

schlechter nach wie vor an. Die Ehe der bürgerlichen Gesellschaft hingegen war nach kommunistischer Auffassung unmoralisch, weil nur in den seltensten Fällen aus gegenseitiger geschlechtlicher Liebe geschlossen, vielmehr aus wirtschaftlichen Gründen, wobei die Männer ihre Frauen als »Haus-Sklavinnen« und »Heim-Prostituierte« ausgebeutet und erniedrigt, sich selbst aber geschlechtliche Freiheit vorbehalten hätten. Nun jedoch, so argumentierten die revolutionären Gesetzgeber, nun, da die Ehefrauen durch die Abschaffung des Privateigentums und die Gewährung voller Gleichberechtigung wirtschaftlich und politisch von den Ehemännern unabhängig seien, würden sie die Ehe nicht mehr als untragbares Joch empfinden und ihre unzweifelhaften Vorteile genießen, und dies um so mehr, als Engels doch prophezeit hatte, daß die Männer in der kommunistischen Gesellschaftsordnung von ihren geschlechtlichen Seitensprüngen ablassen würden, denn: »Fallen die ökonomischen Rücksichten weg, infolge deren die Frauen sich die gewohnheitsmäßige Untreue der Männer gefallen ließen – die Sorge um ihre eigene Existenz und noch mehr um die Zukunft der Kinder –, so wird die damit erreichte Gleichstellung der Frauen, allen bisherigen Erfahrungen nach, in unendlich stärkerem Maß dahin wirken, daß die Männer monogam, als dahin, daß die Frauen polyandrisch werden.«
Die Voraussetzungen dafür, daß diese Theorie sich als richtig erwiesen hat und mit Erfolg in die Praxis umsetzen ließ, waren einmal die ökonomische Selbständigkeit der Frauen und zum zweiten die Bestätigung ihrer monogamen Veranlagung, ihrer eindeutigen Neigung zu geschlechtlicher Ausschließlichkeit. Nach dem Tod von mehr als 1700000 Russen auf den Schlachtfeldern und nach der gewaltsamen Ausschaltung der Bourgeoisie aus dem Wirtschaftsleben gab es genug Arbeitsplätze für Frauen. Wie amtlich festgestellt wurde, verdoppelte sich, im Verhältnis zur Vorkriegszeit, die Zahl der in Rußland

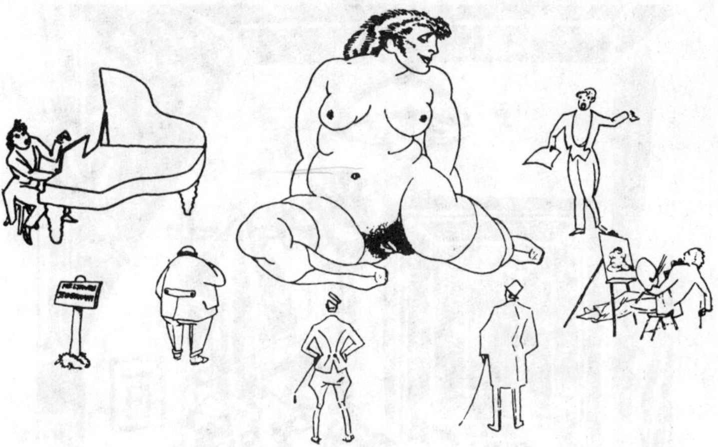

In der frustrierten Phantasie der Männer, die die besten Jahre ihres Lebens im Schützengraben verbracht hatten, nahm die Frau eine alles beherrschende Stellung ein. Worum es sich beim »Thema Eins« der Landser aller Fronten und Nationen handelte, zeigt diese Zeichnung von Hellmuth Stockmann.

geschlossenen Ehen während der ersten Jahre nach der Revolution, und die Scheidungen verringerten sich nach einer vorübergehenden Zunahme auf fünf vom Hundert der Eheschließungen. Genau das aber brauchte Lenin, denn er wollte für die Sowjetunion mehr Menschen – und das hieß Geburtenzuwachs. Diesen wiederum glaubte der Gründer des Sowjetstaates nur durch die Familienbildung in der Einehe erreichen zu können. Und so förderte er die von den Gegnern der »bürgerlichen Institution« bekämpfte Ehe. Die unter der Diktatur des Proletariats lebenden Männer und Frauen entzogen sich jedoch bald, wenn auch nur vorübergehend, der Bevormundung durch den Staat. Eheleute, die durch äußere Umstände getrennt worden waren, unterließen es nur allzuoft, die Scheidung registrieren zu lassen. Männer und Frauen, die es zueinander zog, lebten in bunter Reihe kurzfristig miteinander,

In den Trümmern, die der Erste Weltkrieg hinterließ, versanken auch die Fassaden einer brüchigen, mit Mühe noch aufrechterhaltenen bürgerlichen Moral. Vor allem in den großen Städten nahmen sich die Menschen, was die Gelegenheit ihnen bot – an Straßenecken, in billigen Absteigequartieren. Aus dem Zyklus »Die Stadt« von Frans Masereel.

ohne zu heiraten. Die »freie Liebe« wurde so populär, daß eine neue Ehegesetzgebung notwendig erschien, durch die man die Gemeinschaft der freien Liebe der Ordnung halber der Ehe gleichsetzte. Wenn ein Mann oder eine Frau verheiratet gewesen war, genügte jetzt eine schriftliche Mitteilung an das Standesamt, das die Ehe registriert hatte, eine »Scheidungs-Postkarte«, um die Ehe zu lösen. Die theoretischen Fragen, ob die Männer wirklich monogam seien und die Frauen nicht doch polyandrisch, kamen längere Zeit nicht mehr zur Sprache – sie waren für den Aufbau der Sowjetunion nicht so wesentlich wie die Folgeerscheinungen der Promiskuität: In freier Liebe wurden weniger Kinder gezeugt. Das aber hieß, daß wilde Ehen dem so notwendigen wirtschaftlichen Aufbau nicht zuträglich waren. Zudem demoralisierte der häufige Wechsel von Geschlechtspartnern die Bevölkerung, die schon durch die Schließung der Kirchen, Synagogen und Moscheen und durch die Verneinung der Existenz Gottes um den Halt gekommen war, den die »bourgeoise Moral« ihr geboten hatte, und so griff die Sowjetregierung ein, »um die Dauerehe zu stützen«: Sie erschwerte die Scheidungen. Wer sich scheiden lassen wollte, mußte eine Gebühr bezahlen, die sich mit jeder neuerlichen Scheidung erhöhte. Überdies entwickelte sich bei der Mehrzahl der nun in verbesserten wirtschaftlichen Verhältnissen lebenden Frauen ein verstärktes Verlangen nach der Beständigkeit geschlechtlicher Beziehungen – sie neigten dem gesicherten Familienleben zu. War es also dem Einfluß der offenbar keineswegs polyandrischen Veranlagung der russischen Frauen zuzuschreiben, daß die Scheidung durch hohe Gebühren so erschwert wurde, daß sich nur wenige Sowjetbürger die geschlechtliche Freiheit erkaufen konnten? Die meisten ließen es jedenfalls gerne gelten, daß der Staat die Institution der Ehe nicht nur guthieß, sondern sogar förderte – um der Vermehrung willen, denn die Sowjetunion brauchte Menschen, Menschen, Menschen – für ihre wirtschaftliche und militärische Stärkung. Ein Jahr nach der Russischen Revolution mußten das Deutsche Reich und seine Verbündeten die Waffen strecken. Die verhältnismäßig geringfügigen Revolten und Aufstände, die in Deutschland nach dem militärischen Zusammenbruch mit dem Ziel ausbrachen, auch hier die »kommunistische Weltordnung« einzuführen, wurden gewaltsam unterdrückt. Die soziale Unruhe, die unvermindert weiterschwelte, hatte lediglich die Abschaffung der Monarchie zur Folge. Kaiser Wilhelm II. entzog sich der Verantwortung durch die Flucht; die anderen deutschen Herrscher widersetzten sich ihrer Entthronung nicht. Charakteristisch für ihre Haltung war die Aufforderung des Königs von Sachsen an seine Untertanen, künftig »ihren Dreck alleene zu machen«. Die gekrönten Vorbilder der Deutschen verschwanden ohne Sang und Klang. Statt des Kaisers, der Fürsten, des Adels und der Großbourgeoisie gab nun eine neue Schicht den Ton an: die Schieber, rücksichtslose Geschäftemacher, die über Nacht reich wurden.

Nicht nur in Deutschland und bei den Völkern des ehemaligen Österreich-Ungarn wirkten sich die Folgen des Krieges auf das Verhalten der Männer verheerend aus. Auch in England und Frankreich fanden sich Millionen Heimkehrer in der veränderten Gegenwart nicht zurecht. Die »Landser«, »Poilus« und »Tommys« waren zu lange Soldaten gewesen, als daß sie sich reibungslos wieder in ein Familienleben hätten einfügen können. Sie vermißten die Vertraulichkeit der Schicksalsgemeinschaft mit ihren Kriegskameraden – jene männliche Welt, in der man weder Worte auf die Waagschale legen noch Gebärden zügeln mußte. Mit Bitterkeit empfanden sie, daß die Wertungen im zivilen Leben so ganz anders waren als in der Welt der Soldaten. Die Heimkehr war für die meisten Männer eine Qual, die sie um so mehr bedrückte, als sie oft jahrelang nichts mehr ersehnt hatten.

Die Enttäuschung, die Familienzerwürfnisse auslöste und

Trotz des gewaltigen Frauenüberschusses erlebte die Prostitution eine ungeahnte Blüte (Bleistift-Aquarell von Egon Schiele).

Ehen zerstörte, trieb die Männer auf die Suche nach Erlebnissen, die das ihnen verpfuscht erscheinende Leben lebenswert machen könnten. Die Prostitution, die schon während des Krieges so sehr zugenommen hatte, blühte allenthalben gewaltig auf. Die Bars waren mit Heimkehrern überfüllt. Nur der Alkohol konnte die Niedergeschlagenheit betäuben, die Stimmung heben – der Alkohol und Rauschgifte. Niemand wußte, woher die »heiße Ware« mit einemmal in den Handel gekommen war. In den Bars boten Kellner, an den Straßenekken Zuhälter unterderhand Morphium, Kokain und Heroin jedem an, in dem man einen möglichen Kunden witterte. Die Süchtigen aber kannten die Quellen und gaben ihre Kenntnis an Freunde und Bekannte weiter, die ihrerseits oft genug dem Laster verfielen. Manche der von der Sucht nach Rauschgift Besessenen hatten während des Krieges als Verwundete oder Erkrankte die so wohltuend schmerzlindernde und euphorisierende Wirkung von Morphium erfahren – jetzt konnten sie auf die künstliche Hebung ihres Lebensmuts nicht mehr verzichten. Die Prostituierten hatten gelernt, daß Kokain den Geschlechtstrieb steigerte. Sie selbst nahmen »Koks«, und sie verkauften ihn an ihre Besucher, um den profanen Geschlechtsakt zum Rausch zu erhöhen. Hunderttausende Männer und Frauen in Mitteleuropa wie in England und Frankreich wurden Opfer der Rauschgiftseuche, die sich so ausbreitete, daß die Behörden, fürs erste meist vergeblich, die geheimen internationalen Organsationen der Rauschgifthändler und -schmuggler aufzuspüren begannen.

Das für die Zeit nach dem gewonnenen Krieg verheißene Glück war den Völkern der alliierten Mächte nicht beschieden. Deutschland war zwar als »allein am Krieg schuldig« und zur Zahlung von enormen Reparationen verurteilt worden, und in Frankreich hieß es: »Le boche payera tout« – aber das war Zukunftsmusik. Wem würden die Reparations-Milliarden der Deutschen zugute kommen? Wer würde Nutznie-

Dem Frauenüberschuß verdankte auch der »Eintänzer« seine ebenso begehrte wie trostlose Existenz. Sein Job war es, alleinstehende Damen zu betanzen (Radierung von Marcel Vertés).

ßer sein? Keineswegs doch wohl diejenigen, die durch den Krieg Haus und Hof, den Ernährer, die Existenz verloren hatten! Das Mißtrauen der Franzosen gegen ihre Regierung, die mit dem »Sieg der Nation« prahlte und zuwenig tat, die Not zu lindern, machte sie störrisch. Und daß sich in »ihrem« Paris mehr fremde Staatsmänner breitmachten als eigene, verdroß die Bürger der Hauptstadt. Die exotischen Fremden wurden von dem hemmungslosen Vergnügungstaumel mitgerissen, in den sich die Pariser und Pariserinnen gestürzt hatten. Die Nachtlokale waren übervölkert. Nur mit Straußenfedern bekleidete Tänzerinnen boten auf den Revue-Bühnen ihre Nacktheit in obszönen Stellungen an, halbbekleidete Sängerinnen produzierten sich mit schlüpfrigen Chansons. In den Tanz-Cafés auf dem Montparnasse und dem Montmartre vergaßen Männer und Frauen beim Foxtrott und bei den modernen »Schiebe-Tänzen« ihr Elend. Die Gier nach Belustigung und Lust in jeder Form, um sich schadlos zu halten für die erlittenen Entbehrungen, riß alle Schranken nieder. Lebens- und liebeshungrige Frauen warteten nicht darauf, daß Männer, die ihnen gefielen, sie zum Tanzen aufforderten. Die Bescheidenheit der »Mauerblümchen« war längst vergessen. Jetzt wählten sich die Frauen ihre Partner nach ihrem Belieben zum Tanz und zur Liebe.

Bei den in Deutschland vom »Rat der Volksbeauftragten« ausgeschriebenen Wahlen zur Nationalversammlung hatten die Frauen zum erstenmal Stimmrecht. »Aus dem Geist der Humanität und des warmen, mitfühlenden Lebens« sollte eine Erneuerung des politischen und sittlichen Lebens erwachsen, und daran sollten die nunmehr wahlberechtigten Frauen mitwirken. In diesem Sinne stellte die von der Weima-

Der Nachholbedarf auf sexuellem Gebiet war gewaltig. Nachtlokale, Cabarets und Revuen hatten ihre große Zeit (Szene aus einer Mistinguette-Revue im Moulin Rouge, Paris).

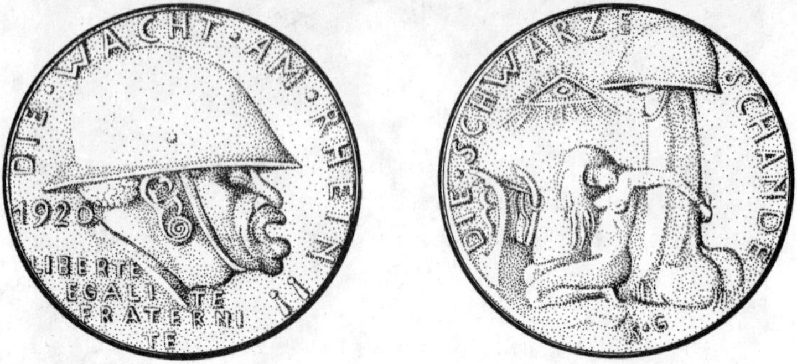

In der Zeit der Rheinlandbesetzung durch die Franzosen wurden Medaillen geprägt, auf denen die »schwarze Schande«, der die deutsche Frau unterworfen wurde, angeprangert werden sollte.

rer Nationalversammlung beschlossene Verfassung »die Ehe als Grundlage des Familienlebens und der Erhaltung und Vermehrung der Nation« unter ihren besonderen Schutz. Diese Proklamation sollte all die Frauen und Männer zur Besinnung bringen, die an der Bedeutung und am Wert überlieferter Sitte und Moral zweifelten. Die Zahl der Ehescheidungen hatte in Deutschland in erschreckendem Ausmaß zugenommen: Nicht nur Männer, die von ihren Frauen während des Krieges »betrogen« worden waren, auch Frauen, die sich ihren Ehemännern entfremdet und andere Männer kennengelernt hatten, zogen es vor, die »Scheinehen« nicht mehr fortzusetzen. Und der verlorene Krieg hatte so manche Frau, die aus Vaterlandsliebe an der Tradition der »deutschen Frauenmoral« festgehalten hatte, um diese Illusion gebracht. Das Vaterland – war es nicht ein Spielball der Siegermächte geworden, die es mit der Eintreibung von Reparationen ausplünderten? Nationalistische Hetzer machten sich diese Stimmung zunutze: Lautstark verkündeten sie, das stolze deutsche, »im Kriege unbesiegte« Heer sei durch einen »Dolchstoß von hinten« in die Knie gezwungen worden. Die

Weimarer Verfassung rufe zwar zur Völkerversöhnung auf. Aber wie sei es denn mit der »schwarzen Schmach« im besetzten Rheinland, wo Frankreich auch farbige Soldaten stationiert hatte?

Als die Franzosen das Ruhrgebiet besetzten, um verzögerte Kohlenlieferungen aus den Reparationsverpflichtungen zu erzwingen, rief die Reichsregierung zum passiven Widerstand auf, sah sich dadurch aber gezwungen, viele Hunderttausende von Streikenden zu unterstützen, und das bei einer ohnehin denkbar schlechten Finanzlage infolge einer äußerst geschwächten Wirtschaft: Das Reich hatte kein Geld. Es half sich mit dem bequemsten Mittel: Es druckte Geld, immer mehr und ohne jede Deckung. So wurde aus der schleichenden Geldentwertung die galoppierende Schwindsucht der Inflation: Konnte man sich gestern noch für eine Millioen Mark einen Laib Brot kaufen, so reichte bald eine Milliarde und dann eine Billion nicht einmal mehr dafür. »Ein papierener Wasserfall überschwemmte das Reich.« Die Angehörigen des deutschen Mittelstandes und alle kleinen Sparer wurden über Nacht zu Bettlern. Mark-Milliardäre konnten sich in den Volksküchen kaum eine Wassersuppe kaufen. Nur wer Sachwerte hatte, war nicht völlig verarmt. Für Warengüter konnte alles nur Erdenkliche erworben werden. Es gab nichts, das nicht feil war und von gewissenlosen Geschäftemachern zu Spottpreisen erstanden wurde. Die »Raffkes«, die großen und kleinen Schieber der Inflation, waren Stammgäste der prosperierenden Nachtlokale. Sie konnten sich alles leisten, hielten sich Rennställe – und Frauen.

Die Entwertung des Geldes durch die Inflation brachte mit der gesellschaftlichen Umschichtung auch eine Entwertung dessen mit sich, was traditionell für Anstand, Sitte und Moral gegolten hatte, soweit das nicht schon durch den Krieg geschehen war. Selbst die Hungernden und Frierenden, die ausgeschlossen waren vom wilden »Tanz auf dem Vulkan«,

Wo die »Liebe« auf die Straße geht, um sich anzubieten, ist meistens auch der Zuhälter nicht weit. Er ist zugleich Beschützer und Liebhaber der Huren, von deren Verdienst er lebt. (»Louis und Fohse«, Litho von Otto Dix)

drängte es zum Geschlechtsverkehr als dem einzigen »billigen« Vergnügen: »dem Brot der Armen«.
In der benachbarten kleinen Republik Österreich, die nach dem Zerfall der in Nationalstaaten aufgeteilten österreich-ungarischen Monarchie mit ihrer Selbständigkeit allein wirtschaftlich nicht fertig zu werden vermochte, hatte die Entwertung des Geldes einen ähnlichen Verfall zur Folge wie in Deutschland. Die Inflation vernichtete Existenzen und korrumpierte die schon während des Krieges empfindlich gelokkerte Moral. Die wahre Stimmung der Frauen und Mädchen gab ein Chanson wieder, das man in den Bars und Nachtlokalen sang: »Will ein Mann, der was kann, meine Gunst erringen, muß er außer Dollars noch den Beweis erbringen, daß er mich auch irgendwo . . ., Kellner, einen Curaçao, Curaçao für Mister Brown, ja, so sind wir Wiener Frau'n.«
Mister Brown – der Name stand für alle Amerikaner – war der umworbenste Mann, nicht nur in Wien, auch in Berlin und Paris. Er bezahlte, was immer er auch genießen wollte, mit Dollarnoten, die, jede einzelne, ein kleines Vermögen wert waren. Das Grün der Scheine war das Grün der Hoffnung auf

den Besitz von Dingen, die mit der wertlos gewordenen heimischen Währung nicht erstanden werden konnten. Jeder Amerikaner galt als Krösus, er war ein Pascha, der sich »im europäischen Harem der Käuflichkeit« so viele und so verschiedene Frauen leisten konnte, als ihn die Lust ankam.

Die geradezu aggressive Willfährigkeit der europäischen Frauen überraschte und entzückte die Amerikaner, die noch an die vom Puritanismus geprägte Zurückhaltung ihrer Frauen glaubten. Vor der »Prohibition«, dem Verbot der Herstellung und des Ausschanks alkoholischer Getränke (das gleichzeitig mit der Gewährung des Frauenstimmrechts in den Vereinigten Staaten erlassen wurde), war die geschlechtliche Moral der Frauen von den Männern so hoch eingeschätzt worden, daß es für verwerflich gegolten hatte, günstige Gelegenheiten zum vorehelichen oder außerehelichen Geschlechtsverkehr auszunützen. Denn noch immer hielt man sich an die strengen Sittengesetze aus der Zeit, da die frühen calvinistisch-puritanischen Einwanderer in die Neue Welt gekommen waren. Im Mittelwesten ging die Ächtung des vorehelichen Geschlechtsverkehrs – mit dem Zweck, die Frauen vor der Begierde der Männer zu schützen – so weit, daß in einem Gesetzesparagraphen jedem Mann, der ein Mädchen erfolgreich ins Bett lockte, eine Strafe von fünf Jahren Zuchthaus und schon für den Versuch zweieinhalb Jahre angedroht wurden. Auf jede Ausübung von »Sodomie«, zu der man auch den als widernatürlich beurteilten Geschlechtsverkehr »per anum« zwischen Eheleuten rechnete, stand schwere Strafe.* Nur im kosmopolitischen New York war es Eheleuten freige-

* Die USA sind auch heute noch das einzige Land der »zivilisierten« Welt, in dem das Strafrecht die Arten des Geschlechtsverkehrs reglementiert. Nach den Untersuchungen von Kinsey müßten 95 % der Amerikaner im Gefängnis sitzen, wenn die bestehenden Gesetze angewendet würden. So trifft es nur Opfer von Erpressungen und Minoritäten, die der Polizei ein Dorn im Auge sind. [G. L.]

stellt, sich miteinander geschlechtlich so zu betätigen, wie es ihnen gefiel.
Die alten puritanischen Sittengesetze wurden auch nicht gemildert, als es offenkundig wurde, wie sehr die Prohibition die Moral Amerikas untergraben hatte. Die »Trockenlegung«, mit der man den durch die Heimkehrer des Weltkriegs verstärkten Alkoholismus bekämpfen und die Gesundheit der Bevölkerung schützen wollte, rottete die Trunksucht keineswegs aus. Illegale Untergrund-Organisationen schossen wie Pilze aus dem Boden und sorgten für die geheime Herstellung und Verbreitung der verbotenen Spirituosen zu Überpreisen. In beinahe allen Städten gab es versteckte Lager, in denen Fässer mit »Mondschein«-Whisky gestapelt waren, und verschwiegene Bars, in denen der verpönte Trunk ausgeschenkt wurde. Die Revolte der Trinker gegen die Prohibition vereinigte zahllose Männer und Frauen im unterirdischen Widerstand gegen das Gesetz. Schlimmer aber noch war, was das Alkoholverbot an Verbrechen zur Folge hatte. Konkurrierende »Gangs« kämpften mit der Waffe in der Hand um ihre Absatzgebiete. Die blutigen Gewalttätigkeiten des »Wilden Westens«, nach der Erschließung des ganzen Landes vor allem durch den Film zur volkstümlichen Legende hochgelobt, tobten nun in den Straßen der Millionenstädte. Die Keller und Bars, in denen es »schwarz« gebrannten oder geschmuggelten Whisky gab, wurden zu Sammelplätzen von Männern und Frauen, die sich nicht nur gegen die Prohibition vergingen, sondern auch gegen die Sittengesetze. Während sich in Europa Mädchen und Frauen für Valuta hingaben, waren in Amerika Mädchen und Frauen bereit, ihre Gunst für einen Schluck Whisky zu verkaufen. Unter der Oberfläche des scheinbar ungestörten täglichen Lebens fraßen sich Trunksucht und Unsittlichkeit wie eine Krebsgeschwulst weiter und weiter. Und noch etwas kam hinzu: Die amerikanische Wirtschaft, die schon während des Krieges einen gewaltigen Auf-

schwung genommen hatte, gewann immer mehr Konsumenten für eine Vielfalt neuer Erzeugnisse, deren Gebrauch die Sitten veränderte. So hatte man es als unschicklich abgelehnt, wenn sich Frauen schminkten oder die Lippen rot färbten. Nur bei »billigen« Mädchen war dies üblich gewesen. Jetzt aber pries mit einemmal eine immer intensiver werdende Werbung Lippenstifte so überzeugend an, daß sich auch bürgerliche Frauen und Mädchen anfangs noch zögernd, dann aber bald ohne jedes Bedenken die Lippen in allen Nuancen färbten. Daß dieses Verschönerungsmittel, das nun als unerläßlich für das ebenso schnell sich durchsetzende »Make-up« galt, mittelbar ein Produkt der Prohibition war, wurde nur wenigen bekannt: Zur Erzeugung von Coca-Cola, das den verpönten Alkohol ersetzen sollte, benötigte man Koffein. Dieses Stimulans wurde aus Teeblättern, Kaffee- oder Kakaobohnen gewonnen. Wenn man es aus Kakaobohnen extrahierte, blieb Kakaobutter übrig, für die Verwendung gefunden werden mußte, damit die Erzeugung gewinnbringend sein konnte. Die Grundsubstanz der Lippenstifte aber war Kakaobutter, die nun in veredelter Form, gefärbt und parfümiert, auf den Markt kam. Auch für die neu erfundenen, mit Gummi verwobenen elastischen Trikotagen, die den Körper so faltenlos wie die Haut bedeckten, mußte Absatz geschaffen werden. Daß Revue-Girls sie in Fleischfarbe benützten, um durch die simulierte Nacktheit aufreizend zu wirken, genügte den Erzeugern und ihren Werbefachleuten nicht. Also propagierten sie Badetrikots aus einem Stück – allerdings nicht, ohne auf den energischen Widerspruch der Moralhüter zu stoßen: Zwar war es meist noch üblich, daß Männer und Frauen in Badeanstalten und Seebädern getrennt voneinander blieben, doch wetterten die Sittenrichter, es gehöre sich nicht, daß sich Frauen einander »wie nackt« zeigten. Die Frauen und Mädchen aber, die ihre Lippen anmalten, die auch keinen Anstoß mehr daran nahmen, ihre Beine unter den kürzer gewordenen

Während in den Nachtlokalen bereits die vorletzten Hüllen fielen (unser Bild), protestierten die amerikanischen Frauenvereine noch gegen die neuartigen Badetrikots aus einem Stück.

Röcken der Alltags- und Abendkleider sehen zu lassen, gewannen die Schlacht gegen die Prüden, die bald vergeblich dagegen protestierten, daß es »nackten« Frauen in Trikots nicht untersagt wurde, nun auch in Familienbädern und an öffentlichen Stränden in der Gesellschaft von Männern zu baden.

Die Künstler versuchten auf ihre Weise, den neuen Zeitgeist zum Ausdruck zu bringen. »Aggressiv«, ein Aquarell von George Grosz.

Die Doppelschichtigkeit der amerikanischen Moral – hemmungslose Trunksucht und geschlechtliche Zügellosigkeit im geheimen, während man gleichzeitig Abstinenz und züchtige Zurückhaltung als »traditionelles Verhalten« pries – wurde nur von wenigen zeitgenössischen Gesellschaftskritikern erkannt und angeprangert, die man als »Sensationshascher«

abtat. Es schien alles in bester Ordnung zu sein. Brachte die gemeinsame Teilnahme von Frauen und Männern an sportlichen Spielen nicht eine zwanglose Unbefangenheit der Geschlechter mit sich, eine spannungslose Kameradschaft, die nur auf ausdrücklichen Wunsch der Mädchen und Frauen zu Liebesbeziehungen führte? Der jahrhundertealte amerikanische Brauch, daß man die Frau umwarb, um ihre Zuneigung bitten mußte und nicht zu Gunstbezeigungen nötigen durfte – er stammte noch aus der Kolonialzeit, als Frauen rar waren –, hatte seit eh und je dem weiblichen Geschlecht die Initiative zuerkannt. Die Ladys waren es, die den von ihnen für würdig befundenen Männern offen erklärten: »I like you«, oder: »I love you« – nicht umgekehrt. Sie fragten die Männer, ob sie heiraten wollten, und warteten nicht verschämt auf den Antrag, um scheu ihr Jawort zu geben. Das »steady«-Gehen, das ausschließliche, jedoch den Geschlechtsverkehr ausschließende, ständige Beisammensein von Mädchen und Burschen in ihrer Freizeit, war ein »Vorverlöbnis auf Probe«, das ein besseres Kennenlernen und Einanderverstehen ermöglichen sollte. In solchen Beziehungen war den Burschen jede zärtliche Berührung oberhalb des Gürtels erlaubt. Die Mädchen ließen sich küssen und ihre Brüste streicheln – zu mehr aber durfte es nicht kommen. Dieses »petting« genannte Vorspiel der Liebe galt als durchaus zulässige geschlechtliche Annäherung, war aber nur im Freien üblich, da ein Mädchen, das sich im Elternhaus oder im Hause des Burschen dazu herbeiließ, als »Hure« diskriminiert wurde. Im Auto allerdings konnte man sich ungeniert dem »petting« widmen – das Auto war ein neutraler Zusammenkunftsort und schützte zudem gegen Wind und Wetter; gegenüber einer Kammer hatte es nur den einen Nachteil, daß es polizeilich verboten war, den Einblick durch Vorhänge zu verhindern. Die Behörden, die über Sitte und Anstand wachten, hatten gegen ein »dezentes petting« nichts einzuwenden. Es war nun einmal eine gute alte Sitte –

man war davon überzeugt, daß kein Bursche weitergehen und kein Mädchen so etwas zulassen würde, wenn sie dabei gesehen werden könnten. Wie es früher am Rande jeder Stadt »lover lanes« – Wege für Verliebte – gegeben hatte, entstanden nun in dem von Henry Ford heraufgeführten Zeitalter des Autos für alle »lover lots«, Parkplätze, an denen zärtliche Paare ihre Körpernähe genossen, ohne von den sich in nebenan parkenden Autos am »petting« Ergötzenden Kenntnis zu nehmen. Das bequeme Beisammensein im Auto lockerte die Hemmungen, der Rücksitz wurde zum Sofa, der Gürtel blieb nicht mehr die Grenze der Handgreiflichkeiten. Aber die Jungfräulichkeit wurde in den weitesten Schichten der amerikanischen Jugend fürs erste noch ebenso respektiert wie im Frankreich der Demi-vierges, und das um so mehr, als die Entjungferung eines Mädchen dem »Übeltäter« als zwingender Grund zur Eheschließung vorgehalten werden konnte. Wer sich nicht vorzeitig binden wollte, mußte sich »vorsehen«, denn Schwangerschaftsunterbrechungen galten als »gemeines Verbrechen«.

Die bekannten Methoden der Empfängnisverhütung – Pessare und Kondome – waren in den Vereinigten Staaten ebenso gebräuchlich wie in Europa. Ihr Besitz und ihre Verwendung wurden freilich in Italien strafrechtlich verfolgt, nachdem Mussolini die Macht durch den »Marsch auf Rom« an sich gerissen hatte. Sein Staatsstreich wurde von den ehemaligen Alliierten, besonders von Amerika, als ein nur Italien betreffendes Ereignis gleichmütig zur Kenntnis genommen. Washington erhob keinen Einspruch gegen die faschistische Diktatur. Der »Duce« hatte den Ruf, ein »entschlossener Gegenspieler der kommunistischen Weltrevolution« zu sein. Das genügte den westlichen Staatsmännern zur Anerkennung seiner »Respektabilität«. Die den demokratischen Grundsätzen der Vereinigten Staaten widersprechende Gewaltherrschaft Mussolinis wurde zwar immer wieder von der Presse verdammt, aber erst als ernst zu nehmende Gefahr erkannt, als er seine Politik gewaltsamer Eroberungen begann – nicht um den Absatz italienischer Waren zu sichern, wie er vorgab, sondern um seinen Traum von der Renaissance des Römischen Weltreichs zu verwirklichen. Das aber erschien Mussolini nur möglich, wenn er eine gesellschaftliche Umschichtung Italiens zuwege brachte, die eine – wenn auch modernisierte – Belebung der altrömischen Lebensgewohnheiten und Bräuche in sich schloß. Im Namen der »Gemeinschaft und des Gemeinwohls« verfügte er den »Wiederaufbau der Familie« als der »Zelle einer festgefügten patriarchalischen Gesellschaft«. Die italienische Ehefrau sollte in die »Nur-Hausfrau« zurückverwandelt werden. Während in der Sowjetunion von Fanatikern gefordert worden war, daß der Geschlechtstrieb allein der Klasse (also dem Staat) zu dienen habe, stellte Mussolini die bereits vollzogene Ehe in den Dienst des Staates. Er ließ verkünden: »Die Ehe ist keine Einrichtung zugunsten des Ehepaares ... Die Ehe ist ein Akt der Ergebenheit und der Selbstaufopferung von Mann und Frau im Interesse der Gesellschaft. Wir verurteilen entschieden den Kampf um die Lösbarkeit der Ehe, weil dies unweigerlich zur Auflösung der Gesellschaft führt. Das Interesse und das Wohlergehen des einzelnen müssen der Integrität der Familie aufgeopfert werden, auch wenn Opfer grausam erscheinen sollten.« Die faschistischen Ehegesetze wurden dem Kanonischen Eherecht angepaßt, gestatteten also weder Scheidung noch Trennung. Aber Mussolini war noch päpstlicher als der Heilige Stuhl, mit dem er ein Konkordat schloß. Er ließ den Ehebruch, den die Kirche als Sünde verdammte, zum »gemeinen Verbrechen« stempeln. Die Polizei wurde angewiesen, Männer und Frauen, die man beim außerehelichen Geschlechtsverkehr er-

Der männermordende Vamp: die Tänzerinnen Erni Kaiser und Kitty Lorenz in der Revue »Der Zug nach dem Westen«.

tappte, als »gesellschaftsfeindliche Individuen« festzunehmen. Auch wenn der Mann oder die Frau, die sich der »Unzucht« ergeben hatten, nicht wußte, daß seine Partnerin oder ihr Partner verheiratet war, machten sie sich strafbar. Nur in der Ehe sollten sich die Geschlechter vereinen: zur Zeugung des Nachwuchses für ein Italien, das »Raum und Brot für noch zehn Millionen Menschen« habe. »Vermehret euch!« war die Parole.

Um ledige Männer zur Ehe zu zwingen, wurde eine »Junggesellensteuer« eingeführt. Auch durch die Abschaffung der Prostitution und die behördliche Schließung der Bordelle sollten die Unverheirateten auf den »rechten Weg« gebracht werden: Die Geschlechtsnot würde sie schon, wenn es gar keine andere Möglichkeit gab, in den »Hafen der Ehe« treiben und zu Vätern machen. Die unausbleibliche Folge dieser gesetzlichen Bestimmungen war, daß die Prostitution und die freie Liebe in Italien ebenso in den Untergrund gingen wie der Alkoholismus in Amerika.

Das Gespenst des Kommunismus schien in Italien gebannt zu sein. Um es auch aus Frankreich und Deutschland zu verscheuchen, stabilisierte amerikanisches Kapital den gleichfalls von der Inflation heimgesuchten französischen Franken und trug zur Sanierung der »Rentenmark«, der neuen deutschen Währung, bei. Die Amerikaner investierten gewaltige Summen mit dem eindeutigen Zweck, die Wirtschaft des vom Kommunismus unterwühlten Deutschen Reiches zu stärken. »Bei dem amerikanischen Kapital herrschte geradezu eine Leidenschaft, in Deutschland Anlage zu finden«, berichtet der Historiker Freund. »Die Abgesandten deutscher Städte, die in Amerika Anleihen für die deutschen Großstädte suchten, wurden wie Könige empfangen und nahmen Anleihen sonder Zahl mit nach Hause. Sportanlagen, Theater, Verkehrsverbesserungen, Rationalisierung in der Industrie usw., neue Produktionsmethoden, alles wurde durch amerikanisches

Kapital aus dem Boden gestampft. Es waren die goldenen Jahre der Weimarer Republik ...« Während dieses Aufbaus der deutschen Wirtschaft, der allerdings schon nach wenigen Jahren ein jähes Ende fand, nahm die Zahl der erwerbstätigen Frauen in Deutschland noch erheblich mehr zu als in Amerika. »Jede vierte verheiratete Frau wurde durch Ausübung eines Gewerbes Mitverdienerin für den Unterhalt der Familie.« Besonders die Kriegswitwen, die aus der Not eine Tugend gemacht hatten, stellten einen hohen Prozentsatz an berufstätigen Frauen. Sie alle, die ihren Lebensunterhalt selbst zu bestreiten vermochten und ihre Familien allein oder mit ihren Männern versorgten, wehrten sich immer heftiger gegen die bevorzugte Stellung der Männer in geschlechtlicher Hinsicht. Und wenn unverheiratete, auf eigenen Füßen stehende Frauen jetzt ihr Recht auf »freie Liebe« forderten, so wurde das nicht mehr als »durchaus unmoralisch« verurteilt: Die Frauen waren den Männern politisch gleichgestellt worden. Nun wünschten sie auch sonst die gleichen Rechte, und das hieß Abbau der doppelten Moral, bedeutete aber auch, daß die unterschiedliche Behandlung im Beruf ein Ende finden sollte. Und ganz und gar Schluß mußte gemacht werden mit der unwürdigen Behandlung der weiblichen Arbeitskräfte, wie sie ihren Ausdruck fand in jener unverschämten Frage eines Chefs: »Was brauchen Sie, Lohnerhöhung? Sie haben ja Kapital unterm Rock.« Vieles hatte sich gewandelt. So bedeutete auch die Jungfräulichkeit nicht mehr ein unabdingbares Gebot der bürgerlichen Ehe. Typisch dafür war ein Prozeß, in dem ein Großindustrieller auf Scheidung mit der Begründung klagte, er habe nicht gewußt, daß seine ihm angetraute Ehefrau vor ihrer Ehe mit ihm fünfzehn Liebhaber gehabt habe, dabei aber durch seinen Anwalt erklären ließ, daß »nach den Grundsätzen der geltenden Moral« eine Frau der Gesellschaft wohl zwei oder drei voreheliche Verhältnisse gehabt haben könne. Fünfzehn jedoch – dürfe eine solch hohe Zahl galanter

Abenteuer einem anständigen Menschen zugemutet werden? Das Oberlandesgericht entschied, daß ein Ehemann, der von mehreren Liebhabern seiner Frau vor der Ehe Kenntnis gehabt habe, die Ehe nicht anfechten könne, wenn ihm nachträglich noch einige mehr zur Kenntnis gelangten.
Französische und deutsche Mädchen und Frauen der wohlhabenden Schichten gefielen sich damals in der Rolle der »garçonne«, der »Junggesellin«, die tat und ließ und liebte wie ihr männliches Gegenstück. Die »garçonne« wurde auch bei den berufstätigen Amerikanerinnen ein populärer Begriff. Und ihnen allen sagte zu, was der französische Schriftsteller Victor Margueritte in seinem Roman »La garçonne« über die Zukunft der Frauen geschrieben hatte: Die Frau von morgen werde nicht mehr die vermännlichte Frau sein wie die »garçonne«, sondern ein dem Mann ebenbürtiger, unabhängiger Mensch, ihm nicht nur rechtlich und körperlich, sondern auch seelisch gleichgestellt. Aber war eine völlige Gleichstellung der Frau auch in der Ehe möglich? Der niederländische Arzt Theodor Hendrik van de Velde bejahte diese Frage in einem Bekenntnis, das er unter dem Titel »Die vollkommene Ehe« veröffentlichte. Das Buch, das in Hunderttausenden Exemplaren in allen Sprachen Verbreitung fand, war ein Lehrbuch für den Geschlechtsverkehr, verfaßt unter der Voraussetzung, daß das Geschlechtsleben der Grund und die Grundlage der Ehe sei und bleiben müsse. Van de Velde gab zu, daß die Psychologie der Ehe nicht sein eigentliches Thema sei; was er an Ratschlägen gebe, beziehe sich im wesentlichen auf die körperliche Erfüllung. Und so schilderte er mit nüchterner Deutlichkeit, wie der beiderseitige Lustgewinn von Mann und Frau erreicht und Unlust vermieden werden könne. Aufklären wollte van de Velde: Beschaffenheit und Funktion der männlichen und weiblichen Geschlechtsorgane dürften kein gehütetes Geheimnis mehr sein – im Gegenteil, Mann und Frau müßten die »Physiologie des Geschlechts«,

des eigenen und des entgegengesetzten, kennen und zur Erhöhung der Lust gebrauchen lernen. Im großen und ganzen war »Die vollkommene Ehe« ein modernisiertes Kamasutra, besonders in den Abschnitten, in denen »Stellung und Haltung beim Coitus« behandelt wurden. Die Intensität der Lustgefühle sei, so erklärte van de Velde, in bedeutendem Grade abhängig von der »Art der Vergattung«, und »genügende geschlechtliche Abwechslung« habe eine erhebliche Bedeutung für das Glück der Ehe. Ohne aufreizendes Vorspiel gebe es kein befriedigendes Liebesspiel. Er zitierte, von Ovid bis Havelock Ellis, Aussprüche von Philosphen und Dichtern über die Kunst der Liebe, Frivolitäten ebenso wie ernste Betrachtungen, um so seinen Leitgedanken zu stützen, den schon Seneca formuliert hatte: »Willst du geliebt werden, so liebe.« Van de Velde hatte seine wohlgemeinten Anregungen mit der Absicht geschrieben, das eheliche Geschlechtsleben zu reformieren – durch besseres Verständnis der sexuellen Vorgänge und durch muntere Variationen des Coitus. Sehr viel mehr als von Ehepaaren aber wurde »Die vollkommene Ehe« von Liebespaaren gelesen; bald war diese neuzeitliche »ars amandi«, die so überzeugend sachlich und übersichtlich angepriesene Liebeskunst, das Brevier vor- und außerehelicher Geschlechtsbeziehungen. Junge Mädchen, die nicht mehr vor dem »Nur das nicht!« haltmachten, und unbefriedigte Ehefrauen, deren Männer die guten Ratschläge nicht in die Tat umsetzen konnten oder wollten, beherzigten die Lektionen, wie sie die Lust steigern könnten, und vervollkommneten ihre Kenntnisse außerhalb des Ehebettes mit gelehrigen Partnern oder mit Liebhabern, die durch van de Veldes Schule gegangen waren. Der hurtige Geschlechtsverkehr, die von den Engländern »roll up, roll down« genannte, sich mit einem raschen »Auf und Ab« begnügende Geschlechtsbefriedigung, wurde nicht mehr als zureichende Erfüllung ehelicher Pflichten oder außerehelicher Leistungen anerkannt. Die Männer verlang-

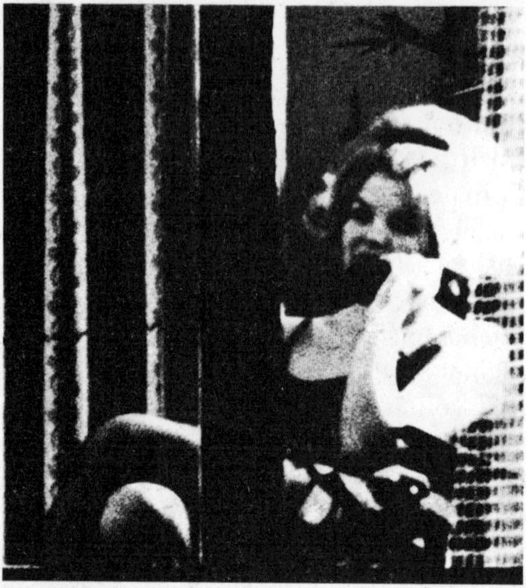

Das Telefon verhalf einer neuen Variante im Geschäft mit der Liebe zu ungeahntem Aufschwung: den Call-girl-Ringen.

ten nun mehr als die passive Hingabe der Frauen, die Frauen mehr als die nur die Ejakulation bezweckende Geschlechtstätigkeit der Männer. Die grobsinnliche, durch keinerlei Raffinesse geschickt gesteigerte geschlechtliche Vereinigung galt als entwürdigend, als »tierische Kopulation«, in England und in Amerika sprach man vom »dirty business«, vom »schmutzigen Geschäft«. Männer, die keine Variationen in der Liebe versuchten, wurden geringgeschätzt und betrogen, Frauen, die solche Variationen verweigerten, vernachlässigt und betrogen.

Zur gleichen Zeit etwa, da, dank van de Velde, die Kenntnis der geschlechtlichen Abwechslungsmöglichkeiten zum Gemeingut wurde, entstand in Amerika eine neue Art der Prostitution. Der »Strich«, das Sich-Anbieten der Dirnen auf offener Straße, war in den USA seit eh und je strikt verboten gewesen, ebenso wie die zur Schau getragene Willfährigkeit von Frauen in Bars oder Nachtlokalen von den Behörden als unsittlich unterbunden und geahndet wurde. Die Prostitution hatte in Amerika vor der Prohibition keinen goldenen Boden. Durch die »Trockenlegung« aber und dadurch, daß die amerikanische Wirtschaft ungewöhnlich florierte, floß sehr viel Geld in sehr viele Taschen. Kein Wunder also, daß sich bei den oft maßlos Verdienenden auch das Bedürfnis nach Lust und Liebe entsprechend verstärkte. Kurze Reisen in die für ihre Vergnügungen bekannten Städte Europas vermochten den Drang nach erregenden Erlebnissen nicht mehr zu befriedigen. Da kamen unternehmungslustige Kupplerinnen auf die Idee, dem Mangel an heimischen Zerstreuungen dadurch abzuhelfen, daß sie sich den in Europa und Amerika nach dem Krieg entstandenen Frauenüberschuß zunutze machten. Zuerst vor allem in New York und Chicago, dann auch in anderen Städten rekrutierten sie lebens- und liebeslustige Mädchen und Frauen, die sich nicht scheuten, von »günstigen Gelegenheiten« zu profitieren: Durch unverbindliche Zusammenkünfte mit »netten Herren«, die dafür reichlich zahlten, lasse sich das Angenehme mit dem Nützlichen verbinden. Die jeweilige Unterbrechung des Tagesablaufs oder die Abwesenheit von zu Hause während einiger Stunden der Nacht werde weder Ehemänner noch Freunden oder Eltern Anlaß zur Beanstandung geben, sofern man nur die nötige Vorsicht walten lasse und geeignete Ausreden zur Hand habe. Es sei auch nicht erforderlich, jederzeit bereit zu sein, sondern nur, wenn es ohne Schwierigkeiten gehe. Die Frauen oder Mädchen, die willens waren, ihr Einkommen zu erhöhen oder sich ein Einkommen zu schaffen, müßten nur »on call« sein – auf telefonischen Anruf hin kurz und bündig erklären, ob sie zu einem Rendezvous kommen könnten oder nicht. Der Erfolg solcher Angebote blieb nicht aus: Tausende Frauen ließen sich allein in New York und Chicago als »call girls« anwerben. Die Vermittlerinnen verständigten sie telefonisch, daß ihre Gesellschaft gewünscht werde, und gaben Adresse und Zeit bekannt – mehr nicht. Der Liebeslohn war im vorhinein festgelegt. Aktfotos, die den Kunden auf Wunsch vorgelegt wurden, bürgten für Qualität. Es sollte auf beiden Seiten keine Enttäuschungen geben. Die durch das Telefon Zusammengeführten wußten, wenn sie miteinander ins Bett gingen, nicht, wie der Partner hieß und wer er war. Das Geheimnis des erfreulichen Beisammenseins blieb gesichert – ohne üblen Nachgeschmack, denn von Geld wurde nicht gesprochen, das hatte die Vermittlerin vorsorglich einkassiert. Sie sorgte auch für ein Wiedersehen, wenn beide Partner es so wollten. War ein »call girl« verhindert oder anderweitig besetzt, ließ sich Ersatz leicht finden. Den wachsenden Bedarf an willigen Frauen deckten professionelle Mädchenhändler, die Agenturen in den europäischen Großstädten unterhielten, um unter den in Übersee nach Stellen suchenden Frauen die geeignete Auswahl treffen zu können. Die Magie des Dollars lockte. Die Aussicht, Verdienst statt oder Nebenverdienst nach harter Arbeit erwerben zu können – in wenigen Stunden mehr als in einer langen Woche –, veranlaßte zahlreiche europäische Frauen, sich dem »Schandgewerbe« zu verschreiben, das in Amerika so diskret ausgeübt werden konnte. Der amerikanische Brauch, Geheimprostitution per Telefon anzubahnen, wurde nach Europa importiert. Die Unternehmer hatten leichtes Spiel. In Berlin allein gab es vor dem Beginn der Weltwirtschaftskrise mehr als dreitausend Frauen, die auf telefonischen Abruf zu »haben« waren. Die Einrichtung von Call-girl-Ringen war nur eines der Symptome, an denen sich die immer weiter um sich greifende Zersetzung der alten bürgerlichen Geschlechtsmoral ablesen ließ. Nach außen hin freilich wahrte man das Gesicht – da ging alles noch autoritär patriarchalisch zu. Vor allem aber in den großen europäischen Städten wurde die auf die Ehe beschränkte »Ausschließlichkeit der Geschlechtsliebe« zur Ausnahme, ein spöttisch belächeltes

»Kraft« kam »durch Freude« im »Bund deutscher Mädel«.

Relikt aus der Vorkriegszeit. »Fremd gehen« – das war modern, der Seitensprung ein selbstverständlicher Zeitvertreib. Und die geschlechtlichen Freuden zu zweit genügten vielen Ehepaaren nicht mehr. Man fragte sich in Berlin ebenso wie in Wien und Paris: »Sollen wir uns einen Hausfreund, eine Freundin oder ein partnertauschwilliges Ehepaar anschaffen?« Die »ehelichen Nothilfen« wurden durch Zeitungsanzeigen oder in vorsichtiger Annäherung angeworben. »Ehen zu dritt« und »zu viert« waren keineswegs ungewöhnlich, es gab »Geselligkeits-Klubs« mit »Partnertausch« und entsprechenden Orgien. Und die Jugend ging ihre eigene Wege – teils, nach dem Vorbild der Älteren, in die Tanzlokale und Bars, teils aber auch, seit der Rebellion des »Wandervogels« gegen Muff und Mief des wilhelminischen Deutschlands, »auf Fahrt«: Aus der bourgeoisen Trugwelt ausgebrochene Gymnasiasten, Studenten, junge Angestellte und unzufriedene

Girls aus der seinerzeit berühmten Haller-Revue.

junge Arbeiter wanderten mit ihren Mädchen hinaus in die Freiheit der Natur und fanden hier, bei gemeinsamem Nacktbaden und in der Selbstverständlichkeit des nächtlichen Beieinanders im Zelt oder im Stroh der Scheune, ein gesünderes, unverkrampftes Verhältnis zum Geschlechtlichen.

Die Weltwirtschaftskrise, ausgelöst durch Überproduktion und wilde Spekulation in den Vereinigten Staaten, beendigte auch die wenigen Jahre der Hochkonjunktur in Europa und brachte die Seifenblasen des Wohlstands und des Übermuts zum Platzen. In Amerika dämpfte die Depression die Lebensfreude. In Europa, besonders in Deutschland und in Österreich, kam es schnell zu katastrophalen Zuständen. Millionen von Arbeitslosen vegetierten bei kärglichster Unterstützung durch die Öffentliche Hand dahin. Extrem linke und rechte Parteien radikalisierten die verzweifelten Massen in den Städten. Und auf dem Land rebellierten die Bauern. Mit dem mun-

teren Treiben in den Nachtlokalen war es vorbei, die meisten Bars hatten ihre Kunden verloren. Trist und grau war das Leben geworden. Und so flüchtete man sich in eine Welt des Scheins: Wer seine drückenden Sorgen wenigstens für Stunden vergessen wollte, ging ins Kino.
Die zum größten Teil in Hollywood gedrehten Filme ließen die Zuschauer ein anderes, besseres Dasein erleben. Auf der flimmernden Leinwand gab es kein Elend. Hier war alles heiter, hier lebte man in Luxus, und alle Schwierigkeiten, die man schließlich der Spannung wegen brauchte, lösten sich dank der Geschicklichkeit der Drehbuchautoren am Ende in Wohlgefallen auf. Die wunderschönen Frauen in ihren eleganten Kleidern hatten, wie Sigmund Freud es formulierte, nur »seidene Sorgen« mit den eleganten Herren, trotz aller Versuchungen machte sich niemand eines Ehebruchs schuldig, und jede Liebesgeschichte fand ihr »happy end«. Das Gute wurde belohnt, das Böse bestraft. Und die Filmstars waren die angebeteten Idole der Massen. Mehr noch: Man identifizierte sich mit ihnen, kopierte ihre Art zu sprechen, sich zu bewegen und zu kleiden. So beeinflußte der Film Mode, Haartracht und Kosmetik ebenso wie das Verhalten. Die Frauen und Mädchen wollten aussehen wie die von ihnen bewunderten Filmstars, um ebenso bezaubernd wirken zu können. Die Männer kauften sich von der Stange Anzüge nach den Modellen, in denen die Salonlöwen und Helden der Leinwand so verführerisch aufgetreten waren. Der Wunsch, so sicher allen Lebenslagen gewachsen zu sein wie die Leitbilder, bestimmte das Verhalten der Männer und die Art ihrer Annäherung an die Frauen, die ihrerseits nach den von den Produzenten für richtig befundenen Anstandsregeln des Films keine zu offenkundige Initiative den Männern gegenüber ergreifen durften. Die Moral der Leinwand, die auf die Moral der Zuschauer abfärben sollte, wurde von offiziellen und inoffiziellen Zensoren festgelegt, die strikt darauf sahen, daß kein »Ärgernis« durch

eine die Sinnlichkeit aufreizende Zurschaustellung oder durch gewagte Situationen erregt wurde. Besonders religiöse Gruppen und Frauenvereine, denen die überhandnehmende Freizügigkeit im Verkehr der Geschlechter ein Dorn im Auge war, setzten sich energisch für die »Reinhaltung« des Massenmediums Films ein – mit der Drohung, daß sie »unschickliche« Filme boykottieren und überdies in den Sonntagspredigten verdammen würden. Diese Vorkämpfer und Vorkämpferinnen der Prüderie konnten allerdings nicht verhindern, daß in den amerikanischen Großstädten Revuen nach »Pariser Art« über die Bühne gingen und Tänzerinnen, wie etwa die Ziegfield-Girls, ihre Reize freigebig präsentierten. Wohl aber konnten sie Einspruch gegen »Lüsternheit« und Nacktheit im Film erheben, und damit waren sie auch erfolgreich. Denn das große Geschäft der Filmgesellschaften wurde nicht so sehr in den Großstädten gemacht als vielmehr in den kleineren und kleinen Provinzstädten, in denen es zu den unbestrittenen Regeln des Anstands gehörte, am Sonntagsgottesdienst teilzunehmen. Wer dieser traditionellen »Bürgerpflicht« nicht nachkam, riskierte, als »unsolide und menschlich unzuverlässig« in Verruf zu kommen, was sich vor allem berufsschädigend auswirkte. Die Filmgesellschaften, angewiesen auf das Wohlwollen der Gruppen, die so außerordentlich starken Einfluß auf die öffentliche Meinung und die Behörden hatten, mußten also nicht nur darauf sehen, daß ihre Filme keinen Anstoß erregten, sondern auch auf den guten Ruf ihrer Darsteller und Darstellerinnen. Die Stars wurden angewiesen, alle Skandale zu vermeiden und, da sie im Brennpunkt des allgemeinen Interesses ständen und Vorbilder seien und sein müßten, ein vorbildliches Leben zu führen. Ihr »Image«, mit gewaltigen Werbekosten aufgebaut, mußte, wenn sich der Aufwand rentieren sollte, unangetastet erhalten bleiben. Wenn denen, die die öffentliche Meinung steuerten, auch nur das mindeste an »Unmoral« zur Kenntnis kam, war das

Einer der großen Stars der Zeit war Josephine Baker, die mit ihren erotischen Tänzen die Männer aller fünf Kontinente in Begeisterung versetzte. Ihr berühmtestes Kostüm war ein Gürtel aus Bananen.

Image gefährdet, und damit das Geschäft. Und so mußten sich die Idole des Publikums unter Androhung immens hoher Konventionalstrafen vertraglich verpflichten, sich weder im betrunkenen Zustand sehen zu lassen noch durch provokantes geschlechtliches Verhalten Anstoß zu erregen. Was sie in ihren vier Wänden taten, ob sie sich bis zur Bewußtlosigkeit vollsoffen oder bis zur Erschöpfung hurten, war belanglos – wenn nur die Meinungsmacher und das zahlende Publikum nichts davon erfuhren. In Hollywood wurde die Doppelbödigkeit der amerikanischen Moral zur äußersten Perfektion gebracht.

Wie weit das Image der Film-Idole von der Wirklichkeit entfernt war, wußte in ihrer großen Zeit nur ihre nächste Umgebung. Auf die Illusionen des Publikums, das zum Beispiel Rudolf Valentino als den unvergleichlichen Liebhaber der Frauen vergötterte, fielen erst später tiefe Schatten. Der Held der Träume Hunderttausender von Frauen, deren Sinnlichkeit er mit dem Blick seiner dunklen Schlafzimmeraugen erregt hatte, bewohnte ein prunkvolles Schloß, das er nach eigenen Plänen hatte erbauen und einrichten lassen. Es entsprach ganz der Vorstellung, die sich die von seiner Männlichkeit Entzückten von der Lüsternheit des Milieus machten, in dem sie nur allzu bereit gewesen wären, sich ihm hinzugeben, wenn er ihnen die Gelegenheit gegeben hätte. Die silbernen Ritterrüstungen in der Halle, die seidenen Vorhänge, die mit tiefrotem Brokat gepolsterten Sitzbänke und die zierlichen Möbel – all das war so, als sei es aus den Filmen, in denen man ihn bewundert hatte, in seine persönliche Behausung verpflanzt worden. Valentino schien im Leben der gleiche großartig männliche Genießer zu sein wie auf der Leinwand. Wer war die Glückliche, die das schwellende Lager mit ihm teilte? Die bestrickende Jean Acker, die er zur Frau nahm? Aber da er nur vier Wochen mit ihr verheiratet geblieben war, konnte sie doch nicht so »bestrickend« gewesen sein, wie er es wohl von ihr erwartet hatte. Auch seine zweite Ehefrau, Natascha Rambova, schien seinen Ansprüchen nicht zu genügen. Er zeigte sich nur selten mit ihr. Stimmte es, daß sie eine Lesbierin war? Der Filmgesellschaft, die Rudolfo Guglielmi den klangvollen Namen »Valentino« gegeben und ihn zum großen Star gemacht hatte, waren die Indiskretionen, die über den Kassenmagneten im Umlauf waren, einerlei, solange er alles dazu tat, daß die Fassade erhalten blieb. Er hatte zweimal geheiratet, um das Image zu bewahren. Daß der Liebling der Frauen zu seiner Zerstreuung den »Torch-Club« besuchte, einen berüchtigten Zusammenkunftsort Homosexueller, sich mit Goldschmuck behängte und starke Parfums gebrauchte, mochte wohl für böswillige Neider ein Hinweis sein, bedeutete aber durchaus keinen Beweis einer »widernatürlichen« Veranlagung, wie sie nicht eine einzige seiner zahllosen Anbeterinnen für möglich gehalten hätte. Rudolf Valentino blieb in ihren Gedanken als unvergleichlicher »homme a femme« – ein Liebhaber, wie sie sich ihn in ihren begehrlichsten Träumen wünschten. Und wie war es mit dem so unschuldsvoll-harmlos wirkenden Charlie Chaplin, dessen genialisch-komische Unbeholfenheit (auch Frauen gegenüber) ihn weltberühmt gemacht hatte? Stimmte es, was seine zweite Ehefrau Lita Grey in ihrem Buch »My Life with Chaplin« erzählte? (Es erschien allerdings erst 1966, und da waren in den USA die einst als so sicher geltenden Dämme der puritanischen Tabus längst geborsten, und eine Sexwelle sondergleichen überschwemmte das Land.) Lita Grey jedenfalls hielt es für richtig – und sie allein hat es zu verantworten –, von Charlie Chaplin zu erzählen, er sei »eine menschliche Sex-Maschine, der als Mittdreißiger jede Nacht ein dutzendmal ›Liebe‹ machte und beim sechstenmal genauso stürmisch war wie beim ersten ...« Sie habe ihn, so berichtet Lita mit schöner Offenheit, gefragt: »Machen alle Männer es so wie du, eins nach dem andern?«, und die Antwort sei gewesen: »Nein, die meisten Männer brauchen eine Pause ...« Nicht minder unbefangen erzählt sie: »Er zog mich über sich, schob seinen Penis an meinen Mund und drängte mich, etwas zu tun, was ich schon einige Male abgelehnt hatte ...« In ihrer Scheidungsklage brachte sie vor, Chaplin habe von ihr verlangt, daß sie sich mit ihm gegen den § 288 a des im Bundesstaat Kalifornien geltenden Strafgesetzes vergehe. Der Paragraph lautet: »Jede Person, die an Akten teilnimmt, in denen der Mund einer Person mit den Sexualorganen einer anderen Person in Verbindung gebracht wird, wird mit Haft bis zu einer Dauer von fünfzehn Jahren bestraft.« Die Ehe mit Lita Grey wurde geschieden, obwohl Chaplin alle Beschuldigungen bestritt, auch die, daß er mit sechs prominenten Frauen Hollywoods Ehebruch verübt habe. Er wurde auch nicht bestraft, hielt es aber doch für richtig, Hollywood eine Zeitlang den Rücken zu kehren.

Trotz aller Bemühungen um das rechte Image ließ es sich oft genug nicht verhehlen, daß Filmschauspielerinnen, die gern tugendhafte Rollen spielten, ein recht lockeres Privatleben führten. Aber der von den Filmgesellschaften so befürchtete Umschwung in der öffentlichen Meinung fand nicht statt, auch nicht, als zum Beispiel bekannt wurde, daß Mary Astor eine leidenschaftliche ehebrecherische Liebesbeziehung zu einem Theaterschriftsteller unterhalten hatte. Marys Mann legte bei dem Scheidungsprozeß ihr Tagebuch vor. Der Richter schloß das Beweisstück jedoch vom Verfahren aus mit der Erklärung, daß es seinem sittlichen Empfinden widerstrebe, es öffentlich verlesen zu lassen. Der Inhalt dieses »Blauen Tagebuches« wurde dann aber durch den betrogenen Ehemann publik gemacht. Mary Astors Bekenntnisse waren mehr als eindeutig. So hatte sie über ihren Liebhaber geschrieben: »Er empfing mich im Pyjama ... Noch nie bin ich so schnell ausgezogen worden wie durch ihn. Es war wunderbar, so den süßen Nachmittag dahinzuvögeln ...« Mit ihrer unverblümten Anerkennung der »Härte« ihres Liebhabers und ihrem Entzücken, »es auf die französische Tour zu machen«, hatte sie ihre Schuld bewiesen. Da sie aber ihrerseits durch die Zeugenaussagen von Detektiven nachweisen konnte, daß ihr Mann auch sie betrogen hatte, wurde die Scheidung aus beiderseitigem Verschulden ausgesprochen. Trotz der Empörung, die von kirchlichen Kreisen und den einflußreichen Frauenvereinen lautstark geäußert wurde, bewahrte sich Mary Astor, wie nicht wenige andere Stars, die Gunst des Publikums, das den Sünderinnen aus der Welt des Scheins ihre geschlechtlichen Exzesse gnädig verzieh, wenn ihre reizvolle Erscheinung die Sinne ansprach. Überhaupt setzte sich immer mehr die Auf-

Hitler kündigte eine »ungeheure Umwälzung der Moralbegriffe« an. Eine apokalyptische Vision der Folgen hielt Otto Dix in seinem Gemälde »Die sieben Todsünden« fest.

fassung durch, daß das private Leben der Kinolieblinge keineswegs identisch sein müsse mit den von ihnen verkörperten Rollen – was wiederum eine Folge der Tatsache war, daß es mit der »Tugendwelle« zu Ende ging. Die Verniedlichung und Verharmlosung der Beziehungen zwischen Mann und Frau fand keinen Anklang mehr. Die Zuschauer wollten stärkere Kost, denn der Druck der wirtschaftlichen Depression hatte in den USA zu weichen begonnen, der erneut einsetzende wirtschaftliche Aufschwung entlastete die Gemüter und löste die Hemmungen. Wie man sich im Alltag nicht mehr mit »petting« und »steady«-Gehen begnügte, sondern darauf aus war, die solchermaßen gesammelten ersten Erfahrungen in der Liebe zu erweitern, indem man die Partner wechselte, so verlangte man auch vom Film mehr, und prompt rollte eine neue Welle heran, der ein neues Traumgeschöpf entstieg: der Vamp – nichts anderes übrigens als die nunmehr auf das Zelluloid gebannte männerfressende »femme fatale« aus der Literatur der Jahrhundertwende. Der Vamp-Welle folgte sehr bald eine weitere, die Busenwelle: Damen mit wahrhaft kolossalen Brustweiten waren nun die Fetische der amerikanischen Männer (und nicht nur dieser) und gaben den Psychoanalytikern immer neuen Anlaß zu tiefschürfenden Betrachtungen, was im Unterbewußtsein wohl der wahre Grund sei für ein Schönheitsideal, das seine Entsprechungen allenfalls in den riesenbrüstigen »Urmüttern« und »Großen Göttinnen« frühester Kulturen hatte. Die Prohibition aber, die so entscheidenden Einfluß gehabt hatte auf die Demoralisierung der USA, verschwand sang- und klanglos in der Versenkung, als Präsident Franklin D. Roosevelt mit der Gesetzgebung des »New Deal« eine »gerechte soziale Ordnung« herbeiführen wollte. Die große Krise im Fernen Osten, die Entschlossenheit Japans (das sich in kaum siebzig Jahren zu einem modernen Staat entwickelt und die westlichen Lebensgewohnheiten und Bräuche angenommen hatte), sich China mit Waffengewalt botmäßig zu machen, hatte die Großmächte, die den Ausbruch eines asiatischen Krieges mit allen Mitteln verhindern wollten, die Gefahr unterschätzen lassen, die in Mitteleuropa heraufzog: Hitlers Nationalsozialismus. Die warnenden Stimmen, die auf das radikale Programm der NSDAP und auf die Parallelen zu Mussolinis Faschismus hinwiesen, wurden überhört. Statt dessen ließ man sich beeindrucken davon, daß Hitler und seine »braunen Kolonnen«, die militärisch organisierte SA und SS, wütend den Kommunismus bekämpften, in dem man nicht nur in Deutschland »die Weltgefahr« sah. Und im übrigen beruhigte man sich mit dem Gedanken, die konservativen Kräfte würden schon dafür sorgen, daß die »unrealistischen« Forderungen des »Trommlers«, der sich selbst zum »Führer« ernannt hatte, niemals verwirklicht wurden. Hauptsache war erst einmal, den Kommunismus in Deutschland niederzuwerfen. Hitler, getragen vor allem von den Ressentiments des Kleinbürgertums, versprach in seinen Reden allen alles: den Millionen Arbeitslosen »Arbeit und Brot«, dem Mittelstand »Brechung der Zinsknechtschaft«, den unverbesserlichen Nationalisten »Schluß mit dem Schandvertrag von Versailles«, ein »stolzes neues deutsches Heer« und ein »freies starkes Großdeutschland«. Und weil man Massen am besten aufhetzen kann, indem man ihnen einen Feind schafft, den man für alles Übel verantwortlich machen kann, wütete er gegen die »November-Verbrecher« von 1918, »die Bonzen des Weimarer Systems« und die »Verschwörung des internationalen Judentums«. Er selbst aber träumte in seinem Wahn von einem »Tausendjährigen Reich« als der Vormacht »nordischer Rasse« in Europa, von »Lebensraum« in den Weiten Osteuropas für »Herrenmenschen« und von der »Ausrottung der geltenden Moral«. Im vertrauten Kreis verkündete er: »Die Vorsehung hat mich zu dem größten Befreier der Menschheit vorbestimmt. Ich befreie den Menschen von dem Zwang eines Selbstzweck gewordenen Geistes, von den schmutzigen und erniedrigenden Selbstpeinigungen einer Gewissen und Moral genannten Chimäre und von den Ansprüchen einer Freiheit und persönlichen Selbständigkeit, denen immer nur ganz wenige gewachsen sein können. Der christlichen Lehre von der unendlichen Bedeutung der menschlichen Einzelseele und der persönlichen Verantwortung setze ich mit eiskalter Klarheit die erlösende Lehre von der Nichtigkeit und Unbedeutendheit des einzelnen Menschen und seines Vorlebens in der sichtbaren Unsterblichkeit der Nation gegenüber.«

»Nation, Volk, Rasse« – unaufhörlich dröhnte es aus den Lautsprechern, mit Riesenlettern schrie es von den Plakaten, und die fanatischen Massen antworteten in tobenden Sprechchören: »Ein Volk – ein Reich – ein Führer!« und »Führer, befiehl, wir folgen«, denn man wußte es ja aus tausendfacher Wiederholung: »Der Führer hat immer recht.« Und dieser Führer redete zwar von »Zucht und Ordnung«, aber das bedeutete sehr bald Gestapo und Folter und KZ und Mord – selbst an den »Treuesten der Treuen«, der homosexuellen Führungsclique um den »Stabschef der SA« Röhm. Dieser Führer redete von der »Heiligkeit der deutschen Ehe« und von der »Sauberkeit des Familienlebens« und davon, daß der »Augiasstall der Korruption« ausgemistet werden müsse. Aber er selbst war nicht verheiratet, sondern hatte eine Geliebte, Eva Braun, und seine »Paladine«, durch die »Machtergreifung« in hohe und höchste Ämter katapultierte Nonvaleurs und verkrachte Existenzen, führten ein Satrapenleben in Saus und Braus, durch und durch korrumpiert. Dieser Führer wütete gegen die moderne Kunst und Literatur als einen »Sumpf der Entartung«. Und das Volk hatte sich zu erbauen an Bildern und Büchern von »Blut und Boden« und von »Arbeitern und Soldaten« – und als Zuckerguß darauf konnte man in den Kunstausstellungen »edle nackte nordische Schönheit« bewundern – böse Zungen nannten den, von dem

Groß, blond und weiblich-herb waren die Idealgestalten des Dritten Reiches (Johann Schult »Lebensfrühling«).

diese Machwerke stammten, den »Meister des deutschen Schamhaars«.

Hinter allem aber stand das eine Ziel dieses Wahnwitzigen: die von ihm selbst verkündete »ungeheure Umwälzung der Moralbegriffe«, denn: »Die Tafeln vom Berge Sinai haben ihre Gültigkeit verloren.« Die Abschaffung all dessen, was bisher gegolten hatte, konnte freilich nur schrittweise vor sich gehen. Mit den Kirchen wollte Hitler sich fürs erste nicht allzu sehr anlegen, um nicht einen namhaften Teil seiner Anhänger vor den Kopf zu stoßen, die immer noch an »Zucht und Sitte und Anstand« glaubten, denn hatte das der Führer nicht selbst gefordert? Der war sogar bereit, zunächst »in Gottes namen Frieden zu machen« mit der Kirche – hatte das nicht auch Mussolini getan? –, sein Fernziel aber blieb: »mit Stumpf und Stiel, mit allen seinen Wurzeln und Fasern das Christentum in Deutschland auszurotten«. Vorher aber galt es, den »Weltfeind Nummer Eins« zu vernichten, das Judentum: »Das auserwählte Volk der Verbrecher« müsse »aus dem Leben des deutschen Volkes ausgeschaltet« werden. Der Kampf gegen die Juden hatte schon lange vor der »Machtergreifung« begonnen.

Führend gewesen war die Nürnberger Wochenzeitung »Der Stürmer« des Psychopathen Julius Streicher, der sich nicht genug tun konnte in wüsten pornographischen Schilderungen »jüdischer Rassenschande«. Hier (und nicht nur hier) stand auch zu lesen, daß das Alte Testament eine schauerlich-schaurige Chronik des Verbrechens sei – es wimmele dort nur so von Mord und Blutschande, Betrug, Diebstahl und Unsittlichkeit. Hunderttausende lasen den »Stürmer«, und Millionen sahen tatenlos zu, was dann den Juden geschah: Mit dem Boy-

Den Abschluß des in München mit allem Pomp des Dritten Reiches gefeierten »Tages der Deutschen Kunst« 1938 bildete eine seltsam aus Kitsch und Sex gemixte »Nacht der Amazonen« im Park des Barockschlosses Nymphenburg.

kott jüdischer Geschäfte und mit der Verbrennung der Bücher von »Juden und Judengenossen« begann es. Es folgte die Vertreibung aller Juden (und sonstiger »politisch Unerwünschter«) aus allen Ämtern, aus Schulen und Hochschulen, Kunst und Wissenschaft, Justiz, Medizin, Presse, Kultur. Es folgten die »Nürnberger Gesetze« zum »Schutze des deutschen Blutes«. Es folgten der Gelbe Stern, Deportation, Ghetto, »Endlösung«, Auschwitz . . .

Es war Hitler tatsächlich binnen weniger Jahre gelungen, zumindest das Gewissen der ihm fanatisch ergebenen Nationalsozialisten von den »Vorurteilen der christlichen Lehren« und des »humanitären Schwachsinns« zu befreien. Für sie gab es nur noch das »Sittengesetz der Nation«. Das Gebot: »Du sollst nicht töten« – eine »jüdische Erfindung« – galt nicht, wenn der »nordische Herrenmensch« jüdische und slawische »Untermenschen« vor sich hatte. Und es galt nicht im »totalen Krieg«. Die Millionen und aber Millionen Männer und Frauen, die auf den Schlachtfeldern, in Gaskammern und im Bombenkrieg ihr Leben ließen, waren die Opfer des »Führers der Masse«, der, wie Sigmund Freud es formuliert hatte, als der »gefürchtete Ur-Vater« das »Wiederaufleben der Ur-Horde« erreicht hatte und sie mit »unbeschränkter Gewalt« beherrschte.

Die »unbeschränkte Gewalt« des in Bildern und Büsten und, mit seiner Stimme, im Rundfunk allgegenwärtigen »geliebten Führers« erstreckte sich keineswegs nur auf die Männer, sondern nicht minder auf die Frauen. Auch sie hatten mit ihren »Taten, Gedanken und Gefühlen bedingungslos der Nation, dem Volke, der Rasse, dem Führer zu dienen« – vor allem als »Mutter deutscher Söhne«, stolz abgewandt von allen »artfremden« Einflüssen des »dekadenten Westens« und der »jüdischen Zersetzung«. Ihr Lebenszweck wurde »ausgerichtet« auf das eine »Zuchtziel«: die »Erhaltung und Mehrung des nordischen Blutanteils«. Denn »nordische Heldensöhne«

sollten ja im »Reich von Burgund bis zum Ural« herrschen. So gab es für die deutsche Frau nur die Aufgabe, »empfängnisbereite und zur Empfängnis verpflichtete Gebärerin« zu sein, und in diesem Sinne wurde sie belehrt, wurden die Mädchen erzogen. Die »Rassenschande«, jeder Geschlechtsverkehr mit »artfremden« Männern, galt als schlimmstes Verbrechen. Und man hatte dafür sogar eine ebenso falsche wie widerwärtige »wissenschaftliche« Begründung parat: »Artfremdes Eiweiß ist der Same eines Mannes von anderer Rasse. Der männliche Same wird bei der Begattung ganz oder teilweise von dem weiblichen Mutterboden aufgesaugt und geht so in das Blut über. Ein einziger Beischlaf eines Juden bei einer arischen Frau genügt, um deren Blut für immer zu vergiften. Sie hat mit dem ›artfremden Eiweiß‹ auch die fremde Seele in sich aufgenommen. Sie kann nie mehr, auch wenn sie einen arischen Mann heiratet, rein arische Kinder bekommen, sondern nur Bastarde ...«

Das deutsche Mädchen, durch den »Ariernachweis« berechtigt und verpflichtet, das Zuchtziel des Nationalsozialismus zu verwirklichen, bekam eine »Kluft«. Die in den »Bund deutscher Mädel« zwangsläufig Eingereihten wurden in schwarze Röcke, weiße Blusen mit schwarzem Dreieck-Tuch und Lederknoten eingekleidet. Sie trugen SA-braune Jacken, geschmückt mit der Raute der »Hitler-Jugend«. In weißen Strümpfen und derben Schuhen, die Haare in Zöpfe geflochten, dienten sie ihr Pflichtjahr und den Arbeitsdienst ab und wurden für ihre erhabene Zukunft gedrillt. Sie versammelten sich in Heimabenden und unternahmen Wanderungen: »Kraft« kam »durch Freude«. Wenn eine Frau oder ein Mädchen sich schminkte oder gar rauchte, galt sie als »entartet«. Vorbildlich deutsch war es, empfängnisbereit zu sein – freilich nur mit dem geeigneten Partner, der ebenso »rassisch rein« sein mußte wie die Frau selbst, geeignet zur »Mehrung deutschen Volkstums« und zur »Aufzucht der Rasse«.

Schon im Jahre 1936 wurde der Verein »Lebensborn e. V.« gegründet. Heinrich Himmler, der Reichsführer der SS (»eines nach besonderen Gesichtspunkten ausgewählten Verbandes deutscher nordisch bestimmter Männer«) verkündete: »Die Frage vieler Kinder ist nicht Privatangelegenheit des einzelnen, sondern Pflicht gegenüber seinen Ahnen und unserem Volk ... Als Mindestkinderzahl einer guten und gesunden Ehe sind vier Kinder erforderlich ... Für die Auslese und Zuweisung geeigneter Kinder steht den SS-Führern (die keine eigenen Kinder haben) der Verein ›Lebensborn e. V.‹ zur Verfügung, der unter meiner persönlichen Führung steht.« Ursprünglich hatte der »Reichsheini« offenbar vor allem die Förderung »gesunder Ehen« beabsichtigt. Aber bald erschien ihm die Ehe nicht mehr die alleinige Voraussetzung der Rassenzüchtung zu sein. Ob ein für den »Lebensborn« taugliches weibliches Wesen verheiratet war oder nicht, war belanglos, wenn sie nur »ein gebärfreudiges Becken« aufzuweisen hatte und willens war, sich mit SS-Männern geschlechtlich zu vereinigen, die sie für »Volk, Reich und Führer« begatteten. Der »Lebensborn e. V.« hatte seinen Sitz in Berlin. In seinen Satzungen stand: »Seine Aufgaben liegen auf dem bevölkerungspolitischen Gebiet. ›Lebensborn‹ hat den Kinderreichtum in der SS zu unterstützen, jede Mutter guten Bluts zu schützen und zu betreuen und für hilfsbedürftige Mütter und Kinder guten Blutes zu sorgen. Aus dieser Art soll eine auserlesene Jugend hervorgehen, gleich wertvoll an Körper und Geist, der Adel der Zukunft.« Zur brünstigen Vereinigung in »volksbewußter Verschmelzung« wurden deutsche Frauen und Mädchen aufgerufen und auserlesen, wenn ihre körperlichen Eigenschaften mit Hitlers Schönheits-Ideal übereinstimmten: blondes Haar, breite Hüften und üppiger Busen. Wenn die »call-girls« der NSDAP sich vor der Potenz des unbekannten SS-Mannes entkleideten, erfüllten sie ihr patriotisches Soll – das durch den Geschlechtsverkehr erworbene Haben war für

die Nation bestimmt: der Nachwuchs, freudige Kämpfer für das »Tausendjährige Reich«, notfalls »in stolzer Trauer« dargebracht auf dem »Altar des Vaterlandes«.
»Vermehret euch!« – so hieß die Parole der Zeit. Es war gewiß nicht jeder Frau Sache, sich um der Vermehrung der deutschen Rasse willen bei jeder Gelegenheit zu paaren. Aber die Abwesenheit der Männer zersetzte, im Zweiten Weltkrieg noch mehr als im Ersten, die eheliche Moral. Die deutschen Frauen wurden zur Arbeit in Ämtern und in der Rüstungsarbeit dienstverpflichtet oder mußten sich in aufgezwungener Selbständigkeit erhalten. Ihre Männer, ihre Verlobten, ihre Freunde waren fort, oft auf Nimmerwiedersehen. Die Jahre gingen dahin, die Paare waren einander entfremdet, die kurzen Urlaubstage reichten nicht aus, die unterbrochene Vertrautheit wiederherzustellen. Die Kinder wußten nichts mit dem »fremden Manne« anzufangen, der für einige Nächte das Bett ihrer Mutter teilte. »Urlaubsonkel« nahmen oft die Stelle der fernen Ehemänner ein, die sich – immer wieder hörte man es ja! – mit »Blitzmädels« amüsierten, den uniformierten »Nachrichtenhelferinnen« der Wehrmacht, wenn nicht gar mit Französinnen oder Polinnen (die ihrerseits häufig ihre Gunstbeweise in den Dienst der Widerstandsbewegung stellten). Die Frauen holten sich vom Leben, was sie bekamen. Die »UK-Gestellten«, die für die Kriegswirtschaft unabkömmlichen Männer, waren heißbegehrt und umworben. Die Liebe war knapp, die Geschlechtsnot schlimm, noch schlimmer als der Mangel an Lebensmitteln, die, wenn auch spärlich, auf Karten zu erhalten waren oder auf dem Schwarzen Markt eingetauscht wurden – wenn es sein mußte, gegen »kleine Gefälligkeiten« im Bett.
Den schmetternden Fanfarenstößen der »Sondermeldungen« über Siege folgte das Heulen der Sirenen des Fliegeralarms. Und nun wiederholte sich, vertausendfacht, was neutrale Abgesandte des Roten Kreuzes in der englischen Stadt Coven-

try – der ersten von Bomben »ausradierten« Stadt – erlebt hatten: daß Verzweiflung und Todesangst die meisten der solchermaßen Heimgesuchten buchstäblich über Nacht um ihre Lebensform brachten. Mit ihrem Hab und Gut verloren sie auch die Manieren und Gewohnheiten, die zuvor ihren Alltag bestimmt hatten: Frauen und Männer entblößten und wuschen sich ungeniert voreinander, tauschten ohne Scheu oder Scham Zärtlichkeiten aus, aßen mit den Fingern und streckten begehrlich die Hände nach Zigaretten oder Schokolade aus. Die Zwangsjacke der Erziehung hatte sich gelockert, durch Unglück und Schock waren die Sitten von Grund auf verändert worden. Eines aber fiel besonders auf: Die uralte naturhafte Lust zu leben, das ganz primitive Verlangen nach Genuß, überwog alle Trauer über die Verluste. Das große Entsetzen wurde durch kleine Freuden kompensiert. Der Maßstab der Werte war durch eine neue Skala gekennzeichnet, deren Grade durch die Unmittelbarkeit des Vergnügens bestimmt waren, durch die augenblickliche Existenz – durch das Jetzt. In zwei Redewendungen fand diese Einstellung typischen Ausdruck: Bei Fliegeralarm verabschiedete man sich mit »Bleib übrig!«, und im übrigen lebte man nach dem Motto: »Genießt den Krieg – der Frieden wird furchtbar.«
Bei allen Völkern, die unter den Schrecken des Krieges mittelbar oder unmittelbar zu leiden hatten, waren die Lebensgewohnheiten und Bräuche tiefgreifenden Umschichtungen unterworfen, deren ganzes Ausmaß sich erst abzeichnete, als das tatsächliche Leben sich wieder normalisiert hatte: Auch wenn es äußerlich scheinen mochte, als sei man nun zum »Alten« zurückgekehrt, war doch vieles so ganz anders geworden, nicht zuletzt im Verhältnis der Geschlechter zueinander. Das gilt für Deutschland, das nach Bombenchaos, Flüchtlingselend und Hungerwintern sein »Wirtschaftswunder« erlebte, ebenso wie für die Länder, die unter deutscher Besatzung und dem Terror der allmächtigen SS gelitten hatten. Auch am

»American way of life« war der Krieg nicht spurlos vorübergegangen. Mit dem ganzen Riesenpotential ihrer Industrie hatten die USA zunächst den gegen Hitlerdeutschland und seine Verbündeten kämpfenden Mächten beigestanden. Die Umstellung auf die Produktion von Kriegsgerät löste gewaltige Menschenwanderungen innerhalb Amerikas aus. Die modernen Nomaden, die von Stadt zu Stadt, von Staat zu Staat umzogen, verloren die Verbundenheit zum Geburtsort und zur Familie. Sie richteten sich in ihrem Verhalten nun nicht mehr nach der Tradition ortsbedingter gesellschaftlicher und religiöser Vorschriften, und sie entwickelten einen durch keine überlieferten Rücksichten beschränkten Lebenshunger.
Dann waren die Vereinigten Staaten selbst in den weltweiten Kampf von der Atlantikküste bis zu den Inseln der Südsee eingetreten. Durch die Einführung der allgemeinen Wehrpflicht für Männer von zwanzig bis vierundzwanzig Jahren wurde die vermehrte Einstellung von Frauen in den auf Hochtouren arbeitenden Betrieben unerläßlich. Dadurch verstärkte sich ihre ohnehin nie schwache Position noch mehr, denn wirtschaftliche Unabhängigkeit bedeutete gesteigerten Einfluß auf die Lebensformen. Während Millionen Männer an die Fronten verschifft wurden, stellten die amerikanischen Frauen ihren Mann, aber betonten, um ihre männliche Tätigkeit zu kompensieren, nach außen hin die Reize ihrer Weiblichkeit. Sie verwandelten sich nach getaner Arbeit in »glamour girls«. Die nicht vom Krieg beanspruchten Industrien hatten einen enorm anschwellenden Bedarf an Kosmetika und vielerlei modischen Dingen zu befriedigen, denn die Frauen bestanden darauf, die Strümpfe und die Wäsche aus den neuen Chemiefasern nach der Art des Nylons, die Schönheitsmittel und die Haushaltsgeräte mit dem überschüssigen Geld, das sie verdienten, kaufen zu können. Sie modernisierten ihre Heime und Wohnungen –

entschlossen, einen neuen Lebensstil zu kreieren, in dem sie die Rolle der »Frau des Hauses« mit der einer »Herrin des Hauses« vertauschten. Und in Amerika brachen dann die Dämme puritanischer Sexual-Tabus: Die »sexuelle Revolution« begann . . .

Zeittafel

1945 Abwurf der ersten Atombomben auf Hiroshima und Nagasaki
1948 Alfred C. Kinsey: Das sexuelle Verhalten des Mannes
1949–1964 Konrad Adenauer erster Bundeskanzler der Bundesrepublik (1876–1967)
1950–1953 Korea-Krieg
1951 Marilyn Monroe beginnt ihren Aufstieg als internationaler Sex-Star
1952–1960 Dwight D. Eisenhower Präsident der USA (1890–1969)
1953 Tod Stalins
1953 Kinsey: Das sexuelle Verhalten der Frau
1957 Ermordung der Rosemarie Nitribitt
1958 Charles de Gaulle (*1890) Präsident der Französischen Republik
1961–1963 John F. Kennedy Präsident der USA (1917–1963)
1961 Erstes öffentliches Auftreten der Beatles
1962 Kuba-Krise
seit 1964 Ausweitung des Krieges in Vietnam
1966 W. H. Masters und V. E. Johnson: Die sexuelle Reaktion
seit 1966 »Swinging London« wird zum Begriff für Beat, Sex und Mini-Mode
1968 Aufklärungsserien und -filme von Oswalt Kolle
1969 Die ersten Menschen betreten den Mond
1973 Waffenstillstand in Vietnam

7 Besser leben – besser lieben

Die sexuelle Revolution

Die sogenannte »sexuelle Revolution«, die heute in der westlichen Welt die altüberkommenen Anschauungen und Verhaltensweisen für fragwürdig erklärt oder gar über Bord werfen will – diese Sexrevolution, deren weitere Entwicklung und Auswirkung noch gar nicht abzuschätzen ist, begann in Amerika. Etwa zwei Millionen junger Amerikaner, von den Kriegsschauplätzen in Europa und im Pazifik zurückgekehrt, drängten, im Gefühl des »Überlebthabens«, in die Ehe, in die menschliche und geschlechtliche Bindung. In der Ehe, so meinten sie, könne sich der Wunsch nicht nur nach dem so lange vermißten regelmäßigen Geschlechtsverkehr, sondern auch nach Fortpflanzung verwirklichen. Die Frauen und Mädchen, oft schon nach einer einzigen Begegnung mit einem Heiratsantrag überrumpelt, ließen sich willig überreden: Sie wagten die Ehe in dem Bewußtsein, daß die Bindung nur so lange dauern würde, als sie es wünschten. Denn um geschieden zu werden, genügte es in den meisten Staaten der USA bereits, wenn man als Scheidungsgrund »seelische Grausamkeit« vorbrachte – unter diesen vagen Begriff fielen schlechtes Benehmen, Vernachlässigung oder auch einfach nur ein paar Gewohnheiten, die der Gattin nicht paßten. In den ersten Jahren nach dem Zweiten Weltkrieg wurden denn auch mehr als sechshunderttausend Frauen geschieden.

Für die amerikanischen Ehemänner ist die Scheidung zwar ähnlich unproblematisch, doch werden sie dadurch nur die Ehefrau los, nicht aber ihre finanziellen Verpflichtungen. Sie müssen der Geschiedenen, ihren Einkommensverhältnissen entsprechend, Unterhalt bezahlen – nach den oft allzu kurzen Freuden der Ehe ein ganzes Leben lang. Diese den Männern aufgebürdete Verpflichtung gibt den amerikanischen Frauen das Gefühl einer Überlegenheit, das sie ganz bewußt genießen und einsetzen. Die Ehe bedeutet für sie sowohl wirtschaftliche Versorgung als auch, da sie zumeist ihre hoch versicherten Männer überleben, eine Quelle von Wohlstand, ja sogar Reichtum. Mehr als 80 Prozent des amerikanischen Volksvermögens befinden sich heute in den Händen dieser nutznießenden »Erbinnen«. Die Ehe sichert der Frau nicht nur die gesellschaftliche Position und das damit verbundene Ansehen, sie prägt auch ihre Einstellung den Männern gegenüber: In Erkenntnis ihrer schwächeren Position verrichten die Männer willig Haus- und Gartenarbeit, bringen die Kinder zur Schule und dürfen, zum Lohn für ihre »handyman«- und »gentlemen«-Leistungen, den ehelichen Pflichten nachkommen. Diese Unterordnung in der Ehe, verbunden mit einem »Mutterkomplex«, ist die Hauptursache für die latenten Eheprobleme der amerikanischen Männer, die sich der erniedrigenden Frauenherrschaft nach Möglichkeit durch Alkohol, Onanie, außereheliche und homosexuelle Kontakte entziehen, und für die Schwierigkeiten der Frauen, die ihre oft unbewußte Enttäuschung über die Schlappheit ihrer Männer und ihre eigene Frigidität mit Hilfe von Alkohol, Selbstbefriedigung und Ehebruch zu kompensieren versuchen. Die immer deutlicher zutage tretende Disharmonie im Geschlechtsleben der Amerikaner legte Alfred C. Kinsey in seinen aufsehenerregenden Werken über »Das sexuelle Verhalten des Mannes« und über »Das sexuelle Verhalten der Frau« bloß. Seine auf der Befragung von mehr als sechzehntausend Männern und Frauen beruhenden Statistiken über die Arten und Abarten geschlechtlicher Beziehungen ermöglichten es den Amerikanern und Amerikanerinnen, ihr eigenes sexuelles Verhalten vor, außer und in der Ehe mit Durchschnittswerten zu vergleichen. Kinseys trockene Zahlen bekamen auf einmal Leben. Die Männer, die sich auch noch in der Ehe in Selbstbefriedigung flüchteten, erfuhren, daß etwa 88 Prozent aller verheirateten Männer zwischen sechzehn und zwanzig Jahren regelmäßig onanieren, »von den Unverheirateten ... 54,8 Prozent noch im Alter von fünfzig Jahren, bei den Verheirateten liegt die größte Verbreitung – 42,1 Prozent – zwischen einundzwanzig und fünfundzwanzig Jahren. Danach fallen die Zahlen in ähnlicher Stetigkeit bis ins hohe Alter ab, Mitte der fünfziger Jahre ist kaum noch mehr als ein Zehntel der Verheirateten beteiligt.« Die als Laster empfundene Triebbefriedigung durch Onanie war also eine »normale« Gewohnheit und keine Perversität, die damit verbundenen Traum- oder Wunschvorstellungen waren beinahe allen Männer gemeinsam. Die durchschnittliche Zahl der Frauen, die sich durch Onanie zum Orgasmus verhalf, betrug etwa 62 Prozent der von Kinsey Befragten. Kinsey bestritt, wie schon andere Sexualforscher vor ihm, daß die Selbstbefriedigung zu körperlichen Schäden führe, und erklärte, daß die Onanie sogar die Reaktionsfähigkeit der Frau im ehelichen Verkehr steigern könne. In den ersten fünf Ehejahren erlebten »von denjenigen, die vor der Ehe bis zum Orgasmus onaniert hatten, nur 13 bis 16 Prozent keinen Orgasmus«.

Etwa 86 Prozent der befragten Männer hatten vorehelichen Geschlechtsverkehr. »Männer der unteren Schichten haben eine gewisse Hochachtung vor der Jungfräulichkeit.« Dennoch üben auch »die Angehörigen der unteren Schichten den Geschlechtsverkehr sehr bald, nachdem sie ihn in der Pubertät oder mit fünfzehn bis sechzehn Jahren begonnen haben, mit wöchentlicher oder noch größerer Häufigkeit aus«. Die Zahl der Frauen, die vorehelichen Geschlechtsverkehr haben, macht nach Kinsey knapp 40 Prozent aus.

Etwa 92 Prozent aller männlichen Jugendlichen hatten beim »petting« irgendeine Art des Liebesspiels geübt. Aber »die durch Petting erlangte Befriedigung macht nie mehr als 3 Prozent der Gesamt-Triebbefriedigung aus ... Der größte Teil

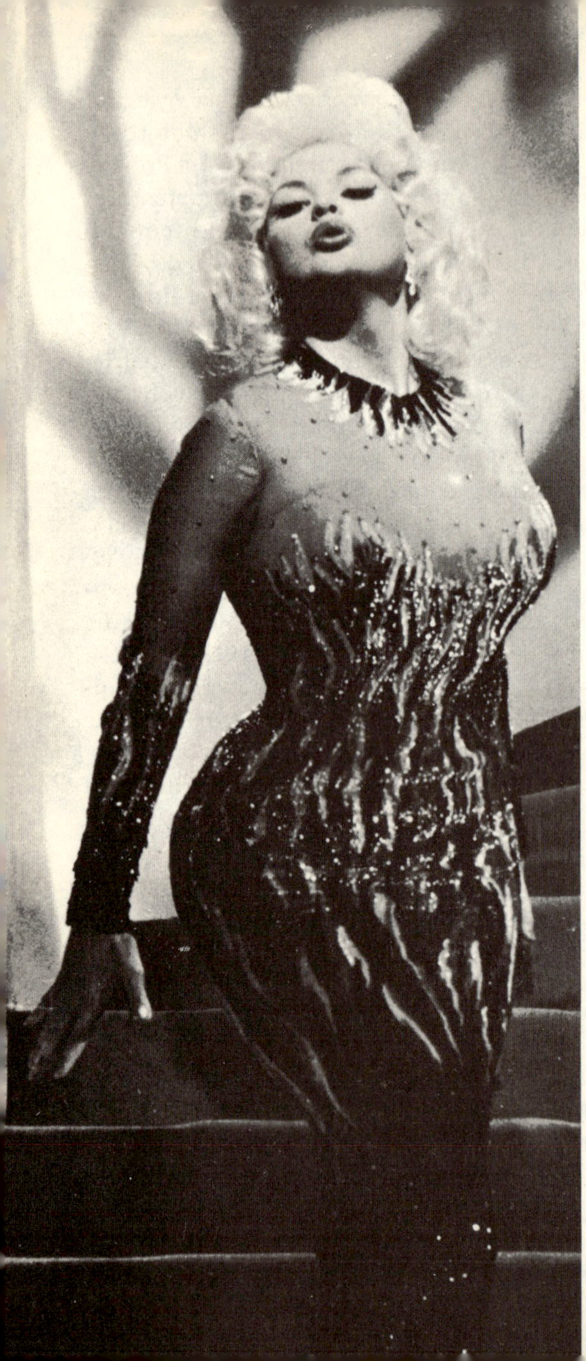

Träume, Wünsche und Sehnsüchte einer ganzen Nachkriegsgeneration verkörperte im wahrsten Sinne des Wortes der Sex-Star Jane Mansfield.

der Betätigung in einer Petting-Beziehung geht vom Manne aus. Das Petting dient in der Hauptsache der Stimulierung des weiblichen Partners ... Petting-Techniken erfahren im Laufe einer sich vertiefenden Bekanntschaft eine ... Intensivierung; beginnend mit allgemeinem Körperkontakt, Lippenkuß und tiefem Kuß schreiten diese Techniken fort zu vorsätzlicher Manipulation der weiblichen Brust ... manueller Stimulierung der weiblichen Genitalien, weniger häufig zu manueller Stimulierung der männlichen Genitalien, zum Aneinanderbringen der nackten Genitalien und schließlich zur oralen Stimulierung der weiblichen Genitalien.«
Orale Genitalkontakte wurden laut Kinsey nur von höheren Schichten gesucht. Etwa 60 Prozent aller Männer wünschten sie, während kaum 43 Prozent der Frauen orale Kontakte mit den männlichen Genitalien anstrebten, hingegen etwa der gleiche Prozentsatz von Frauen orale Stimulierung der eigenen Genitalien begehrte. Frauen und Männer der unteren Schichten lehnten eine orale Reizung der Genitalien überhaupt ab. Sie betrachteten »die Einführung des Gliedes als die wesentliche Betätigung und als die einzig gerechtfertigte in einer normalen sexuellen Beziehung«. Die getesteten Männer und Frauen der unteren Schichten waren auch gegen die völlige Nacktheit während des Geschlechtsverkehrs. Sie empfanden Nacktheit als etwas »Unanständiges – unanständig in der Gegenwart von Fremden und in Gegenwart des Ehepartners«. Einige ältere Frauen und Männer bekannten stolz, »daß sie ihren Ehepartner niemals nackt gesehen haben«.
Etwa 40 Prozent der verheirateten Männer betrogen ihre Ehefrauen mit anderen Frauen, etwa 25 Prozent der Frauen ihre Männer. Die Hälfte der Ehefrauen, die sich »wegen der Abwechslung« außerehelichen Coitus leisteten, berichtete, daß der Orgasmus häufiger war als in der Ehe. Es ist nicht immer Verliebtheit, was die Frauen zum Seitensprung veranlaßt. In vielen Fällen hatten sich sowohl Mann als auch Frau erhofft,

Der Striptease begann sich über die reinen Entkleidungsdarbietungen hinaus zu entwickeln. Wer im großen Geschäft erfolg-

durch sexuelle Beziehungen eine verbesserte gesellschaftliche Stellung zu erreichen ... Manchmal hatte sich die Frau oder der Mann als Vergeltung einer ähnlichen Betätigung des Ehepartners auf außerehelichen Coitus eingelassen ... Oft war es ein Mittel, um die Unabhängigkeit zu betonen ... Manchmal *reich bleiben wollte, mußte sich etwas einfallen lassen. Dabei spielten die verwendeten Utensilien eine Rolle von zunehmend wichtiger Bedeutung.*

war der außereheliche Coitus einem Geschäftsfreund zuliebe bejaht worden, obgleich die Frau selbst nicht sonderlich an der Beziehung interessiert war. Viel häufiger fand sich der Geschlechtsverkehr bei Männern aus der Stadt, weniger häufig bei der Landbevölkerung.

Die auf den Statistiken basierende Feststellung Kinseys, daß etwa 37 Prozent der männlichen Bevölkerung Amerikas (also nahezu zwei von fünf Männern) »zumindest einige physische homosexuelle Erlebnisse bis zum Orgasmus zwischen Pubertät und Greisenalter erlebt hatten«, schockierte die Öffentlichkeit deshalb, weil es sich bei etwa der Hälfte dieser Männer um Verheiratete handelte und nur etwa 4 Prozent der Befragten ihr ganzes Leben hindurch ausschließlich homosexuell waren.

Mit aller Deutlichkeit zeigten die Kinsey-Reports, daß eine beachtliche Anzahl amerikanischer Männer und Frauen in ihrem geschlechtlichen Verhalten gegen bestehende sittliche Normen verstoßen hatten, also gegen das, was als »gut« galt. Was aber war denn eigentlich – und nicht nur im Hinblick auf die Kinsey-Statistiken – »gut« oder »schlecht«, was »normal« oder »anormal«? Die bisherigen Kategorien genügten nicht mehr. Das hatten Psychologie, Verhaltensforschung und Ethnologie längst bewiesen. Von der Norm abweichendes Sexualverhalten dürfe daher nicht einfach als »verwerflich« oder »pervers« abgeurteilt werden. Hatten hier also schon wissenschaftliche Erkenntnisse zum Abbau von Vorurteilen geführt, so trug zu einer weiteren Lockerung der Anschauungen bei, daß man nun beiden Geschlechtern das Recht auf uneingeschränkte Triebbefriedigung zugestand, sofern dadurch nicht das Individuum geschädigt oder die Gesellschaftsordnung gestört wurde. Allenthalben wurde ungeniert gegen das »Tabu der Intimsphäre« verstoßen, und es waren nicht nur die Sex-Magazine, die Schluß machten mit dem als heuchlerisch empfundenen Versteckspiel mit dem Geschlechtlichen; auch eine ganze Anzahl renommierter Autoren schilderte in aller Ausführlichkeit und oftmals mit einem Vokabular, das bisher der Pornographie vorbehalten gewesen war, sexuelle Vorgänge und Praktiken und fand damit vor allem bei den jüngeren Lesern begeisterten Beifall. Wer solche Freizügigkeit

als »schamlose Provokation« ablehnte und die sich vollziehende Umwälzung auf dem Gebiet der Moral nicht als Gegebenheit anerkennen wollte, mußte sich von den Befürwortern einer schrankenlosen Toleranz einen »verstaubten Moralisten« schelten lassen, der altmodisch und unfähig sei, sich dem rasanten Tempo des Fortschritts anzupassen.
Amerika war in zwei Lager gespalten: Die Älteren wünschten, alles möge so bleiben, wie es war, die Vorkämpfer einer sexuellen Revolution hingegen waren entschlossen, die Sitten von Grund auf zu ändern. Man hatte die romantische Idealisierung der Liebe satt. Man wollte sich nach vorehelichem oder außerehelichem Geschlechtsverkehr nicht von Schuldgefühlen plagen lassen. Liebe – was bisher so genannt worden war, bedeutete nun, jeglichen romantischen Flairs entkleidet, nichts weiter als eine Sexualbeziehung, bei der beide Partner auf ihre Kosten kamen. Diese Einstellung vereinfachte natürlich auch vieles im Umgang der Geschlechter. Der Mann brauchte nicht mehr zu werben. Wenn man miteinander ins Bett gehen wollte, sagte man geradeheraus »Let's fuck«, nicht mehr wie früher in sanfter Umschreibung »Let's make love«. Diese Direktheit der Ausdrucksweise drang auch in die Umgangssprache ein: Das Wort »fuck«, das wie das deutsche »ficken« als äußerst vulgär gegolten hatte, gehörte nun zum allgemeinen Vokabular. Und Zweck und Ziel der Annäherung der Geschlechter sprachlich diskret zu kaschieren galt nun in manchen Kreisen sogar als schlechter Geschmack. Wer dennoch die direkte Aufforderung vermeiden wollte, konnte sich auf die Eindeutigkeit gewisser Situationen verlassen, die keiner Worte bedurften. Eine Frau, die einen Mann in seiner Wohnung besuchte oder ihn allein empfing, gab damit zu verstehen, daß sie bereit war, mit ihm ins Bett zu gehen. Angst vor unerwünschten Folgen einer Geschlechtsbeziehung hatte man nicht mehr. Die sogenannte »Pille«, ein Ovulationshemmer, bot sicheren Schutz und hatte keinen der Nachteile der

früher zur Empfängnisverhütung benutzten Kondome und Pessare.
Die Jagd nach sexuellen Erlebnissen wurde immer intensiver. Noch lag der Zweite Weltkrieg mit seinen Schrecken nicht allzu weit zurück, da begann der »schmutzige Krieg« in Korea. Zudem fühlte sich Amerika zum erstenmal unmittelbar bedroht, denn auch Rußland besaß die »Bombe«. Kein Wunder, daß jedermann versuchte, aus diesem Leben, das so kurz und gefährdet schien, ein Höchstmaß an Genuß herauszuholen. Wer keine Gelegenheit oder nicht den Mut hatte, an dem hektischen Sextreiben teilzunehmen, das sich vorzugsweise in den »country clubs« der *suburbs* abspielte, der befriedigte seine Sinne wenigstens in der Phantasie. Kurvenreiche »playmates« in den zahlreichen Sex-Magazinen und die Sexbomben des Films, wie Marylin Monroe und Jayne Mansfield, boten dafür reichliches Anschauungsmaterial. Frauen, die wegen mangelnder Praxis auf die Theorie angewiesen waren, genossen im Geiste Liebeswonnen, wenn sie sich als Partnerinnen internationaler Playboys wie Rubirosa oder Rafael Trujillo fühlten, die im Ruf unerschöpflicher männlicher Leistungsfähigkeit standen.
Unter der Dauerüberflutung mit sexuellen Reizen durch Bücher, Filme und Magazine litt das geschäftliche Leben jedoch keineswegs. Die Devise hieß immer noch »business first«. Aber man schuftete, um sich den Luxus der Lust leisten zu können. Alles eben zu seiner Zeit: Erst die Arbeit, dann das Vergnügen, das heißt, der Sex.
Es war bereits die Rede davon, daß sich auch in Europa als Folge des Krieges die Sitten, was das Verhältnis der Geschlechter zueinander betraf, zunehmend gelockert hatten. Objektive Beobachter, die europäische und asiatische Sitten mit den amerikanischen verglichen, erkannten London sogar den Titel der »verderbtesten Stadt der Welt« zu. Natürlich fehlte es nicht an Stimmen, die sich mit aller Schärfe gegen das

Der Beat der Beatles und der Mini-Rock der Mary Quant waren zwei »Erfindungen«, die von England aus ihren Siegeszug um die Welt antraten.

wandten, was man Auflösung von Zucht und Sitte nannte. Wortführer jener konservativen Briten, die sich vergeblich bemühten, das Rad der Zeit zurückzudrehen, war Lord Samuel, der im Oberhaus die englische Zügellosigkeit anprangerte und warnend seine Stimme erhob: »Die Laster von Sodom und Gomorrha drohen das Gift der Unmoral über das ganze Land zu verbreiten.« Doch die Zustimmung der Lords ging unter im ekstatischen Rhythmus der pilzköpfigen Beatles, einer Gruppe »Kellerkinder« aus Liverpool, die damals ihren Siegeszug um die Welt antraten. Die jungen Engländer kopierten die neuen Idole, ließen sich die Haare wachsen und kleideten sich bunt, phantastisch und gänzlich unbürgerlich. Die Wandlungen in der weiblichen Mode waren nicht weniger radikal. Die Röcke rutschten so hoch wie noch nie, sie bedeckten nur noch die Hälfte der Oberschenkel, und bisweilen glichen sie eher einem breiten Gürtel als einem richtigen Kleidungsstück. Dadurch sollte, wie die Schöpferin des »Mini«-Rocks, Mary Quant, sich ausdrückte, der Blick ganz bewußt auf den Schoß gelenkt werden als dem natürlichen Zentrum weiblicher Sexualität.

Wer aber wirklich modern, wer »in« sein wollte, für den genügte es nicht, nur sein Äußeres zu verändern. Die Geisteshaltung, die Einstellung beispielsweise zu dem, was bisher als Perversität gegolten hatte, mußte einer gründlichen Revision unterzogen werden. Homosexualität etwa galt in London als »smart«. Die Lesbierinnen besaßen einen eigenen Klub in der Orange Street und boten sich auch ungeniert den Schwestern im Geiste an – Seite an Seite mit den Strichmädchen vom Leicester Square und Piccadilly Circus. Die Schar der Callgirls hatte sich so vermehrt, daß die »Berufsmäßigen«, hart bedrängt durch die Konkurrenz, genötigt waren, ihren Kunden etwas Besonderes zu bieten. Sie gingen nackt unter dem Mantel auf den Strich und zeigten Interessenten bereits bei den einleitenden Verhandlungen ohne Scheu alles, was sie zu bieten hatten. (Neu scheint diese Methode des Kundenfangs jedoch nur in England gewesen zu sein. Auf dem Kontinent waren diese Praktiken schon vor dem Ersten Weltkrieg bekannt.) Nicht nur in London, sondern auch in der Provinz waren Sex-Orgien nichts Neues. Aus dem in Klein- und Mittelstädten vorhandenen, schier unerschöpflichen Reservoir hübscher Mädchen erhielt die Hauptstadt ständig Zuzug an Playgirls, die in den Betten und auf den Festen der Society verschlissen wurden, oder zu schnellem, fragwürdigem Ruhm gelangten. Über eines dieser Mädchen stolperte sogar ein Minister.

Es gab zwar keine Freudenhäuser in England, dafür aber glichen die Abteile gewisser Züge fahrenden Bordellen. Unternehmungslustige Mädchen aus Birmingham benutzten regelmäßig die berüchtigten »Spezial-Boudoir-Züge«, deren schlechter Ruf sich durchaus mit dem ihrer weiblichen Passagiere messen konnte. Der Bischof von Cork in Irland wetterte: »Es gibt keinen sichereren Weg, ein Mädchen in die Schande zu schicken, als ihm eine Fahrkarte nach England zu kaufen.«

Paris war, verglichen mit London, eine Enttäuschung. Es schien – zumindest nach außen – solide geworden, eine Stadt von Bürgern, die zwar in den eigenen vier Wänden ebenso unbürgerlich lebten wie die Amerikaner, und von Fremden, die vergeblich danach trachteten, ein Stück der alten sündigen Tradition wiederzuentdecken. Aber das Laster zeigte sich nicht mehr öffentlich, es hatte sich in private Zirkel zurückgezogen. Der Markt der käuflichen Liebe, noch vor wenigen Jahrzehnten in luxuriöser Umgebung abgehalten, war in schäbige Quartiere abgewandert, die Pariser Dirnen waren zu billigen Huren geworden, die ihre Kundschaft ausbeuteten. Die Eleganz der ehedem berühmten Etablissements war verblaßt. Nachtleben fand vorzugsweise für Touristen mit bescheidenen Ansprüchen und bescheidenem Geldbeutel statt. Paris hatte seinen einzigartigen Zauber, den Reiz des Frivolen, so ganz und gar Unbürgerlichen verloren, es hatte aufgehört, die

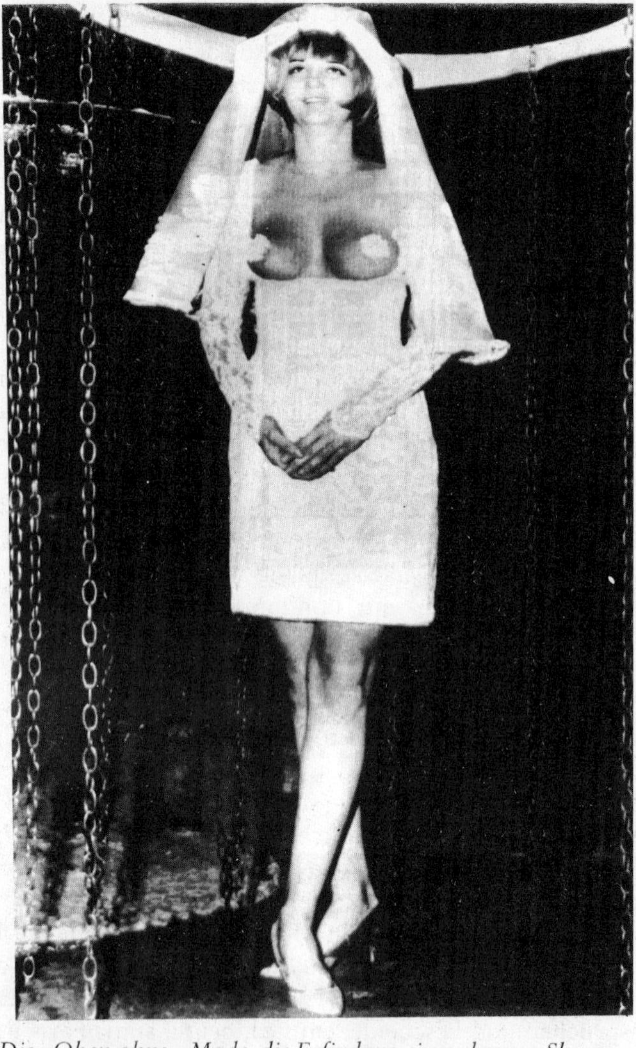

Die »Oben-ohne«-Mode, die Erfindung eines cleveren Show-Managers, konnte sich auf die Dauer nicht durchsetzen. Doch war das offenbar weniger eine Frage der Moral als der Kleidsamkeit.

Stadt der Verruchtheit und der süßen Sünden zu sein. Da wehte im kühlen Norden, in Kopenhagen, ein sehr viel freundlicherer Wind. Den Dänen war, was das Geschlechtsleben betraf, nichts verboten, nicht einmal die vulgärste Pornographie, und das Erlaubte wirkte selbstverständlich. Die Geschlechter waren völlig gleichberechtigt. Die Mädchen warteten nicht mehr darauf, daß sie »erwählt« wurden, sondern suchten sich ihre Geschlechtspartner selbst. Die Natürlichkeit der Beziehungen zwischen den Geschlechtspartnern hatte zur Folge, daß es viel weniger Triebverbrecher gab und daß Straßenmädchen und Callgirls kaum noch Kunden fanden. Gesucht hingegen waren »Callboys«, und zwar von Männern wie von Frauen, oder auch als Modelle für obszöne Fotos. Die Skandinavier waren ganz gewiß nicht prüde – so wenig, daß heute Gegner der allzu freizügigen sexuellen Betätigung von Dänemark als »Pornomark« sprechen. Eine Sexmesse in Kopenhagen, auf der pornographische Bilder, Bücher und Filme erstmals einer breiten Öffentlichkeit frei zugänglich gemacht wurden, hatte Scharen von Besuchern, natürlich auch aus der Bundesrepublik, zu verzeichnen. Ganz am Rande sei hier allerdings vermerkt, daß bei manchem Besucher dieses massierte Sexangebot weniger Lust als Langeweile erzeugte.
In Dänemark war es auch, wo man die ersten Versuche mit der »Großfamilie« machte, einem Zusammenschluß junger Ehepaare und Unverheirateter, die gemeinsam – und daher auch billiger – wohnten, wirtschafteten und lebten. Die herkömmliche Form der Ehe sollte dadurch abgelöst, dem Individuum größere Freiheit und Entfaltung der Persönlichkeit verschafft werden. Im Gegensatz zur weltanschaulich orientierten »Sex-Kommune«, wie sie auch in Deutschland praktiziert wird, wurde jedoch nicht völlige Promiskuität gefordert, galt aber als schwer zu verwirklichendes Endziel.
In Schweden wurden die ersten Sexfilme gedreht. Schwedische Regisseure, unter denen Ingmar Bergman als der bedeu-

tendste herausragte, schockierten ihr Publikum mit Coitus- und Masturbationsszenen.

Im deutschen Wirtschaftswunderland zögerte man noch, sich so offen wie die Skandinavier zum eigenen Körper und dessen sexuellen Bedürfnissen zu bekennen. Man hielt es ähnlich wie in Paris: wenn Laster, dann unter Ausschluß der Öffentlichkeit. Und hier war man nicht prüde – es blühten Gruppensex und Partnertausch. Es gab natürlich auch einen reich bestückten Sexmarkt mit Mädchen aller Preisklassen. Wer erinnert sich nicht an Rosemarie Nitribitt, »des deutschen Wunders liebstes Kind«, die in Frankfurt nicht etwa auf den Strich ging, sondern mit einem Mercedes 190 SL fuhr und so mysteriös zu Tode kam? Rosemarie war eine der zahlreichen Edelhuren mit festem Kundenstamm – nur Herren aus den »ersten Kreisen«! –, die bisweilen mehr verdienten als ein Minister.

Hamburg, als Hafenstadt auch früher schon vom Ruch der Verderbtheit umweht, konnte außer mit den Amüsierkneipen auf St. Pauli, gewagten Sexdarbietungen, einem Heer von Prostituierten, Strichjungen und Lesbierinnen noch mit einem kuriosen Presseerzeugnis aufwarten, das inzwischen nicht nur in Hamburg, sondern auch in München Nachahmer gefunden hat: den »St. Pauli Nachrichten«, einem Sexblättchen mit einem Annonceteil eindeutigster Art, in dem von der »strengen Erzieherin« bis zum »gleichgesinnten Ehepaar« alles gesucht und angeboten wird.

Demgegenüber herrschten in Italien vergleichsweise sittsame Zustände. Sogar die Bordelle waren offiziell abgeschafft worden – und natürlich als Massagesalons oder ähnliche Einrichtungen wiedererstanden, wie nicht anders zu erwarten in einem Lande, in dem noch immer Jungfräulichkeit strikt gefordert wurde, sexuelle Beziehungen vor der Ehe unmöglich und das Reich der Frau auf Küche und Kinderzimmer beschränkt waren. Nur eine dünne Oberschicht führte, mit Vorliebe in Gesellschaft von amerikanischen Filmstars und

Heute ist Kopenhagen das Ziel der Sex-Neugierigen. Das Angebot an Reizware in Bild und Film ist reich, der Erfolg groß. So kam Dänemark zu dem Beinamen »Pornomark« (Abbildungen aus dänischen Porno-Katalogen).

Busenköniginnen, ein recht munteres Leben. Federico Fellini hat die Hektik und Überdrehtheit dieses Lebensstils und als Kehrseite die Öde und Langeweile in seinem Film »La dolce vita« unvergleichlich dargestellt. Nicht vergessen werden darf natürlich die bunte Schar der Papagalli – was wörtlich »Papageien« heißt –, junge Männer durchaus nicht nur der unteren Schichten, die sich der allein reisenden Touristinnen, vorzugsweise der deutschen und skandinavischen, annehmen und durch feurige Komplimente und handfeste »amore« sich bemühen, die Träume erlebnishungriger jüngerer und bereits etwas angewelkter Weiblichkeit von romantischer Liebe und südländichem Temperament Wahrheit werden zu lassen.
Der amerikanische Journalist Lee Mortimer, der Osteuropa sowie den Nahen und den Fernen Osten bereist hatte, berichtete, daß in Athen wie in Kairo jede Perversität angeboten wurde – zu kulanten Preisen. Gegen ein geringes Entgelt entledigten sich die Bauchtänzerinnen in Istanbul und Kairo willig ihrer letzten Hüllen: »Seit die Ägypterinnen und Türkinnen nicht mehr den Schleier tragen müssen, zeigen sie sich gerne ganz nackt.«
In Indien war die Zahl der Prostituierten so angewachsen, daß man eine Einteilung in verschiedene Klassen vornahm: Es gab Huren, die auf eigene Rechnung arbeiteten, »Tanzmädchen«, die in Lokalen den Gästen zur Verfügung standen, »private« Mädchen, das heißt Mädchen, die zwar bei ihren Familien lebten, aber von mehreren Männern eine Art Gehalt dafür bezogen, daß sie ihnen an bestimmten Tagen stundenweise zur Verfügung standen, »Massagemädchen«, die ihre Kunden nicht nur massierten, sondern ihnen auch im Bett gefällig waren, es gab die von Tempelpriestern vermittelten »Devdasi« und »Gastprostituierte«, die Töchter oder

Zeitungen wie die »St. Pauli Nachrichten« erfüllen die Funktion eines überregionalen Sex-Supermarktes.

St. Pauli Nachrichten

2. Jahrgang / 10 - 1969 | 30 Pfennig | informiert ✱ DAS LUSTBLATT DER WELTSTADT ✱ amüsiert | AUFLAGE 160 000

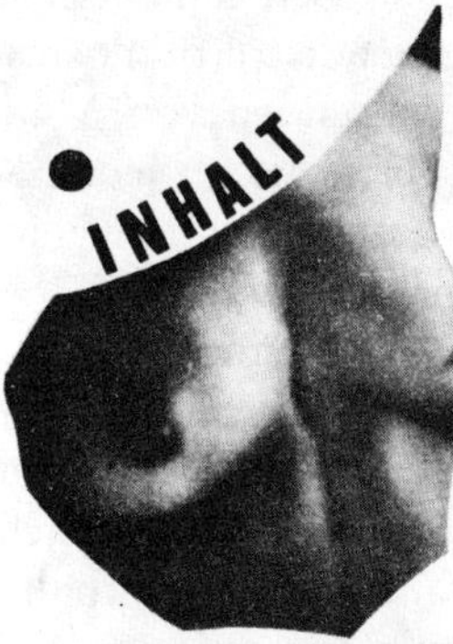

HOMOPHILIUS

32-jähriger s. gleichges. Freund bis 60 meine Leidensch.: Gummikleidung. Zuschr. an SPN GFF 9/146

LESBOS & MEHR

Dame 49, s. dringend Hilfe von anschmiegs. üppiger Dame, auch älteren Semesters, gegen vitalen, blinden Mann, 49/165. SPN OFG 9/184

Ehefrau, 23, s. liebev. erf. Freundin für ungew. Stdn zu dritt. Bildzuschriften erbeten. SPN TJA 9/119

Einsame, schüchterne vielseitige inter Hamburgerin s. nette erfahrene Freundin 20-30. Mögl. mit Auto o. Wohnung für romantische Stunden. Bildzuschr. (gar. zur.) werden erwartet.

Vermög. jg. Dame 25, s. gepfl. gutauss vollbus. heiße Freundin f. unwahrschh. Spiele, evtl. auch zu dritt, erstklassige Wohnung, Auto ets. Mögl. Ganzbildzus.

UNTERRICHT

Berlin: Jg. Mann, 24/170, liebe bes. das Hinterteil einer Frau. s. strenge attrakt Dame, 20-40, m. eig. Wohn. als Erzieherin. H 10/210

Jg. Sklavin, s. stark entw. 110-55-90, s. dringend bes. strg. Erzieher, der mit d. Rohrst. d. abart. Neigung austreibt. Bin, härteste Züchtig. gewohnt. Gern a. Erzie i-priv. Party-Krs, wenn mögl. durch s. jg. Mädchen. Biete mich auch an f. gew. Fot-u. Filmaufn. E 10/378

WO SIND SIE?

Gepfl. Erscheinung 50/180, erledigt zu Ihrer Zufriedenheit alles, was Ihr Ehemann bzw. Gattin nicht kann. Auch gemeinsam. Angebote an ihn nur aus guten Kreisen. Diskr. erw. mögl. Tel.

Jg. Unerf. Mann 26/178 schl. muß noch viel lern...

Schwestern eines Gastgebers, die dieser seinen Gästen anbot. Die besseren Lokale in Hongkong priesen ihre Vergnügungen vielversprechend als das »Tor zu den hundert Genüssen« an. In Japan hatte man zwar die Prostitution durch Gesetz verboten, doch wurden die Geishas, da nicht als Prostituierte geltend, nicht davon betroffen. Die unvergleichlich graziösen und anschmiegsamen Geschöpfe bezahlte man nur für die Unterhaltung bei Tisch. Wer allerdings bereit war, etwas tiefer in die Tasche zu greifen, durfte sie auch im Bett genießen. Wohlfeilere Vergnügungen bot der »Blumendistrikt« Yoshiwara. Der Besucher konnte dort unter Tausenden von Mädchen seine Wahl treffen – den Butterfly-Girls, die für jeden Mann zu haben waren, und den »Onlies«, die einem einzigen treu blieben – gegen Geld, versteht sich. Trotz amerikanischer Besatzung und ungezählter europäischer Besucher hatten die Geishas jedoch keineswegs ihre sittlichen Vorstellungen aufgegeben. Nacktheit zum Beispiel empfanden sie noch immer als ungehörig und unerlaubt. Wer verlangte, daß sie sich entkleideten, verstieß gegen den Anstand. Dieses Festhalten an überlieferten Vorstellungen ist aber in Japan durchaus nicht die Regel. Unter westlichem Einfluß haben sich vor allem die jungen Frauen von der Bevormundung durch die Familie freigemacht. Nicht mehr wie früher wird der Ehemann für sie durch die Eltern bestimmt; sie treffen ihre Wahl selbst. Wie ihre Schwestern im Westen sucht auch die junge Japanerin die Liebesheirat, und in ihrer Ehe will sie nicht mehr die gehorsame, sanfte Sklavin des Mannes sein, die alle seine Entscheidungen – und natürlich auch seine ständigen Seitensprünge – stillschweigend und lächelnd hinnimmt, sondern gleichberechtigte Partnerin – eine Einstellung, die für Japan so umwälzend ist wie der europäische Drang zur Gruppenehe.
Alte Welt, Neue Welt, Orient und Okzident – wohin wir auch blicken, begegnen wir der Loslösung von überkommenen Geschlechtssitten und sexuellen Verhaltensweisen. Was aber ist

»Happening« und »Hippie« waren gegen Ende der sechziger Jahre in aller Munde. Wenn ein Happening angekündigt wurde, auf dem sich ein Hippie-Mädchen mit Blumen bemalen lassen wollte, erzielten die Veranstalter mit Sicherheit die erstrebte Publicity-Wirkung.

nun die sexuelle Revolution: Vorspiel einer Weltrevolution, die eine vollkommene Veränderung der Lebensgewohnheiten und Bräuche der Menschheit mit sich bringen wird? Oder nur Nachspiel der sozialen Umwälzungen im Gefolge der beiden Weltkriege? Wird die von Sexualpädagogen geforderte Unbefangenheit und Natürlichkeit im Geschlechtsleben den Eros töten, wird sie die Jugend zur Promiskuität verleiten, wie manche Soziologen befürchten, zur Lösung von jeglicher menschlicher Bindung und Gemeinschaft, die im Drange nach immer größerer Freiheit als Fesseln empfunden werden könnten? Wird man, durch die Überschwemmung mit Sex- und Pornoschriften abgestumpft, nicht nach immer stärkeren Reizen verlangen, die zuletzt Ekel und Überdruß einerseits, scheußlichste Verrohung andererseits zur Folge haben?

Wie immer man diese Fragen beantwortet, eines kann schon heute mit einiger Sicherheit gesagt werden: daß Sex- und Pornowelle wohl doch nur Durchgangsstationen sind auf dem Wege der Befreiung des Menschen zu sich selbst und daß Freiheit des Sexus nicht Zügellosigkeit bedeuten muß, sondern eine unerhörte Erweiterung und Vertiefung des Lebensgefühls bringen kann – daß wir also besser leben werden, wenn wir besser zu lieben verstehen.*

* Die letzten Zeilen des Buches von Frischauer wirken beinahe prophetisch. Die Euphorie der »sexuellen Revolution« ist vergangen – die Verrohung, vor allem in Form der Vermischung von Sex und Gewalt greift um sich. Allerdings scheinen wir heute weiter denn je vom Ideal einer »Befreiung des Menschen zu sich selbst« entfernt zu sein. Mit diesem Wunsch zeigt sich Frischauer noch ganz vom Gedanken der Aufklärung erfüllt, Lust und Vernunft zu einer höheren Einheit zu führen. Der Zeitgeist der 90er Jahre raunt lieber von Opfer und Nation. Aber auch dieser Klang wird wieder abschwellen, denn die Faszination eines Ausgangs des Menschen aus selbstverschuldeter Unmündigkeit zu liebevoller Lust und gebändigter Vernunft wird bleiben. Und bei allem sollten wir wie Sigmund Freud besorgen, die Macht des Eros nicht zu unterschätzen. [G. L.]

Editorische Notiz zur Neuausgabe 1995

Besonders der dritte Band zeigte eine wesentliche Besonderheit der Darstellung Frischauers: Für ihn ist Sexualität und Erotik wirklich human nur, wenn eine Verschwisterung mit der Vernunft erfolgt. Dabei liegt ihm alles unfreundliche Sittenrichtertum fern. Wenn er Kritik übt, so nicht mit der Geste des Allerweltsweisen, für den Sex ohnehin nur eine Funktion der Ausscheidungsorgane ist – eine Haltung, die seit dem Ende des 19. Jahrhunderts so manche »Sittengeschichte« prägte. Gelegentlich, wenn er von »Laster« spricht, drängen sich solche Assoziationen auf, aber beim genaueren Hineinlesen in den Text wird der Unterschied deutlich. Der Schlußsatz des Werkes, der die Befreiung des Menschen zu sich selbst beschwört und von der unerhörten Erweiterung und Vertiefung des Lebensgefühls durch ein besseres Lieben ausgeht, umreißt die erotische Utopie, zu der unsere Zeit fähig sein könnte. In diesem Sinn ist der neu erstellte vierte Band über die Jahre seit der »sexuellen Revolution« eigentlich die editorische Notiz zu Band 3, denn er untersucht, welche der von Frischauer aufgezeigten Entwicklungslinien sich fortsetzen und welche Hoffnungen sich als falsch erweisen. Dabei werden Themen diskutiert, die bei Frischauer in diesem dritten Band etwas zu kurz kommen (aus heutiger Sicht), wie zum Beispiel die »romantische Liebe«, die als Wunsch immer noch und wieder die Phantasie der Menschen bestimmt, oder die Variationen des Erotischen, wie die Homosexualität, der sogenannte »Sado-Masochismus« usw.
Während für Band 1 als wichtigste Ergänzung aus heutiger Sicht die Päderastie erwähnt wurde und für Band 2 die Jungfräulichkeit, so gibt es bei dem vorliegenden Band kein wichtiges Thema, das Frischauer nicht dargestellt hätte. In diese

Zeit fallen die (nach Plato) zwei wichtigsten Deutungen des sexuellen Begehrens: die Evolutionsbiologie Darwins und die Psychoanalyse Freuds. Beide sind treffend charakterisiert worden. Die Prüderie des 19. Jahrhunderts und die sogenannte »sexuelle Revolution« des 20. Jahrhunderts sind ausführlich thematisiert. An vielen Stellen wird deutlich – auch wenn das Augenmerk nicht so ausführlich auf diesem Thema liegt – daß die »Liebesehe« seit der Romantik bis heute ihre phantastische Kraft behalten hat, wenngleich sie in der gesellschaftlichen Wirklichkeit auf immer mehr Schwierigkeiten stößt. Seit Kant in seiner *Metaphysik der Sitten* und Rousseau in seinem *Emile* die Ideologie der »Liebesehe« formulierten, begleitet sie als »kontrafaktischer« Traum die Menschen. Die »Liebesehe«, wie *Emile* sie führen soll, baut auf der Freiheit und Gleichberechtigung der Partner auf – sie verschmilzt Intimität und Erotik – was psychologisch fast einer Unmöglichkeit gleichkommt. Sie kennt keine Eifersucht, was biologischen Faktoren widerspricht. Sie kann nur gelingen, wenn sich ihre Unverwechselbarkeit in Freiheit bewährt, wenn ihre Intimität auch durch erotische Abenteuer mannigfachster Art nicht erschüttert wird. Sie ist das Kind der utopischen Synthese aus Begehren und Vernunft, womit wir wieder bei Frischauers Vision wären – »daß wir besser leben werden, wenn wir besser zu lieben verstehen«.

Gottfried Lischke

Bildnachweis

Archiv Gerstenberg, Frankfurt: 52, 165, 182
Bavaria-Verlag, Gauting: 123, 161, 311
H. A. Bernatzik, Wien: 144, 149, 151
Bildarchiv der Österreichischen Nationalbibliothek, Wien: 15, 58, 73, 122, 210, 275
Deutsche Fotothek, Dresden: 261, 272, 282, 307
Erich Diller, München: Sämtliche Strichzeichnungen
Deutsche Presse-Agentur, Frankfurt: 296, 343
Paul Englisch, Sittengeschichte Europas: 16, 74, 175, 286, 300
Eduard Fuchs, Das erotische Element in der Kunst: 40
Eduard Fuchs, Geschichte der erotischen Kunst Bd. II: 106, 185, 244; Bd. III: 31, 230, 234, 236, 271
Eduard Fuchs, Die großen Meister der Erotik: 49, 128, 287
Eduard Fuchs, Illustrierte Sittengeschichte, Die galante Zeit, Erg.-Bd.: 100
Historia-Photo, Bad Sachsa: 38, 87
Internationale Bilder-Agentur, Oberengstringen/Zürich: 97, 118, 173
Interfoto Friedrich Rauch, München: 93, 133
Keystone, München: 209, 333
Kunstarchiv Arntz, Haag/Obb.: 78, 95, 98, 120, 241
Paul Popper Ltd., London: 326
Reichelt-Verlag, Wiesbaden; aus Gerhard, »Pornographie oder Kunst«: 103, 225, 232, 242
Rheinsberg Verlag, München; Schedlich/Oberhauser, »Lieb Vaterland magst ruhig sein«: 254
Rijksmuseum, Amsterdam: 63
Reinhard Seufert, Stuttgart: 177; aus »The Porno Photografic«: 328, 329

Staatsbibliothek, Berlin: 9, 12, 16, 19, 47, 80, 85, 155, 187, 203, 213, 263
Süddeutscher Verlag Bild-Archiv, München: 255, 299, 336
Ullstein-Bilderdienst, Berlin: 106, 117, 279, 291
Verlag Kurt Desch, München; aus »Moderne Enzyklopädie der Erotik«, Bd. I: 37
Verlag für Kulturforschung, Hamburg (Fackel-Verlag, Stuttgart); aus A. M. Rabenalt, »Mimus Eroticus«: 303; aus »Sexualwissenschaft«, Bd. I, VI, VII, VIII: 200, 205, 224, 257, 258, 277
Verlag Karl Schustek, Hanau; aus Magnus Hirschfeld, »Zwischen zwei Katastrophen«: 263
Zeit-Bild Maiwald, München: 24, 28, 126, 171, 180, 181, 235, 246
Zeitgeschichtliches Bildarchiv Heinrich Hoffmann, München: 313
Zentrale Farbbild-Agentur, Düsseldorf: 158

Register

Alle Zahlen beziehen sich auf Seiten. Zahlen mit * weisen auf Bildunterschriften der entsprechenden Seite hin.